모바일 네트워크 프로그래밍

2판

장종욱 · 이승희 공저

도서출판 한산

…머리말…

데이터 통신은 컴퓨터에 있어서 가장 기본적인 요소가 되었으며, 이제는 컴퓨터뿐만 아니라 여러 가지 장치들이 네트워크를 이루고 장소와 시간을 막론하고 인터넷을 사용 할 수 있게 되었다. 급진적으로 변하는 이 시대에 IT 산업을 기반으로 하는 많은 서비스들이 쏟아져 나오고 있는 가운데, 기술들의 흐름을 파악하지 못하고 이해하지 못한다면 향후 네트워크를 기반으로 하는 많은 양질의 서비스를 사용하지 못할 수도 있다. 그러므로 컴퓨터를 이용하여 사회의 각 분야에서 많은 데이터를 빠르고 정확하게 처리하여 정보로 만들고, 그 정보를 적절히 사용한다면 우리의 생활이 더욱 윤택해 질 수 있을 것이다.

우리는 현재 완벽한 이동통신의 인프라 구축으로 언제, 어디서나 무선인터넷을 접속하여 웹 검색, 멀티미디어 메시징 서비스(MMS), 모바일 방송 서비스, VOD 서비스, 화상전화 전화 등의 서비스를 받을 수 있는 유비쿼터스(Ubiquitous)의 시대를 살아가고 있다. 이렇게 정보통신의 현실 속에서 살아가고 있는 현대인들은 그들이 제공하고 있는 서비스에만 관심을 기울일 뿐 그들의 바탕이 되는 원리와 기술은 도외시 하고 있는 실정이다. 이제 컴퓨터 네트워크 뿐만 아니라 모바일 네트워크 또한 엄청난 발전을 이루었으며, 향후 다른 기기들에 대한 네트워크의 발전도 이루어 질 것이다. 이렇게 새로운 네트워크가 계속해서 생겨나는 실정에서 그 기본이 되는 원리와 기술을 이해하지 못한다면 계속적으로 변하는 정보통신 현실에 발마추어 살아가기는 힘들어 질 것이다.

우리 몸이 건강하게 유지되기 위해서 혈액으로 순환이 계속해서 원활하게 이루어져야 하는 것처럼 이 정보화 사회에서의 제반 활동이 제대로 이루어지기 위해서는 통신망으로 전달되는 데이터들이 원활하게 전달되어져야 한다. 네트워크는 어떠한 사용자가 어떠한 용도로 사용하느냐에 따라, 공급 사업자의 정책에 따라, 구조 형태에 따라, 각종 분야에 따라 활용할 수 있는 범위와 사용할 수 있는 기술이 셀 수 없을 정도로 많다. 그리고 그러한 사용에 따라 좀 더 원활하고 신뢰성 있는 데이터의 전달을 위해 초고속 통신 기술들이 필요로 하게 된다. 이 책에서는 컴퓨터 네트워크와 이동통신망에 기본이 되는 기술과 원리를 중심으로 다양한 주제로 설명하고 있다. 또한 이러한 기술들과 원리들을 적용한 새로운 기술들을 함께 소개함으로 좀 더 쉽게 다가 갈 수 있도록 배려하였다.

이 책은 크게 다음과 같은 특징으로 이루어져 있다. 첫째, 네트워크 이해에 기본이 되는 내용을 다루어 알기 쉽게 설명하고 이를 다양한 요약을 통해 정리하였다. 둘째, 이동통신과 관련된 다양한 용어 설명과 여러 가지 기술들을 언급하고 최신 기술 동향을 다루었다.

급진적으로 변화하는 차세대 네트워크 기술들이 하루가 멀다 하고 개발되는 이 시점에 관련 자료들이 수집하는 과정에서도 여러 번의 내용 갱신이 있었지만 최대한 기본적인 부분을 충실히 하고, 최신의 기술동향을 참조하였다. 그러므로 인해 소개 된지 얼마 안 된 부분이 다소 포함되어 편저 수준의 내용으로 볼 수도 있겠지만, 향후 더 많은 자료 수집과 심화된 연구를 통해 제대로 된 저서를 내놓을 수 있기를 기대해 본다.

본 '모바일 네트워크와 프로그래밍' 은 2009년 첫 출간된 후, 독자들에게 좀 더 효과적인 학습 지침서가 되기를 희망하면서 부족한 소양으로나마 조금의 수정을 거쳐 개정판을 출간하게 됨에 깊은 감사를 드린다. 네트워크 관련 기술들이 하루가 다르게 빠르게 변화하고 있는 이 시점에서 모쪼록 이 책이 통신망에 대한 관심을 가진 학생들이나 연구하고 있는 분들에게 조금이나마 학습과 연구에 도움이 되기를 바랄 뿐이다. 끝으로 개정판을 출판하는 데에 많은 도움을 주신 독자 여러분들에게 이 자리를 빌어 깊은 감사의 말씀을 드린다.

저자 장종욱, 이승희

…차례…

제1장 네트워크 개요

제2장 통신 프로토콜

제3장 모바일 멀티미디어

제4장 이동 무선 전파

제5장 이동통신 기술과 모바일 정보기기

제6장 모바일 서비스

제7장 WIPI 개요

제1장

네트워크 개요

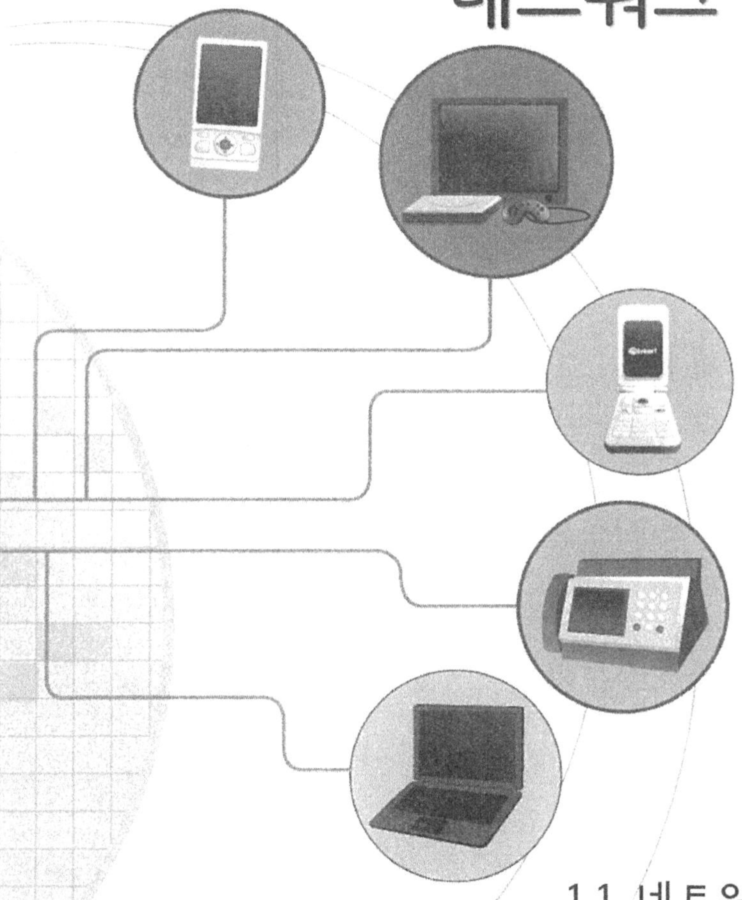

제1장 네트워크 개요

1.1 네트워크 역사

네트워크의 정의를 확대하여 데이터 통신 즉 원거리간의 정보교환까지 거슬러 올라가면 '전화'가 네트워크의 시초가 된다.

전화망은 회선 교환 망(Circuit Switching Network)의 모델이기도 하다. 1876년 3월 벨에 의해 첫 전화기가 등장하였고, 이때까지만 해도 모든 전화통신은 1:1 통신만이 가능하였다.

이 시대 모든 전화기는 사람의 목소리를 있는 그대로 전기신호로 변화시킨 아날로그 신호를 사용하였고 교환기 역시 전화기 다이얼 회전식에 따른 기계식 교환기였다.

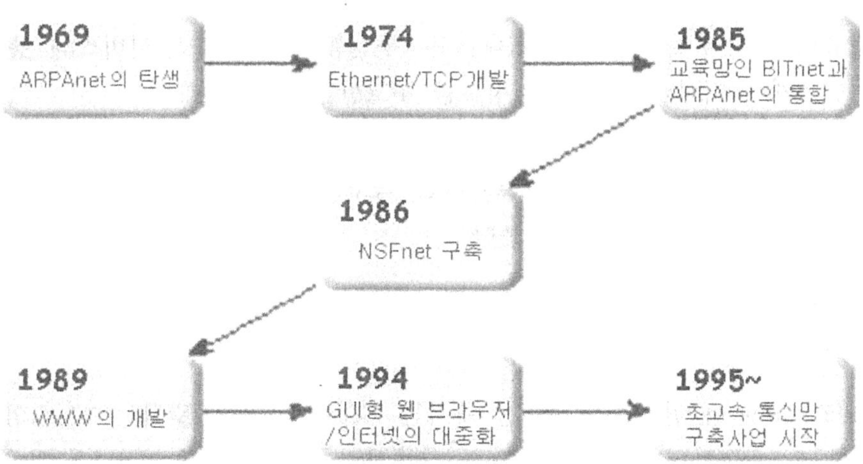

그림 1.1 네트워크의 역사

1960년대 초반 디지털 전송망의 필요성을 느낀 벨사(Bell Lab)는 TDM(Time Division Multiplexing) 기술을 이용하여 T1방식의 디지털 전송기술을 개발하였다. 이 이후로 교환국과 가입자 사이에는 아날로그 신호가, 교환국과 교환국 사이에는 디지털 신호가 흐르게 되었고 디지털 교환기가 개발되어 현재 형태의 전화망이 이루어지게 되었다.

'소리'가 아닌 '정보'의 전송은 전화보다 먼저 1846년 모르스에 의한 전보가 그 시초가 된다. 이 전보기는 장거리 간에 신호의 시작과 멈춤만을 전송하는 간단한 기능만 가지고 있었다. 수천 년 전 인류가 사용해온 빛을 이용한 정보의 전달과 같은 원리를 가진다. 밤에 봉화대에 불을 피워 정보를 알리듯이 말이다.

최초의 통신 프로토콜은 모스 부호(dot와 dash로 이뤄진) 이다. 서비스의 내용은 '전보'였고 접속방법은 전보기(tap set)이나 전보조작자(operator)였다. 여기서 서비스, 프로토콜, 접속 이 세 가지 개념은 현대 네트워크에서도 동일하게 적용된다.

그 다음 ARPANET(Advanced Research Project Agency NETwork)이 설립되었다. ARPANET은 1971년 세워진 최초의 패킷 네트워크이다. 1983년 ARPANET에서 군사부분은 MILNET(MILitary NETwork)으로 분리되고 나머지 망은 DARPA Net으로 남아 오늘날 인터넷(Internet)이 되었다.

호스트 컴퓨터와 터미널로 이뤄지는 최초의 컴퓨터 네트워크는 IBM의 SNA(System Network Architecture)망이다.

오늘날 네트워크는 WWW의 발달로 LAN, WAN등의 개념이 무색하게 전 세계의 모든 컴퓨터가 하나로 묶여지고 있다. 유, 무선통신의 발달로 서비스의 종류도 다양해졌고 언제 어디서나 누구든지 정보를 주고받을 수가 있다.

그리고 사회, 인문 등 여러 분야에 걸쳐서 사용되고 있고 사회 깊숙이 영향력을 미치고 있다. 상상할 수 없을 정도로 빠른 속도로 발전하는 네트워크 기술이 미래에 어떠한 영향을 미칠지 기대해 본다.

1.2 네트워크의 정의

네트워크(Network)란 '그물', '망'을 뜻하는 Net과 '작업'을 뜻하는 Work의 합성어이다. 그대로 해석하면 '그물 작업', 즉 '그물처럼 서로 엮여서 일하는 것'이란 의미이다. 그러나 통신에 사용되는 네트워크는 정확히 말하면 'Computer Network' 로서 두 대 이상의 컴퓨터를 연결하여 근거리나 원거리 통신을 제공하여 서로 연결된 요소들 간의 데이터 등을 전송하는 통신망을 말한다.

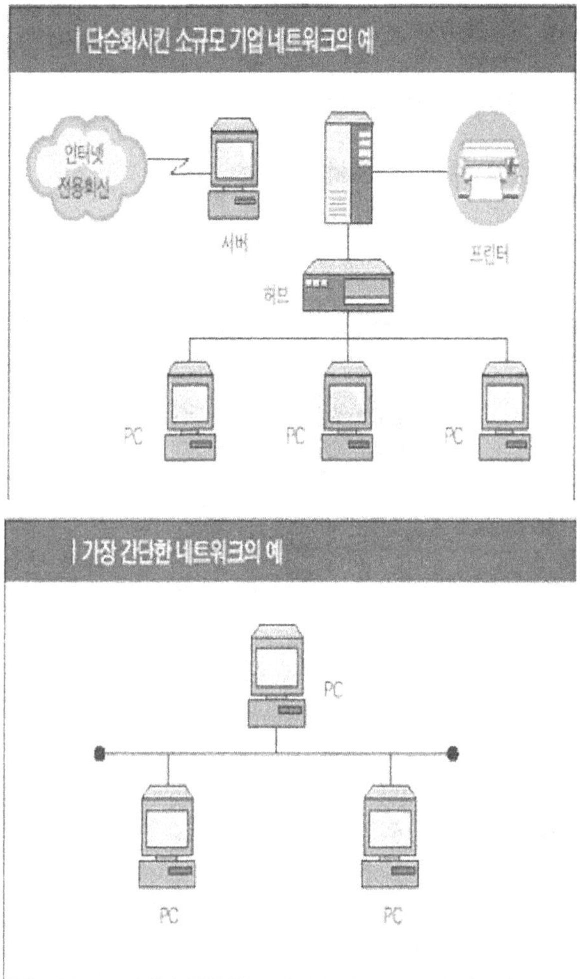

그림 1.2 네트워크의 구성

인터넷이 보편화된 요즘은 거대한 네트워크에 연결된 수많은 컴퓨터가 서로 연계되어 있기 때문에 '네트워크가 곧 컴퓨터'란 말이 가장 알맞은 말일 것이다.

1.3 네트워크의 분류

1.3.1 네트워크 규모에 따른 분류

1.3.1.1 LAN(Local Area Network)

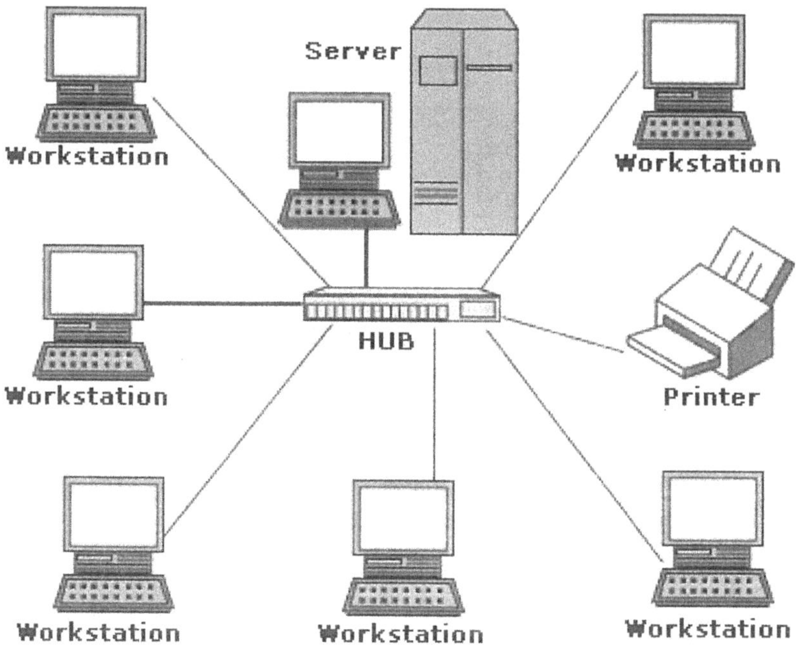

그림 1.3 근거리 통신망

LAN은 수 Km이내의 근거리에 제한된 영역 내에서 사용하는 통신망으로 주로 회사, 학교, 연구소 등 특정 지역 내의 한정된 공간에서 통신을 하는 방식이다. 고속통신이 가능하고, 통신망 내의 어떤 기기와도 통신가능하고, 정보 오류율이 매우 낮으며 경로 선택이 필요 없다. 확장이 간편하며, 원거리에 있는 다른 랜과 접속하기도 쉽다.

1.3.1.2 MAN(Metropolitan Area Network)

MAN은 LAN과 LAN을 연결해 주는 역할을 하는 네트워크 구성 방법 중의 하나이며, 도시 지역 통신망을 뜻하는 말로써 LAN의 기능을 포함하면서 범위가 수십 Km이다. 몇 개의 건물로부터 도시 전체에 이르고 LAN과 WAN의 중간 정보의 중형 통신망이다. LAN보다 장거리이고 고속이며, 음성과 데이터 모두의 전송을 위한 대책이 있고 IEEE 802.6접속방식(FDDI)이 표준화 되어있다.

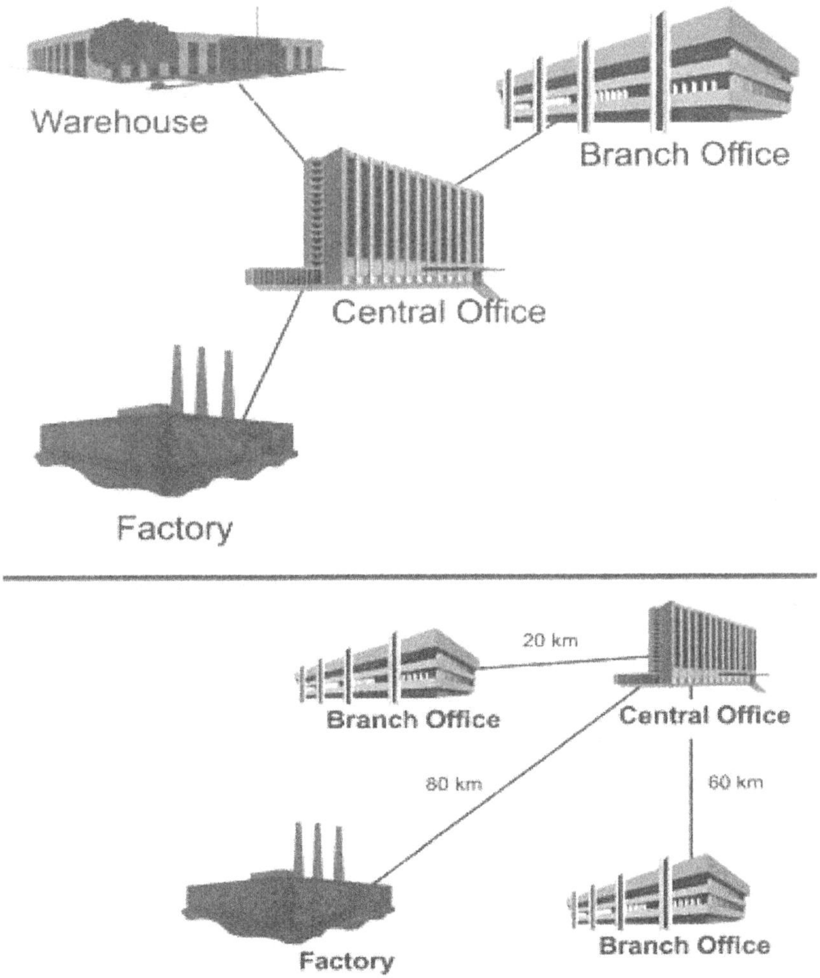

그림 1.4 MAN

1.3.1.3 WAN(Wide Area Network)

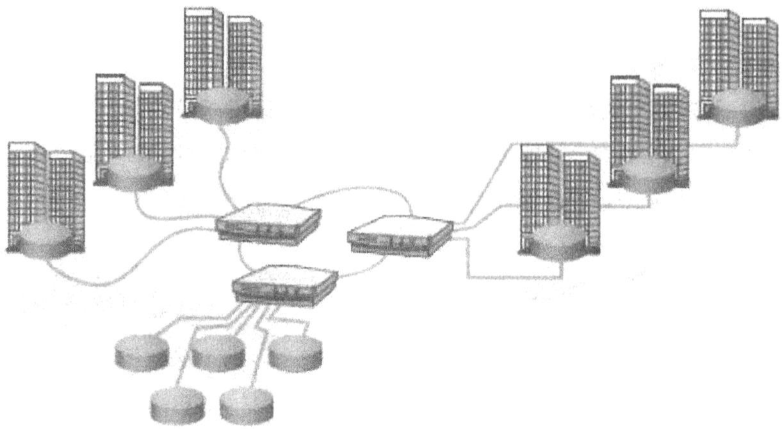

그림 1.5 원거리 통신망

도시와 국가, 대륙 등 지역적으로 넓은 영역에 걸쳐 구축하는 다양하고 포괄적인 컴퓨터들을 연결한 망으로써 광역 통신망을 뜻한다. LAN이나 MAN에 비해 저속이고 넓은 지역에 거쳐 이루어 져 있기 때문에 전송 오류율이 높다.

구분	LAN	WAN
거리 제한	있음(대체로 반경 수십[m]~수십[km] 이내 위치	없음
제공 속도	고속(10[Mbps] ~ 수[Gbps]	저속(56[kbps]~ T1, E1, T3 등)
연결 소요	서버, 클라이언트, 네트워크 장비 등 노드 연결	LAN과 LAN연결 (인터넷에서는 라우터로 연결)
유지 비용	적음	많음
소 유 자	단일 회사, 학교, 기관	공공기관
종　류	이더넷, 토큰링, FDDI, ATM 등	PSTN, PSDN(X.25), ISDN, FR, B-ISDN 등

그림 1.6 LAN과 WAN의 비교

1.3.2 동작 원리에 따른 분류

1.3.2.1 Peer to Peer

일대일 네트워크는 각 스테이션들이 동등한 권한으로 상호 연결되어있다. 어느 시점에서는 서버역할을 하기도 하고, 클라이언트의 역할을 수행하기도 한다. 전용 서버가 존재하지 않는다. 따라서 파일이나 프린터 같은 자원을 한 스테이션이 종료되면 다른 스테이션들은 그 자원과 정보를 사용할 수 없다.

Client/Server 네트워크와는 달리 노드와 노드간의 메시지 전달은 인터넷에서 개인과 개인이 직접 연결되어 이루어진다. 모든 참여자가 공급자인 동시에 수요자가 되는 형태이다.

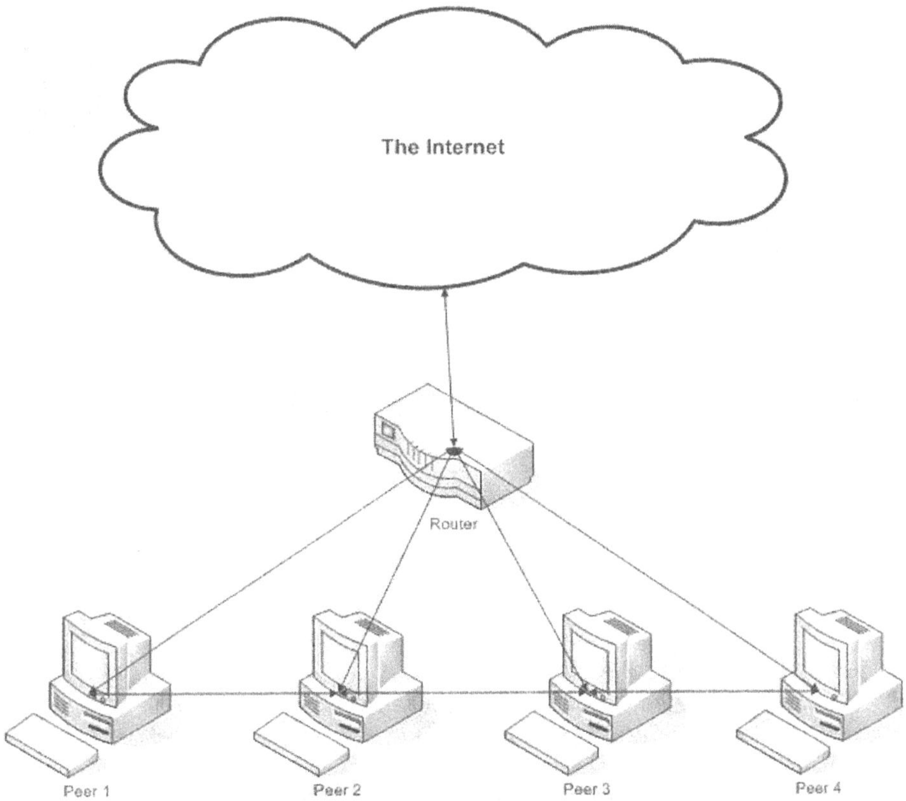

그림 1.7 Peer to Peer 네트워크

1.3.2.2 Client/Server

클라이언트를 서비스의 요구자로, 서버를 서비스의 제공자의 형태로 네트워킹하여 자원을 공유하는 분산처리기법이다. 서버는 다수의 클라이언트를 위해 존재하기 때문에 매우 큰 용량과 성능을 가지며, 네트워크상에서 각종 데이터와 파일을 가지고 있는 것으로 PC가 될 수도 있고 워크스테이션이나 중/대형 급의 컴퓨터가 될 수도 있다.

Client/Server는 네트워크상에서 각종 응용 프로그램과 데이터를 가지고 클라이언트가 요구하는 서비스를 제공해주는 서버와 데이터를 제공받아 사용하는 클라이언트로 구성된 환경을 말한다.

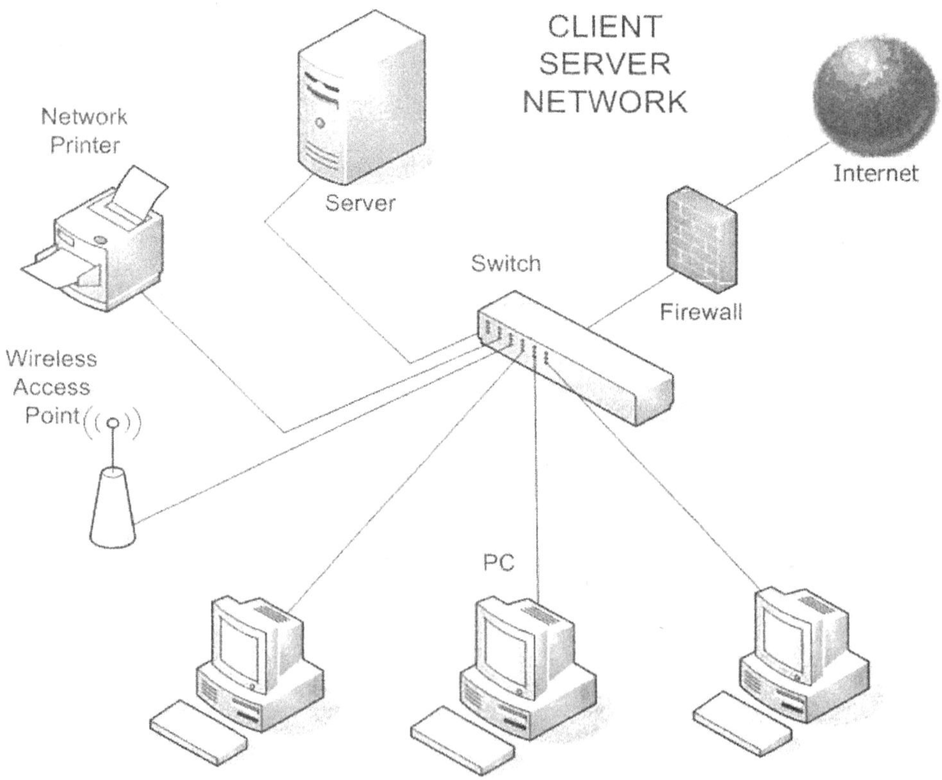

그림 1.8 Client/Server 네트워크

1.3.3 네트워크 구조에 따른 분류

통신망은 네트워크에서 호스트를 연결하는 접속 형태에 따라 여러 가지 모양을 만들게 되는데 이와 같은 통신망 형태를 토폴로지(Topology)라고 한다. 토폴로지는 다수의 디바이스(장치)가 망의 외적으로 링크 연결되어 있는 방식(형태, 모양)을 의미한다.

1.3.3.1 링형(Ring Topology)

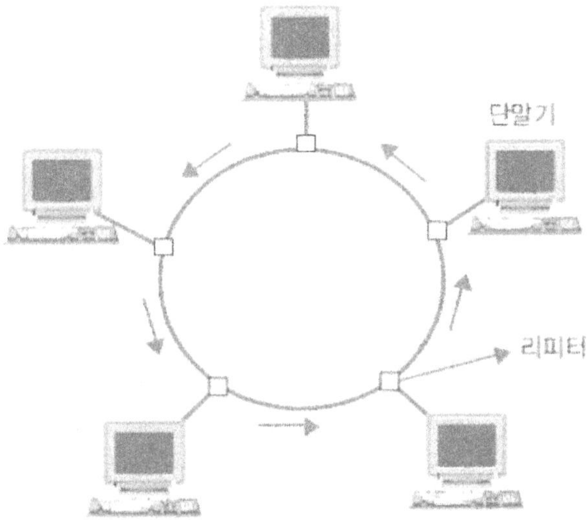

그림 1.9 Ring형 토폴로지

링형 구조에서는 네트워크의 노드들이 둥근 원의 형태로 연결되어 있다. 하나의 노드에서 전송한 데이터는 원을 따라 한 방향으로 보내진다. 이를 수신한 목적지가 아닌 노드에서는 매번 신호를 재생하여 다음 노드로 전송한다. 이러한 재생과정으로 전송 도중의 오류를 줄일 수 있다. 목적지 노드가 데이터를 수신하면 링에서 그 데이터를 제거한다. 링형는 원의 한 방향으로만 데이터를 전송할 수 있는 단방향 링과 양방향으로 전송하는 이중 링 구조가 있다. 이중 링에서는 한 방향으로 전송하는 도중 장애가 발생하면 반대 방향으로 데이터를 전송할 수 있다. 링형 구조는 그 구조가 단순하여 설치와 재구성이 용이하다. 장애가 발생하면 장애가 발생한 호스트를 쉽게 찾을 수 있고, 노드 수가 증가해도 네트워크의 성능에는 큰 영향이 없다. 또한 스타형보다는 케이블 비용을 많이 줄일 수 있다.

1.3.3.2 망형(Mesh Topology)

망형은 중앙에 제어하는 노드 없이 모든 노드들이 상호 간에 점대점(point-to-point) 형태로 직접 연결하는 그물 모양의 형태이다. 전송중간에 다른 장치의 중계가 필요 없으므로 망의 효율이 좋다. 또한 일부 통신 회선에 장애가 발생하더라도 다른 경로를 통하여 데이터 전송을 할 수 있다. 네트워크가 상당히 복잡하고 많은 통신 회선이 필요하기 때문에 비용이 높아지지만 신뢰성이 중요한 네트워크에서 사용된다.

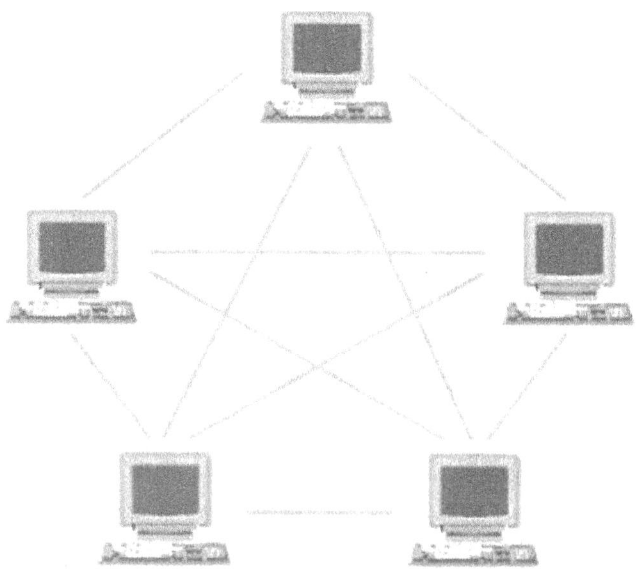

그림 1.10 Mesh형 **토폴로지**

1.3.3.3 트리형(Tree Topology)

트리형은 트리 구조로 노드들이 연결되어 있다. 트리의최상위 노드는 허브가 위치하고 하위의 다른 노드들을 제어하게 된다. 네트워크를 제어하기가 비교적 간단하므로 상위 계층의 노드가 하위의 노드들을 직접 제어하여 계층적인 네트워크에 적합하다. 이러한 트리형 구조는 제어가 간단하여 관리나 네트워크의 확장이 비교적 쉽다. 그러나 트래픽이 중앙에 집중되어 병목현상이 발생할 수 있고, 중앙지점이 고장 났을 경우 전체 네트워크에 장애가 발생하게 된다.

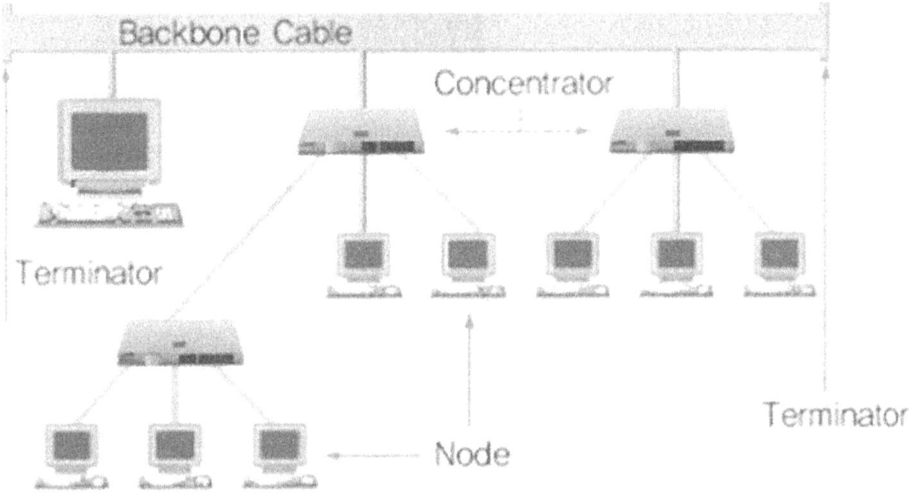

그림 1.11 Tree형 토폴로지

1.3.3.4 성형(Star Topology)

중앙에 망을 통제하는 허브(교환기)를 중심으로 전체 네트워크에 통신을 제어하는 방식이다. 모든 노드들이 중앙의 허브에 연결되어 있고 이를 통해 통신하므로 통신망의 처리 능력과 신뢰성은 이 허브에 의해 좌우된다. 지능형 허브는 네트워크의 통신 양을 조절하거나 충돌을 방지하는 역할도 한다. 과거에 전화 망 같은 교환망의 구성에 널리 사용되었던 전형적 네트워크 구성방식으로 처리 능률이 높고 설치가 비교적 쉽다. 하지만 중앙 컴퓨터가 고장이 날 경우 전체 네트워크를 사용할 수 없게 된다.

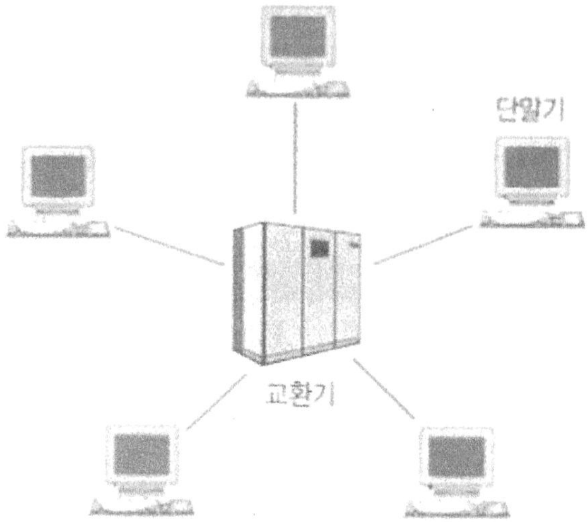

그림 1.12 Star형 토폴로지

1.3.3.5 버스형(Bus Topology)

버스형은 개방된 케이블에 컴퓨터들이 연결된 형태를 의미하는 것으로 여기에서 버스란 케이블을 의미한다. 버스 토폴로지 작동 방식을 살펴보면 특정 컴퓨터에서 신호를 보내면 이 신호는 케이블의 양방향으로 전달되고 버스에 연결된 컴퓨터들은 보내온 신호를 받아서 자신에게 전송된 신호인지를 확인한다. 만약 신호가 자신에게 전송된 것이라면 신호를 처리하고 그렇지 않다면 신호를 무시한다. 여기서 중요한 점은 신호가 언제까지 케이블에 남아 있는가 하는 것이다. 특정 컴퓨터에서 보내는 신호는 양방향으로 진행되기 때문에 연결된 모든 컴퓨터가 수신한 신호가 그대로 케이블에 남아 있다가 케이블 끝에 도달한 후에 반대 방향으로 다시 전달될 수 있다. 이러한 현상이 계속되면 다른 컴퓨터는 해당 신호를 수신하느라 자신이 송신해야 할 신호를 보내지 못하는 결과가 초래될 수도 있다. 그래서 이를 막기 위해 케이블의 양쪽 끝에 종단저항이란 것을 사용한다.

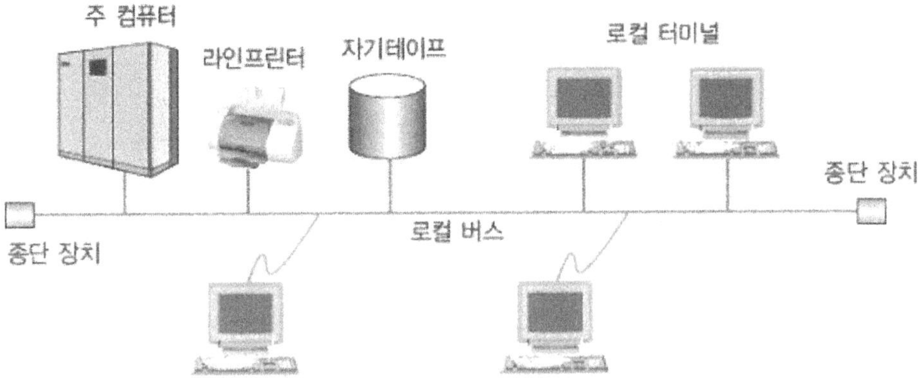

그림 1.13 Bus형 토폴로지

	장 점	단 점
성형 · 트리형	• 유지 보수가 용이하다. • 한 호스트의 고장이 전체 네트워크에 영향을 미치지 않는다. • 확장이 용이하다.	• 중앙 전송 제어 장치가 고장이 네트워크에 치명적인 문제를 야기한다. • 설치 시에 케이블링이 비용이 많이 든다. • 통신량이 많은 경우 전송 지연이 발생한다.
버스형	• 설치하기가 용이하다. • 케이블링에 소요되는 비용이 적다. • 한 호스트의 고장이 네트워크 내의 다른 부분에 아무런 영향을 주지 않는다.	• 재구성이나 결합 분리의 어려움이 있다. • 버스 케이블에 결함이 발생하면 전체 호스트는 모든 전송을 할 수 없게 된다.
매쉬형	• 양방향으로 데이터 전송이 가능하므로 통신 회선 장애 시에 융통성을 가질 수 있다. • 안전성이 높고 프라이버시와 보안에 안전하다. • 점대점 링크는 결합 식별과 분리가 용이하다.	• 모든 장치는 다른 장치와 연결되기 때문에 설치와 재구성이 어렵다. • 각 링크 연결에 필요한 하드웨어가 비교적 고가이다. • 규모가 큰 네트워크라면 관리해야할 네트워크 회선과 장비의 양이 많아서 네트워크 관리가 힘들다.
링형	• 단순하며 설치와 재구성이 쉽다. • 장애가 발생한 호스트를 쉽게 찾을 수 있다. • 호스트의 수가 늘어나도 네트워크의 성능에는 별로 영향을 미치지 않는다.	• 링을 제어하기 위한 절차가 복잡하여 기본적인 지연이 있다. • 단방향 전송이기 때문에 링에 결함이 발생하면 전체 네트워크를 사용할 수 없다. 이중일을 통해 이를 해결한다. • 새로 호스트를 추가하기 위해서는 물리적으로 링을 절단하고 호스트를 추가해야 한다.

그림 1.14 토폴로지별 장단점

☑ 연습문제

1. 인터넷의 시초가 된 네트워크는?

   ① LAN ② Peer to Peer ③ Intranet ④ ARPANET ⑤ ADSL

2. LAN에 관한 설명으로 틀린 것은?

   ① 근거리 통신망으로 한 건물 내 또는1km 이내의 좁은 지역에 사용된다.

   ② 보통 WAN보다 낮은 전송 속도를 갖는다.

   ③ 스타형, 버스형 등을 사용한다.

   ④ MAN에 비해서 오류 발생률이 낮다.

   ⑤ 최근의 랜은 수십 킬로미터 범위까지 확대되는 경향이 있다.

3. LAN, MAN, WAN에 대해 각각 설명하여라.

4. 통신선로의 총길이가 가장 긴 망구조이고, 초기 네트워크의 전형적인 형태로써 하나의 회선이 끊어져도 다 경로로 통신이 지속되기 때문에 작업이 중단되는 일이 없지만 설치 및 구성이 어려운 네트워크 접속 형태는?

   ① 스타형 ② 버스형 ③ 링형 ④ 트리형 ⑤ 그물형

5. 하나의 긴 케이블이 Multi-to-Point 회선구조로 구성되어있고, 중앙 케이블이 고장 시 네트워크 전체가 동작하지 않으며, 장비의 수가 많아지면 전체 회선의 성능이 저하되는 네트워크 접속 형태는?

   ① 스타형 ② 버스형 ③ 링형 ④ 트리형 ⑤ 그물형

제2장 통신 프로토콜

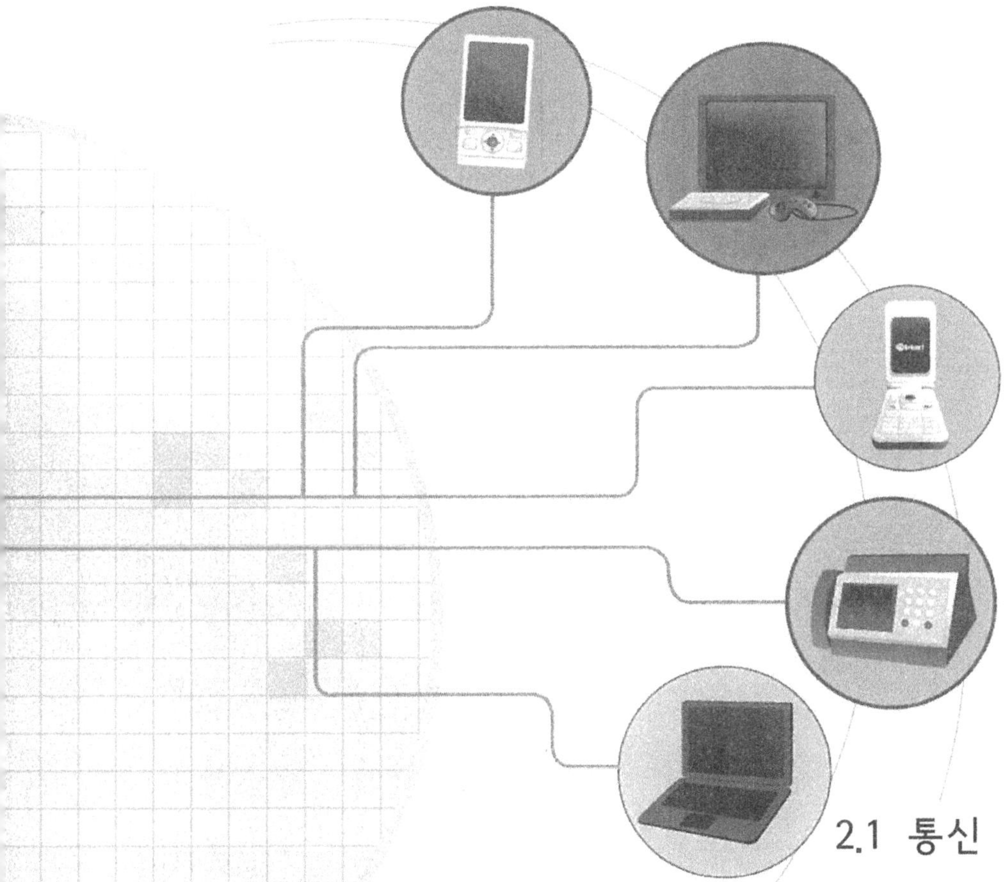

제2장 통신 프로토콜

2.1 통신 프로토콜

통신 프로토콜 혹은 줄여서 프로토콜이라는 것은 한 시스템이 다른 시스템과 통신 회선을 이용하여 제대로 통신이 이뤄지게 하기 위한 일정한 약속이나 절차이다. 예를 들어, 데이터 통신에서 송신 측의 컴퓨터가 우선 상대방 컴퓨터를 불러내어 "지금부터 메시지를 송신하고자 하는 데 수신 준비가 되었나요?"라는 신호를 보내면 상대방 컴퓨터가 "받을 준비 완료!"라는 응답을 하게 되어 메시지를 전송한다. 메시지가 너무 길면 몇 개의 묶음으로 나누어서 보내고, 수신 측에서는 묶음마다 오류를 검사하여 오류가 있는 경우 재전송을 요구한다. 모든 메시지의 송신이 완료되면 "송신 완료!"라는 신호를 주고받은 후 끝내게 된다.

통신 프로토콜은 복잡한 절차를 필요로 하고, ISO(International Organization for Standardization)에서 규정하고 있는 개방형 시스템 간 상호접속(OSI : Open Systems Interconnection) 모델을 표준으로 하고 있다.

2.1.1 통신 프로토콜의 개념

통신 프로토콜이란 서로 다른 시스템에 있는 두 개체(entity)간의 데이터 교환을 원활히 하기 위한 일련의 통신 규약이다.

개체란 정보를 보내거나 받을 수 있는 것으로 사용자 프로그램, 데이터베이스 관리 시스템, 전자우편 시스템 등을 뜻하며 시스템은 하나 이상의 개체를 보유하고 있는 컴퓨터 시스템을 예로 들 수 있다.

2.1.1.1 프로토콜의 개념

한때 대중들이 정보통신에 대해 전혀 관심이 없었을 때에도 프로토콜이란 단어가 가끔 신문기사에 등장한 적이 있었다. 대체로 외국의 국빈이 우리나라를 방문하였을 때 그 방문기사에 등장하던 프로토콜이란 단어는 국빈을 대접하는 의전 절차라는 의미로 쓰인다.

예를 들어 외국 원수의 공식 방문 시 우리나라에서는 국무총리나 외무부 장관이 기내에 들어가서 영접을 하고 난 후 의장대를 사열하고, 이어서 환영연설을 하고, 저녁에는 대통령과의 만찬이 있고 등등 방문객의 지위나 방문 형태에 따라서 그 프로토콜도 다르다.

프로토콜이란 단어를 사전에서 찾으면 위에 얘기한 외교상의 의례란 의미 외에도 의정서, 조약(안)으로 설명이 되어있다. 아무튼 프로토콜의 단어 속에는 어떤 경우이든지 간에 두 상대방이 있어 그 두 상대방간 합의된 약속이란 의미를 내포하고 있다. 국빈의 의전절차에도 피 방문자가 지켜야 할 도리뿐만 아니라 방문객이 이에 따라 취해야 하는 행동 절차도 같이 포함되어 있으므로, 프로토콜이란 방문자와 피 방문자 두 상대방의 행동양식에 대한 미리 정해진 약속으로 볼 수 있다. 방문객이 이렇게 하면 피 방문객은 저렇게 하고, 피 방문객이 또 이렇게 하면 방문객이 거기에 대응하여 행동하는 등등 프로토콜은 외교관이 배우고 갖추어야 할 중요한 내용이 틀림없다.

그러면 통신에 등장하는 프로토콜은 어떤 의미를 지니고 있으며 왜 필요한가? 사실 통신에서 말하는 프로토콜은 엄밀히 말하면 통신 프로토콜이라고 앞에 통신을 반드시 붙여 말해야 한다. 그런데 어떤 사실을 얘기할 때 대주제가 통신인 경우 우리는 통신을 생략하고 보통 프로토콜이라고만 말하게 되고, 이 경우 듣는 사람이나 말하는 사람 모두 프로토콜은 통신 프로토콜을 의미하게 되는 셈이다. 이제 프로토콜이 통신 프로토콜의 생략형이라는 것은 분명해졌다.

통신 프로토콜의 정의에는 앞에서 말한 프로토콜의 일반적인 개념이 그대로 들어있다. 통신이란 말에 이미 두 상대방이라는 개념이 배경에 놓여 있다. 상대방이 없는 통신이란 있을 수 없으므로, 통신 프로토콜 또한 당연히 정보를 송신하고 수신하는 두 상대방 사이의 약속이다. 약속은 약속인데 그럼 무슨 약속인가? 앞에서 말한 외교적인 프로토콜에서처럼 상대방을 예우하기 위한 약속이 아님은 분명하다. 통신은 공학이다. 따라서 필요한 것은 예의가 아니고 통신의 목적을 경제적으로 달성하기 위한 약속이다.

2.1.1.2 효율적인 관리

공학적인 의미의 통신의 목적은 한마디로 정확한 정보의 전송이다. 공학에서는 정확성만 의미를 갖는 것이 아니라 경제성 또한 중요한 의미를 갖는다. 따라서 통신 프로토콜은 두 통신하는 상대방 사이에 정확하고 효율적인 정보의 전송을 위한 여러 가지 약속의 집합이다.

다시 말하면 통신 프로토콜은 송신자가 이렇게 하면 수신자가 저렇게 하고, 수신자가 어떻게 하면 송신자가 거기에 따라 어떤 행동을 취해야 하는지 등을 사전에 약속해 둔 것이다. 이러한 사전 약속이 없다면 어떤 상황에서든지 정확한 정보를 효율적으로 전송해야 한다는 통신의 기본목적을 달성할 수 없기 때문이다.

통신하는 상대방은 일반적으로 서로 원격지에 위치한다. 따라서 정보를 전송하기 위해서는 정보를 전기적인 혹은 광학적인 형태로 변환하고 그 변환된 신호가 통신 채널을 통해 흐르게 될 때 정상적인 신호의 흐름을 훼방 놓는 여러 가지 현상이 존재하게 된다. 이러한 훼방 행위는 통칭하여 잡음이라는 형태로 나타나게 되고 이는 신호의 변형을 가져오고 신호변형은 결국 정확한 정보의 전송을 방해한다. 즉, 신호의 전송 중에 에러가 발생하게 되고, 따라서 통신 프로토콜에서는 이러한 에러가 발생하였을 때 어떻게 에러의 발생사실을 알아내고 손실된 정보를 회복할 것인가에 대한 엄밀한 절차가 사전에 약속되어 있어야 한다.

그러한 약속이 프로토콜의 일부가 된다. 프로토콜이라는 약속의 집합 속에 이렇게 에러에 대응하기 위한 약속이 중요하기는 하나 그것이 프로토콜의 전부는 아니다. 정보를 정확히 그리고 효율적으로 전송하기 위해서는 동기(synchronization)라고 부르는 개념도 중요하다.

예를 들어 정보를 송수신하는 상대방이 서로 한 비트의 시간 길이를 서로 다르게 사용한다든지, 한 메시지의 시작 지점을 서로 다르게 인식하게 되면 순식간에 대량의 에러가 발생하기 때문에 이들에 대해서도 사전 약속이 필요하다.

이 뿐만 아니라 정보흐름의 양을 조절하는 흐름제어(flow control) 방법도 역시 사전에 약속되어 프로토콜 속에 포함되어 있어야 한다. 흐름제어란 정보의 송신 측에서 너무 빠르게 정보를 보내는 바람에 수신 측에서 이를 미처 소화하지 못함으로써 결과적으로 정보의 손실을 가져오는 사태를 막기 위한 방법을 말한다.

에러제어, 동기, 흐름제어 등에 관한 약속 이외에도 통신하는 상대방의 상호위치가 어디냐에 따라 여러 가지 약속이 추가로 필요하다. 그리고 효율적인 전송을 위해서도 여러 가지 기법이 있으므로 어떤 경우에 어떤 방법을 사용해야 할지에 대해서도 사전에 약속하여 프로토콜에 포함시켜야 하며 최근에 관심이 높아지고 있는 정보의 안전성(security)을 위한 약속도 역시 여러 가지 방법이 있을 수 있으므로 사전에 프로토콜에 포함되어야 한다.

2.1.1.3 원리

지금까지 우리는 통신하는 두 상대방이란 표현을 사용하였는데 OSI 규약에서는 이를 개체(entity)라는 용어로 사용하고 있다. OSI에서는 통신하는 두 상대방이 컴퓨터 내부에서 돌아가는 프로그램인 경우가 대부분이다. 하지만 위에서 설명한 통신 프로토콜은 통신하는 두 상대방 즉 개체가 사람인 경우, 우리가 전화를 이용하여 음성 통신을 하는 것과 마찬가지로 그대로 적용되어야 한다. 이는 사람들이 전화를 통해 음성 정보를 주고받을 때에도 프로토콜이 필요하다는 뜻이다. 사람이 다른 사람과 전화 할 때에도 전화선이라는 전송채널에서 에러가 발생하며, 사람에 따라서는 너무 빨리 말하는 사람이 있어 듣는 사람이 미처 이해하지 못하고 지나가는 경우가 있는데 사람들은 이 경우 그러한 상황에 자연스럽게 대처할 수 있는 능력을 태어났을 때부터 갖고 있다.

즉, 잡음 때문에 상대방의 단어를 놓쳤을 때에는 "잠깐 잘못 들었는데 다시 한 번 말해 줄래" 라든지 상대방 말이 너무 빨라 의미를 소화하기 어려우면 "잠깐 좀 천천히 말해줄래"라고 하는데 이는 프로토콜 용어로는 각각 에러제어와 흐름제어에 해당된다.

위에서 말한 대로 사람들은 누구든지 프로토콜을 학습하지 않고도 잘 알 수 있으므로 굳이 사전에 프로토콜이라는 약속을 할 필요가 없을 뿐이다. 따라서 지금은 사람간의 통신에는 정보를 정확히 효율적으로 전송하기 위한 약속은 필요치 않고, 그 대신 예의바른 통신을 하기 위한 프로토콜은 많을수록 좋은 것이다.

반대로 지능이 전혀 없는 정보기기들은 돌발적인 상황에 대처할 능력이 전혀 없으므로 통신할 때 발생할 수 있는 모든 상황에 맞게끔 지시를 해 놓아 마치 지능을 갖는 것처럼 만들어 주어야 한다.

이렇게 정보기기를 이용하여 통신하는 두 상대방은 정보의 정확하고 효율적인 전송을 위한 많은 약속들이 필요하나, 상대방끼리 예의를 차리기 위한 프로토콜은 전혀 필요치 않다.

통신하는 두 상대방은 틀림없이 모든 프로토콜이 요구되기는 하나 사람인 경우에는 그 프로토콜이 명문화되어 있지 않고 예의범절이 포함되어야 하며, 정보기기인 경우에는 그 프로토콜은 엄밀히 명문화되어야 하고 그 대신 예의범절에 관한 부분을 포함시킬 필요도 없고 포함되어서도 안 된다. 정보통신이 사람 사이의 통신과 다른 점은 지능이 없는 정보기기 사이의 통신이라는 점 이외에도 사람과 사람간의 통신이 1대 1인 것과는 달리 1대 다수, 혹은 다수 대 다수의 경우가 많으므로 프로토콜 또한 이러한 경우까지 대비해서 만들어져야 하므로 종류가 많고 복잡해질 수밖에 없다.

여기서 말하는 정보통신이라는 용어는 정보처리 및 모든 통신을 통칭하는 넓은 의미의 정보통신이 아니라 정보기기 사이의 통신을 의미한다. 정보기기는 물론 정보를 송신하고 수신할 수 있는 기기를 통칭하는 용어로서, 컴퓨터만을 의미하지 않는다. 예를 들어 팩시밀리도 정보기기이며, 공해를 측정하여 그 결과를 공해 감시 센터로 전송하는 공해 측정기나, 장마철에 한강의 수위나 유속을 홍수 통제 본부로 송신하는 수위유속 측정기도 정보기기다.

따라서 이들 사이에도 모두 통신의 프로토콜이 필요하다. 더 나아가 현존하는 모든 통신 관련 정보기기는 어떠한 형태든 모두 프로토콜을 갖고 있다.

2.1.2 통신 프로토콜의 구성요소

통신 프로토콜은 구문(syntax)과 의미(semantic) 그리고 타이밍(timing)의 세 가지 기본요소로 구성되어 있습니다. 구문은 데이터 형식, 코딩, 신호레벨 등의 특정한 형식이며, 의미는 제어정보로 조정과 에러 처리를 위한 정보 등이 들어가며, 속도 조절과 순서 관리를 위한 타이밍 기법이 들어간다.

2.1.2.1 구성

여기서 중요한 의미를 갖는 프로토콜은 사용하는 범위가 넓고 표준화 되어 있어 전 세계 어디에 설치되어 있는 정보기기 간에도 정보의 상호교환을 가능하게 하는 그런 종류의 프로토콜로, 흔히 말하는 컴퓨터의 네트워크에서 사용되는 프로토콜이다.

실제로 말하면 ISO, TCP/IP 등의 프로토콜이며, 그밖에도 SNA(System Network Architecture), ONA(Open Network Architecture)등 특정 컴퓨터 회사에서 만들어진 프로토콜 등도 있다. 좀 더 구체적으로 말하면 X.25나 HDLC(High level Data link control)등의 예를 들 수 있다.

프로토콜을 폭 넓게 이해하기 위해서는 계층화의 사고방식을 이해할 필요가 있다. 컴퓨터 네트워크는 제작회사가 서로 다른 컴퓨터끼리 통신할 수 있도록 다양한 응용 프로그램과 스테이션, 그리고 데이터 전송을 돕는 갖가지 통신장비 및 전송장비와 전송매체 등으로 구성되게 되었고, 이러한 환경에서 정확하고 효과적인 정보전송을 수행하기 위해서는 프로토콜 역시 복잡하고 다기능화 할 수밖에 없다.

따라서 이러한 프로토콜들의 효과적인 정리를 위해서 프로토콜 계층화 방식이 도입되었다.

계층화의 개념은 구조화 프로그래밍(Structured Programming)의 경우와 흡사하다. 프로토콜의 각 계층은 구조화 프로그래밍의 모듈(Module)과 같으며, 각 계층이 수직적으로 상하 관계를 갖는 것은 모듈들을 수직적으로 배치하여 모듈 사이의 접속(interface)이 최소화 되도록 하는 개념과 흡사하다. 즉, 네트워크 프로토콜이 계층화되어 상위계층이 인접한 바로 아래 계층의 서비스를 받는 것은 마치 구조화 프로그래밍에서 메인 프로그램이 서브프로그램을 호출하여 서비스를 받는 것과 같으며, 이때 호출한 프로그램과 호출 당한 프로그램이 인자(parameter)를 이용하여 필요한 정보를 주고받는 것과 같이 역시 상위 계층이 인접한 하위 계층의 서비스를 받을 때 필요한 정보를 인자의 형태로 주고받게 된다. 또한 구조화 프로그램에서 모듈 내부의 변경이 외부의 다른 모듈에게는 영향을 미치지 않는 것과 마찬가지로, 어떤 계층의 내부적인 변화는 다른 계층의 내부적인 변화에 전혀 영향을 받지 않으므로 계층화 되지 않았던 종래의 통신 프로토콜에서 기능의 일부 변경으로 프로토콜 전체를 다시 작성해야 하는 어려움을 극복할 수 있게 되었다.

계층화된 네트워크 프로토콜들을 총칭하여 네트워크 구조(Network Architecture)라고 부른다. 앞에서 말한 OSI나 SNA, TCP/IP등의 프로토콜들은 상위 계층에서부터 하위계층까지 논리 정연한 구조를 갖는 프로토콜의 집합으로, 이들은 각각 현재 사용 중인 가장 대표적인 네트워크 구조인 셈이다.

가장 나중에 만들어진 네트워크 구조인 OSI는 국제표준기구인 ISO에서 만들어진 7계층을 갖는 네트워크 구조로서 가장 넓은 지지층을 확보하고 있으며, 모든 네트워크 교과서의 모델로 소개되고 있다. 가장 많은 프로토콜을 거느리고 있고 가장 다양한 기능을 갖고 있으며, 현재는 사용이 잘 안 되고 있지만 언젠가는 지구상의 모든 정보기기들이 이에 따르려는 계획을 갖고 있는 세계적인 표준이다.

물론 철저하게 계층화된 구조를 갖고 있고, 많은 프로토콜이 개발되어 있으며 지금도 끊임없이 개발이 이루어지고 있어 앞으로도 계속 개발이 이루어 질 것이다. 그러나 모든 정보기기들이 이들을 채택할 때까지는 상당한 시간이 걸릴 것이다.

2.1.2.2 종류

컴퓨터 언어에서도 이론적으로 가장 좋은 언어가 반드시 가장 많은 사용자를 확보하지 못하는 것과 마찬가지로, 네트워크 프로토콜에서도 가장 이상적이고 논리적이며 다양한 기능까지 갖춘 OSI가 현재 시점에서는 가장 많은 사용자를 확보하지 못하고 있는 실정이다. 이는 OSI가 만들어진 것이 SNA(Systems Network Architecture)나 TCP/IP보다 늦고, 실제 상품화가 늦어지고 이용자들이 비교 평가하여 값싸고 좋은 물건을 살 수 있을 만큼 OSI에 근거한 다양한 프로토콜 제품들이 시장에 풍부하지 못하기 때문이다. 이에 비해 TCP/IP 프로토콜 제품들은 매우 다양한 제조회사들이 관련 제품을 선보이고 있고 때문에 가장 널리 보급되어 있기 때문에 현재 시점에서 가장 큰 지지 세력을 확보하고 있는 셈이다. 이러한 경향은 최소한 10년 이상 지속될 가능성이 있다. 특히 국내의 경우에는 워크스테이션과 유닉스, 그리고 인터넷의 보급과 함께 시작된 TCP/IP 프로토콜 제품들이 한 동안 큰 세력을 형성하며 상당기간 동안 그 자리를 지켜나갈 것으로 보인다. SNA는 그 동안 아이비엠 컴퓨터의 막강한 시장 점유율에 의해 널리 보급되었고, 아직도 아이비엠의 후광을 입고 있어 쉽게 사라지지 않을 것으로 보인다.

어떻게 보면 현재 네트워크 기술의 중심사상이 된 계층화의 개념을 비롯하여, 중요기술과 개념들이 상당 부분 아이비엠의 SNA로 부터 출발했다고 봐도 무리는 아닐 듯싶다. 최근 아이비엠 자체의 시장점유율 하락에 따라 SNA에 근거한 프로토콜의 사용도 줄어들 것으로 생각할 수 있으나, 아직은 프로토콜을 공부할 때 SNA를 빼놓을 수 없다.

통신 프로토콜의 종류로 다음을 들 수 있다.

1) OSI 참조 모델

국제 표준 기구(ISO)의 제안에 근거한 것이다.

2) TCP/IP

다른 기종간 컴퓨터 네트워크에서 사용하기 위해 개발된 프로토콜, 현재 인터넷에서 사용한다.

3) SNA

IBM 고객이 주장치와 부속망을 포함한 그들 자신의 사설 통신망을 구성할 수 있도록 고안된 프로토콜이다.

4) DNA

미니컴퓨터의 네트워크에 필요한 프로토콜을 제공한다.

5) NFS

원격지의 컴퓨터에 있는 파일을 마치 자신의 컴퓨터에 있는 파일처럼 검색, 저장, 수정하여 사용한다.

우리가 프로토콜을 분류할때 상위계층 프로토콜과 하위계층 프로토콜로 구분하는데 여기서 상위계층 프로토콜은 통신의 이용자가 손쉽게 통신을 이용할 수 있도록 해 주는 역할을 수행하는데 반하여, 하위계층은 실제 통신이 어떻게 효과적으로 정확하게 정보를 전송할 수 있게 하느냐에 관심이 있다. 어떻게 보면 통신의 최종 이용자에게 보이는 것은 상위계층 중에서도 가장 상위계층인 응용계층 뿐이고, 나머지 계층들은 응용계층이 운용되는데 필요한 각종 서비스를 제공하는데 불과하다.

전자우편, EDI, 메시지 핸들링 시스템, FTAM(File Transfer Access and Management) 등은 모두 응용계층 프로토콜에 속한다. 따라서 네트워크의 단순한 이용자는 이러한 응용계층의 프로토콜 이용법만 공부하면 네트워크를 이용하여 원하는 정보전송을 행할 수 있으나, 네트워크의 설계 운용자들은 그 이하 계층의 프로토콜을 알아야 한다.

한국적인 통신 프로토콜의 개발은 국제 표준과의 문제 때문에 의미 없는 일이지만 모든 프로토콜 제품을 돈을 주고 사와야 하는 현실을 생각할 때, 통신 소프트웨어에 많은 관심을 기울여야 함은 당연한 일이다. 다른 일반 응용 소프트웨어에 비해 통신 프로토콜 제품의 가격이 상대적으로 높고 따라서 국내 개발 자체가 더 높은 부가가치의 창출을 의미하기 때문이다.

2.1.2.3 기능

프로토콜의 주요 기능을 요약하면 다음과 같다.

1) 단편화(segmentation)와 재조립(reassembly)

송신기에서 분할된 정보는 전송매체를통하여 수신기에 전달되고, 수신기는 다시 원래의 정보로 조립하여 최종적으로 사용자가 이해할 수 있는 형태로 만들어 진다. 정보 전송 시 오류를 줄이거나 전송 효율을 증가시키기 위하여 사용된다. 단편화는 주어진 데이터를 일정한 크기의 작은 데이터 블록으로 나누어 전송하는 것이고, 재조립은 수신층에서분리된 데이터를 응용계층에 적합한 데이터를 재구성해서 원래의 데이터로 복원하는 것이다.

2) 캡슐화(encapsulation)

전송할 데이터의앞부분과 뒷부분에 헤더(header)와 트레일러(trailer)를 첨가하는 과정으로 단편화된 작은 블록의 데이터에 플래그비트, 주소비트, 제어비트, 에러검출비트 등과 같은 각종 제어 정보를 덧붙이는 것을 캡슐화라 한다. 이와 같은 캡슐화를 하는 이유는 데이터를 정확하게 송수신하기 위해서이다.

3) 연결 제어(connection control)

데이터를 전송하기 위한과정으로 노드간의 연결은 연결확립, 데이터 전송, 연결 해제의 세가지 과정을 거친다. 비접속형 데이터 전송은 두 스테이션이 논리적인 연결 없이 데이터를 전송하는 방식이다. 논리적인 연결이란 물리적인 연결과 같이 실제로 두 스테이션이 연결되어 있는 상태가 아니가 마치 실제로 연결되어 있는 것처럼 느껴지는 가상적으로 연결된 상태를 말한다. 접속형 데이터 전송은 두 스테이션이 논리적인 연결 수 데이터를 전송하는 방식이다. 이 방식은 두 스테이션 사이에 많은 양의 데이터를 전송하고자 할 때 사용하는 방식이다.

4) 흐름 제어(flow control)

발신 노드가 보내는 순서대로수신 노드에 데이터 단위를 전달할 수 있도록 데이터의 양과 속도를 제한하는 기능을 말한다. 통신망에 흐르는 패킷의 수를 적절히 조절하여 시스템 전체의 안전성을 유지하고 서비스 품질의 저하를 방지하기 위한 것으로, 가상

회선방식의 슬라이딩윈도방식과 데이터그램방식의 정지-대기방식이 있다.

5) 오류 제어(error control)

전송 도중에 발생 가능한 오류들을 검출하여 정정하는 기능이다. 오류수정을 위한 비트를 데이터에 부가하여 전송하고, 수신측에서는 오류발생을 검출하고 수정하는 방식인 오류수정방식과 오류 검출을 위한 비트를 데이터에 부가하여 전송하고, 수신측에서 오류 검출 시에 오류 수정 없이 송신측에 재전송을 요구하는 방식인 자동반복요청방식이 있다. 오류제어에는 패리티체크와 CRC가 사용되며, 오류검출 및 정정에는 블록합과 해밍코드가 사용된다.

6) 동기화(synchronization)

정보를 전송하기 위하여 송수신기 사이에 같은 상태를 유지하도록 하는 것으로, 통신하는 두 실체 간에 초기화 상태, 검사 전 상태, 종료 상태 등과 같은 명확히 정의된 상태를 둠으로써 통신의 개시, 중간의 체크 기능, 통신의 종료 등을 수행한다. 동기 전송방식과 비동기 전송방식이 있다.

7) 순서 지정(sequencing)

패킷 교환망에서 사용되는 방식으로 패킷 단위로 분할 전송 할 때에 순서를 정하는 것으로, 정보를 수신측에서 재조립할 때 수신된 패킷의 순서가 송신측에서 전송한 패킷의 순서와 반드시 일치하는 것은 아니기 때문에 수신측에서 수신된 패킷을 순서에 따라 재조립한다.

8) 주소 지정(addressing)

네트워크에서 통신을 하기 위해 송수신측 간에 인식이 가능하도록 하는 역할이다. 네트워크에 있는 각 스테이션은 자신의 고유 주소가 지정되어 있어야 하며, 데이터 전송을 하기 위해서는 데이터와 함께 지정된 주소 정보도 보내야 한다.

9) 다중화(multiplexing)

한정된 통신 링크를 다수의 사용자가 공유할 수 있도록 하는 전송 방식으로, 수신측에서 다수의 채널을 다중화하여 하나의 링크를 통해 정보를 수신측에 전달하고, 수신측에서는 이를 역다중화(demultiplexing)하여 다수의 채널로 나누는 것이다. 즉, 여러 개의 단말장치들이 하나의 통신 회선을 통하여 데이터를 전송하고, 수신측에서도 여러 개의 단말장치들의 신호를 분리하여 입출력할 수 있게 하는 방식이다. 다중화 방법으로 주파수 분할 다중화(FDM)와 시분할 다중화(TDM) 등이 있다.

2.1.2.4 PDU(Protocol Data Unit)

프로토콜 이용자 정보를 실어 나르기 위해서는 프로토콜 데이터 유닛(PDU: Protocol Data Unit)을 사용한다. 즉 PDU는 물건을 운반할 때 상자 단위로 포장하여 운반하는 것과 같이 프로토콜이 정보의 운반을 위해서는 PDU라는 상자를 이용한다. 우리가 상자 단위로 물건을 포장하여 운반할 때 그 상자마다 물품의 내용이나 발송 처 수신 처 등을 표기하는 것과 마찬가지로 PDU에도 이용자 정보뿐만 아니라 정보의 발송 처, 수신 처 등의 주소와 전송 등에 에러의 발생이 있었는지를 점검하기 위한 정보 그밖에 흐름제어 등을 위한 정보 등이 같이 들어가게 된다.

계층화된 프로토콜에서는 계층마다 PDU이름을 독특하게 붙여 사용하는 경우가 있다.

계층2 PDU는 프레임(Frame), 계층3 PDU는 패킷(Packet), 계층4 PDU는 세그먼트(Segment)등으로 부르는 것이 일반적이다. 이러한 특별한 이름이 없는 경우에는 그냥 몇 계층의 PDU라고 부르게 된다. 그리고 세그먼트라는 PDU이름은 TCP에서 사용하는 경우가 많다.

2.1.3 통신 프로토콜의 특성

통신 프로토콜의 특성은 다음과 같이 정리할 수 있다.

1) 두 개체 사이의 통신 방법은 직접통신과 간접통신 방법이 있다.

2) 프로토콜은 단일 구조 또는 계층적 구조로 구성될 수 있다.

3) 프로토콜은 대칭적이거나 비대칭적일 수 있다.

4) 프로토콜은 표준이거나 비표준일 수 있다. [1]

2.1.3.1 파일 전송 구조

다음은 간단한 파일전송 구조를 나타낸 것으로 3개의 모듈로 구성된다.

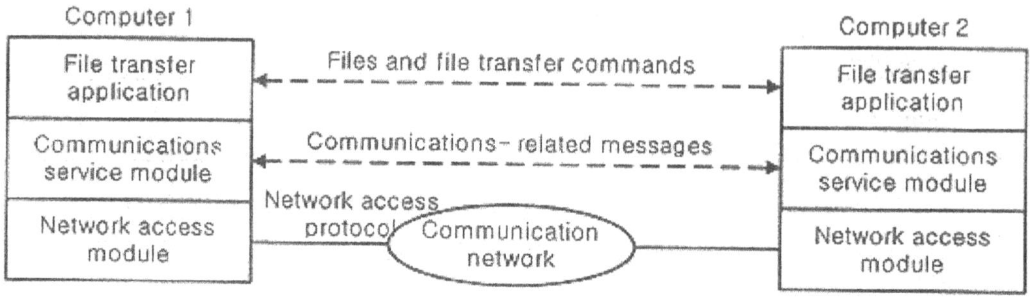

그림 2.1 간단한 파일 전송 구조

(1) 전송모듈(file transfer module)

파일과 명령을 교환한다.

(2) 통신 서비스 모듈(communication service module)

파일전송 명령과 데이터를 두 시스템 간에 신뢰성 있게 전송하는 역할을 수행한다.

(3) 네트워크 액세스 모듈(network access module)

네트워크 사이의 인터페이스를 담당한다.

2.1.3.2 세 계층 모델(three layer model)

통신작업을 수행하는 각 컴퓨터는 3개의 독립된 층으로 구성될 수 있다.

(1) 네트워크 액세스 층(network access layer)

컴퓨터와 네트워크 사이의 데이터를 교환하는 역할을 담당하며, 네트워크가 적절한 종착지에 데이터를 보낼 수 있도록 주소(Address)를 갖고 있어야 하고, 네트워크 종류에 맞는 소프트웨어가 필요하다.

(2) 트랜스포트 층(Transport layer)

데이터를 신뢰성 있게 교환하도록 하는 역할을 담당한다.

(3) 응용 층(Application layer)

다양한 응용을 사용자에게 지원하는 역할을 담당한다.

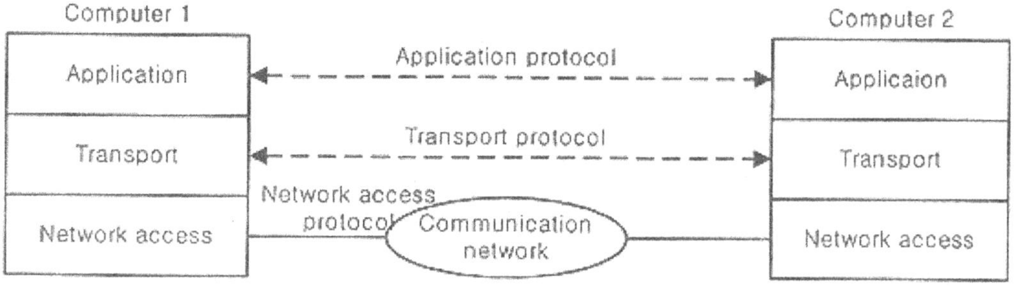

그림 2.2 세 계층 모델 프로토콜

2.1.4 통신 프로토콜의 표준화기구

CCITT(International Telegraph & Telephone Consultative Committee)는 국제전기통신연합(ITU)에 속하며, 1865년에 구성된 협약단체이다. 현재 CCITT는 ITU-TSS로 개편되었으며, 주로 데이터통신네트워크, 전화교환표준, 디지털 시스템 및 터미널 들을 다루는 광범위한 표준을 지원한다.

ISO는 1947년 창설되어 무역확대, 품질개선, 생산성향상을 목적으로 전 세계의 합의에 의한 국제규격규정을 수행하는 기관으로서 각국의 표준화기관들이 그 나라를 대표하여 가입함으로써 구성된다. 우리나라는 1963년에 정회원으로 가입하였다.

ANSI는 비영리, 비정부조직의 기구로 미국 내의 자치적 표준안을 설계하는 미국의 주요 표준기관이다. ANSI는 ISO의 회원이다.

ECMA는 컴퓨터와 통신기술에 적용할 수 있는 표준개발만 담당한다.[2]

ITU-TS	국제 전기 통신 연합 위원회
ISO	국제 표준화 기구(OSI 모델을 설계)
ANSI	미국 국립 표준화 연구소
EIA	전자 공업 협회(RS-232C의 접속 규격을 개발)
FTSC	미연방 표준화 위원회
CCITT	국제 전신전화 자문위원회 CCITT X. 계열 권고안 : 공중 데이터 통신망(디지털) X.25 : 공중 패킷 교환망 표준화 (물리레벨프로토콜, 프레임레벨 프로토콜, 페킷레벨 프로토콜) CCITT V. 계열 권고안 : 전화망 데이타 통신(아날로그) V.25 : 자동 호출 응답 장치
IEC	국제 전기 표준 회의
IEEE	전기 전자 공학회

그림 2.3 국제 표준화 기구 [3]

2.2 OSI 참조모델

2.2.1 OSI 참조모델 개요

OSI 참조 모델(Open System Interconnection Reference Model)은 전 세계의 컴퓨터를 상호 연결하여 전화망과 같은 호환성을 지원 가능하도록 국제 표준화기구(ISO)가 1977년에 정의한 국제 통신 표준 규약으로 통신의 접속에서부터 완료까지의 과정을 7단계로 구분하고 이 7계층의 통신 규약 군에 대해 각 계층별로 설명, 정의함으로서 현재 다른 모든 통신 규약의 지침이 되고 있다.

2.2.1.1 OSI 참조모델의 개념

OSI(Open Systems Interconnection)이란 폐쇄형 시스템이 아닌 개방형 시스템 간의 연결을 의미한다. 여기에서 개방형이란 같은 종류의 시스템끼리만 통신이 가능하던 종래와는 달리 시스템의 종류나 구현의 방법, 시스템의 규모 등의 조건에 제약받지 않고, 서로 다른 시스템끼리도 연결하여 통신이 가능하도록 한 것을 의미한다.

따라서 OSI 참조 모델에서는 그 모델의 정립에 있어서 어떤 특정 시스템이나 제품을 모델로 삼은 것이 아니고, 시스템 간의 통신에 있어서 요구 또는 고려되어지는 사항들을 정리, 추상화시켜 모델로 정립하였다.

OSI의 주된 개념은 통신 네트워크로 구성된 두개의 종단 이용자 사이에서, 통신 처리를 각 계층이 가지고 있는 특별한 기능을 가지고 계층별로 나눌 수 있도록 하는 것이다. 각 통신 이용자는 7 계층의 기능을 갖는 컴퓨터를 이용한다. 이용자들 사이에 메시지가 주어지면, 컴퓨터에서 한 계층씩 아래로 각 층을 통과하여 데이터가 전달되고, 다른 쪽에서는 메시지가 도착할 때 메시지를 받는 컴퓨터는 한 계층씩 위로 통과하여 이용자에게 전달 될 것이다. 실제로 이러한 7 계층의 기능을 제공하는 프로그램이나 장치는 컴퓨터 운영체계, 웹 브라우저와 같은 응용프로그램, TCP/IP 또는 다른 트랜스포트 네트워크 프로토콜과 이용자의 컴퓨터에 구성된 회선을 사용할 수 있는 소프트웨어 및 하드웨어가 함께 결합된다.

2.2.1.2 OSI 참조모델의 계층구조

OSI 모델은 전체가 7개의 계층 즉, 레이어로 되어 있으며 각 계층은 데이터 통신의 부문별 기능을 수행한다. 각 계층은 그 상위 또는 하위 계층과 통화할 수 있을 뿐 다른 계층으로 넘어갈 수 없다.

이 7 계층 들은 네트워크 안에서 어떻게 데이터들이 한 지점에서 다른 지점으로 이동되는 가를 정의하고 그 방법을 기술하여준다.

계층 1, 2, 3 의 세 개의 계층은 사용자의 네트워크 인터페이스 프로토콜에 관한 사항으로 어떤 한 사용자가 데이터를 네트워크에 실어서 보내고자 하는 최종 행선지까지 데이터의 훼손 없이 보내는 문제들을 다룬다.

네 번째 계층인 트랜스포트 계층은 전체의 메시지들이 안전하고 훼손됨 없이 완벽하게 네트워크상에서 움직이는 기능을 수행한다. 계층 1, 2, 3 과 5, 6, 7 간의 인터페이스를 담당한다.

계층 5, 6, 7 은 사용자 또는 사용자 절차에 관한 규정 즉, 세션(Session), 응용 프로그램, 포맷(Format) 등에 관한 사항들을 규정하고 정립하는 역할을 담당한다. [4]

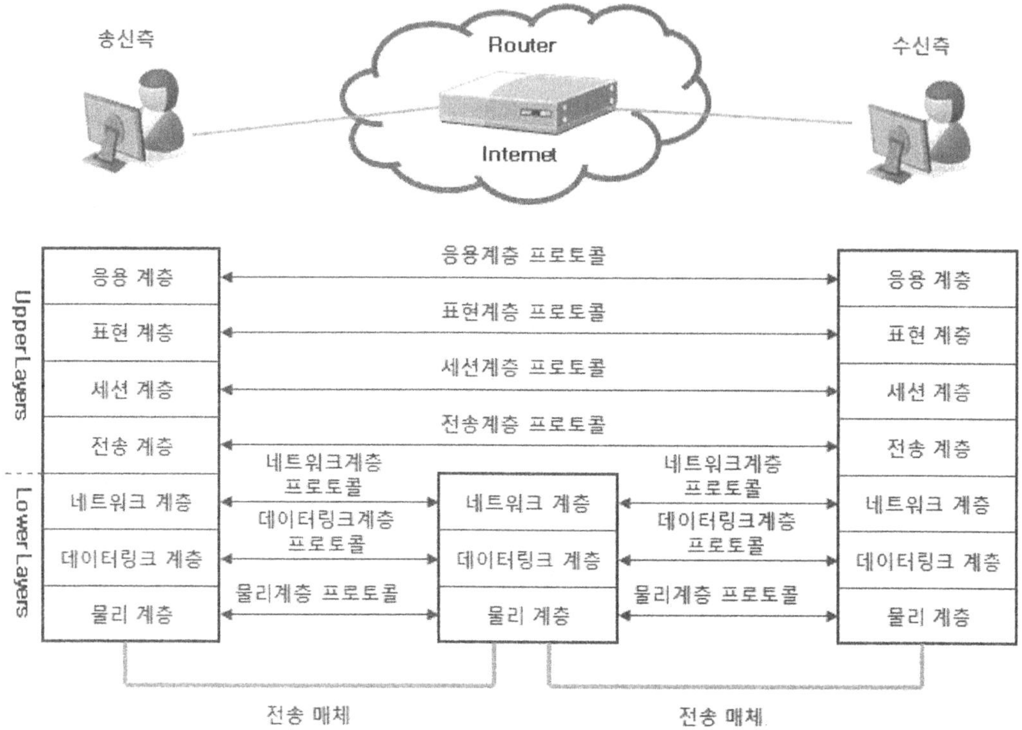

그림 2.4 OSI 계층 모델

2.2.1.3 OSI 참조모델의 기능

(1) 물리계층(physical layer)

물리계층은 네트워크 케이블과 신호에 관한 규칙이다. 상위 층에서 보내는 데이터를 케이블의 물리적 특성에 맞게 변환하여 내보내고, 반대의 일을 수행한다. 따라서 케이블의 종류와 그 케이블에 흐르는 신호의 규격을 정하고 있다.

이더넷(Ethernet)의 데이터 전송 속도는 초당 10Mbps 정도로 매우 빠른 편이다. 일반구리선은 전송속도가 빨라지면, 자체 정전 용량이 생기고 주위 신호들과 간섭(전자파)이 일어나게 되므로 1Mbps 이상은 사용할 수 없다. 이 문제를 해결하려면 신호선 주위를 그라운드 선으로 감싸는 동축케이블을 사용해야 한다. 동축(Coaxial) 케이블은 거리에 따라 100Mbps 이상의 속도까지도 전송이 가능하다. 동축케이블은 넓은 대역폭을 제공하는 동시에 전기적 간섭에 높은 면역성을 갖고 있으며, 주파수에 따른 신호의 감쇄나 전송지연의 변화가 적어 고속의 데이터 전송도 가능하다는 특징이 있다. 따라서 이런 특징을 적극적으로 활용할 수 있는 CATV 분야에 동축케이블이 많이 사용되고 있다. 또한, 동축케이블은 장거리 통신에도 별다른 증폭 없이 그대로 사용할 수 있으며 음성, 비디오 데이터를 전송할 수 있을 정도로 폭넓은 확장성을 갖는다. 이 외에도 아날로그 CCTV나 DVR 시스템에서 음성, 비디오 데이터의 손실 없이 전송하기 위해 동축케이블을 많이 사용하고 있다. 하지만 이런 동축케이블에도 단점은 존재한다. 일단 UTP 케이블에 비해 설치가 쉽지 않으며, 설치비용이 많이 들고, 가격이 비싸다는 점이 그것이다. 그러나 동축케이블은 가격이 비싸고 선이 두꺼워 공사가 불편한 단점이 있다. 그래서 그 중간 단계로 트위스티드 페어(Twisted Pair)케이블이 널리 쓰이고 있다. 줄여서 TP케이블이라고 부른다. 이 선은 신호선과 그라운드 선을 꼬아서 보내는 것인데 이렇게 함으로써 어느 정도 잡음의 영향을 줄일 수 있다. TP케이블에는 UTP(Unshielded Twisted Pair)와 STP(Shield Twisted Pair)가 있는데 UTP는 선을 꼰 일반적인 TP 케이블이고 STP는 UTP주위를 다시 접지선으로 감싼 형태를 취한다. UTP는 10Mbps까지, 후자는 100Mbps까지 전송이 가능하다. UTP 케이블의 외형을 살펴보면 전화선과 비슷한 RJ-45라고 불리는 커넥터와 약간 두꺼운 케이블로 이루어져 있고, 케이블의 외피를 제거하고 안을 들여다보면 별다르게 절연처리가 안된 8가닥의 선이 두 가닥씩 꼬인 4쌍의 선을 확인할 수 있다. 이 케이블의 지원속도에 따라 카테고리로 구분되는데 카테고리 3은 10Mbps를 카테고리 5는 10/100Mbps를 지원하며, 현재 가장 많이 사용되는 것은 카테고리 5라고 할 수 있다.

더욱 더 고속의 데이터를 전송하기 위해 광(Optical)케이블을 사용한다. 앞의 케이블들은 전기적 신호를 이용하므로 전자파의 간섭이 없을 수 없다. 그러나 광케이블은 빛을 사용하기 때문에 이론상으로 간섭이 0%이며 현존하는 최고 속도의 케이블이다. 장거리 영상전송에 있어 한계를 드러내는 동축케이블을 대체하기 위해 사용되기 시작한 광케이블은 매우 가는 유리섬유를 이용해 정보를 보내는 방식으로 넓은 대역폭을 가지며, 전송속도가 빠르고(1Gbps 이상) 오류가 적은 것이 특징이다. 광케이블은 광섬유를 이용하기 때문에 얇고 가벼울 수밖에 없으며, 이런 특성으로 인해 적은 공간을 차지한다는 장점도 있지만, 케이블 접속에 뛰어난 배선기술이 필요하다거나 접속비용이 높다는 점은 광케이블의 활용도를 높이는데 장애가 되고 있는 것 또한 사실이다.

다른 방법으로 케이블을 사용하지 않고 무선으로도 데이터를 전송할 수 있다. 무선랜 등이 여기에 해당된다. 무선은 선을 이용하지 않기 때문에 케이블링 작업이 필요 없다는 장점이 있지만 현재의 기술로 고속의 데이터 전송이 어렵다.

전송매체	특 징
트위스티드 페어 (Twisted Pair)	• 기존의 전화선으로 설치 비용이 적게 들지만 전송 속도에 제한이 있다. • 종류 : CATEGORY 3(~16Mbps), CATEGORY 4(~20Mbps), CATEGORY 5(~100Mbps), CATEGORY 6(~250Mbps)
동축케이블 (Coaxial Cable)	• 트위스티드 페어보다 높은 주파수를 사용하며 빠른 전송이 가능하다. • 기저대역 방식의 동축케이블 : 디지털 신호 전송, 광대역 방식에 비해 값이 비싸다. • 광대역 방식의 동축케이블 : 아날로그 신호의 전송으로 기저대역에서보다 더 멀리 전송할 수 있다. 또한 주파수 분할 다중화를 통해 독립적인 채널을 가질 수 있으므로 음성, 영상, 데이터 등을 동시에 다룰 수 있다.
광케이블 (Optical Cable)	• 트위스티드 페어나 동축 케이블에서 지원할 수 없는 높은 속도를 제공한다. • 데이터 신호가 빛에 의해 전송되므로 전자기파의 간섭에 무관하다. • 전자기파를 방사하지 않으므로 도청이 불가능해 철저한 보안이 요구되는 경우에 사용된다.

그림 2.5 전송 매체별 특징

1계층 물리계층에서는 또 토폴로지를 정의한다. RS-232에서는 1대 1 형태의 연결만을 허용한다. 이더넷은 버스형, 스타형구조를 사용한다. 버스형과 스타형이 그림은 다르지만 전기적으로는 아무런 차이가 없다.

규격화되지 않은 비트전송을 위한 물리적 전송매체의 특성(기계적, 전기적, 기능적, 절차적인규정)을 정의한다. 이 물리계층에서는 데이터를 비트 단위로 쪼개어 전기적 신호로 변환한다.

① 기계적 특성 : 커넥터의 극, 핀의 개수 및 크기와 위치 등과 같은 규격을 정의한다.

② 전기적 특성 : 두 장치간의 신호 전송을 위한 전송 매체의 규격과 전송 매체

를 통하여 전달되는 전류 및 전압의 특성, 전송속도, 최대 전송거리 등을 규정하고 있다.

③ 기능적 특성 : 전송매체와 장치를 연결해 주는 커넥터의 각 핀의 기능을 규정하는데, 각 핀의 기능에는 데이터 핀, 제어 핀, 타이밍 핀, 접지 핀 등이 있다.

④ 절차적 특성 : 각 핀의 신호와 주고받는 순서에 대한 규정을 정의한다.

⑤ 관련 표준 : EIA의 RS-232C와 RS-449, CCITT의 X.21, ISO의 802.3

(2) 데이터링크계층(data link layer)

상위 층에서 보낸 데이터를 쪼개고 전송에 필요한 정보를 담아 하위 층인 물리계층에 전달한다. 정보를 전송하기 좋은 단위로 분리 후 다음 목적지의 주소 정보 등을 붙이고(헤더) 에러 정정을 하는 경우 그에 관련된 정보를 뒤에 붙여서 보낸다. 에러가 발생한 경우 재전송을 요구하는 등의 일을 수행한다. 크게 보면 전송, 에러제어, 흐름제어로 나눌 수 있다.

물리계층에서 사용되는 전송매체를 사용하여 이웃한 통신기기 사이의 연결 및 데이터 전송기능과 관리를 규정한다.

① 프레이밍 : 프레임의 시작 및 끝을 부가하여 프레임을 구성

② 오류제어 : 전송 오류를 검출하여 오류가 발생한 프레임을 재전송을 요구

③ 시간제한 및 확인: 정해진 시간 내에 확인 메시지가 안 오면 해당 프레임을 재전송한다.

④ 흐름제어 : 송신측의 프레임 전송 속도가 수신측의 프레임 처리 속도보다 빠를 경우 발생하는 문제점을 해결하기 위하여 흐름제어를 수행

⑤ 관련 표준 : ISO의 HDLC, CCITT의 X.25 LAPB

(3) 네트워크계층(network layer)

네트워크를 구성하는 컴퓨터나 통신 장비 등의 노드들의 주소 체계를 설정하여 각 노드를 지정할 수 있도록 하며, 데이터가 목적지까지 올바르게 도달할 수 있도록 경로 선택 및 중계 기능을 수행한다. 네트워크 계층에서 주소 체계 기능은 노

드를 지정하여 매우 중요한 기능으로 사용하는 망의 종류에 따라 여러 가지 형태의 주소가 존재한다. 예를 들어 전화망의 경우에는 전화번호가 각 전화를 지정하는 데에 사용되며, 인터넷의 경우에는 IP 주소가 각 호스트나 컴퓨터를 지정하는 데에 사용된다.

① 주소 체계 결정 : 각 네트워크에서 사용하는 주소 체계를 사용하여 각 노드를 지정할 수 있도록 주소를 설정한다.
② 경로 선택 및 중계 : 통신망 내를 통하여 경로 선택 및 중계(Routing and Relaying) 기능을 한다.
③ 상호 통신망 연결 : 각종 통신망이 연결되어 있을 때에는 네트워크 계층의 기능을 이용하여 통신망을 상호 연결(Internetworking) 하는 기능을 수행한다.
④ 통신망 접속 : 통신망 접속(Network Connection)의 설정, 관리, 종료 기능을 수행한다.
⑤ 관련 표준 : CCITT의 X.25 PLP, ISO의 CONS와 CLNS, 인터넷의 IP가 여기에 속한다.

그리고 통신망 접속을 위한 연결 설정 방법은 다음과 같다.

① 연결형 서비스 : 연결 설정 작업시 데이터가 전송되는 경로가 결정되며, 결정된 경로로 데이터를 전달하기 위하여 각 데이터에 포함된 연결식별 정보를 사용하는 해당 경로로 데이터를 교환한다.
② 비 연결형 서비스 : 데이터가 목적지까지 올바르게 전달되기 위해서는 각 데이터에 목적지 주소가 포함되어 있어야 하며, 네트워크에 잇는 각 노드들은 데이터에 포함된 목적지 주소를 이용하여 라우팅하게 된다. 이 때 각 노드에서는 자신이 갖고 있는 라우팅 정보를 이용하여 각 데이터를 라우팅하는데 이 때문에 동일한 목적지로 향하는 데이터라 할지라도 각기 다른 경로를 통하여 목적지로 도착할 수 있다. 네트워크 계층에서 전달하는 데이터는 패킷(Packet)과 데이터그램(Datagram)이라 불린다. 이러한 패킷과 데이터그램은 데이터를 송신하기 전에 네트워크에서 처리하게 적당한 크기로 자른 것을 말

하는데 패킷은 연결형 서비스를 제공하는 네트워크에서 사용되며, 패킷의 헤더에는 연결 설정 시 결정되는 연결식별 정보가 들어 있다. 데이터그램은 비연결형 서비스를 제공하는 네트워크에서 사용되는 데이터를 말하며 데이터그램의 헤더에는 송신지와 목적지의 주소 정보가 포함된다,

③ 연결형과 비연결형의 비교

구분	접속형(연결형-가상회선방식)	비접속형 (비연결형-데이터그램방식)
초기설정	존재한다.	비존재
상대주소	접속 설정 시 에만 필요	모든 패킷에 존재해야 함.
패킷순서	전송순서와 같다.	전송순서와 다르다.
에러제어	네트워크계층에서 담당	트랜스포트계층에서 담당
흐름제어	네트워크계층에서 담당	수행되지 않는다.
선택협상	존재한다.	비존재
접속식별자	존재한다.	비존재
예	전화망	인터넷망

(4) 트랜스포트 계층(transport layer)

다른 네트워크들의 종점에 신뢰성 있고 투명한 데이터 전송을 기본적으로 제공하고 논리적인 통신로의 설정 및 종단 시스템 간의 데이터 전송에서 오류의 복원과 흐름 제어를 담당한다. 응용프로그램이 데이터의 전송을 요구하면 이를 목적지까지 원래의 내용과 똑같은 데이터를 전송하게 되는데, 이를 위하여 네트워크 계층의 서비스를 이용한다. 네트워크 계층의 서비스를 이용하기 위해서 전송 계층은 원래의 메시지를 작은 단위의 패킷으로 나누어 전송하며, 수신 측의 전송계층은 나누어 전송되어 온 패킷을 합쳐 원래의 메시지로 복원하게 된다. 또한 원래의 메시지와 똑같은지를 확인하기 위하여 패킷마다 엄격한 오류 제어를 수행하고, 오류가 발생하면 재전송 등을 통하여 오류 정정 기능을 수행한다. 또한 송수신 측간의 원활한 정보 전송을 위하여 흐름제어를 수행한다.

대표적인 프로토콜로는 ISO 8072 DAD가 있으며 인터넷에서 사용되는 TCP와 UDP가 이 계층에 속한다. 주요 기능은 다음과 같다.

① 네트워크를 가로지르는 메시지 단위의 정보교환을 책임짐
안전한 전송을 위하여 송신 측과 수신 측 사이에 논리적 통로를 만들 수 있고, 수신 측에서 모든 패킷의 전송과 도착을 검사 함.

② 세션 계층에서 보내온 메시지를 알맞은 크기의 세그먼트로 나누고, 헤더에 각 세그먼트의 순서 번호를 기록하여 네트워크 계층으로 보내며, 다시 받는 쪽의 전송 계층에서는 이를 취합하여 순서대로 조립.

③ 주로 종 단 간(end-to-end) 통신을 다루는 최하위 계층.(더 아래 계층은 네트워킹 자체를 다룸) 다른 시스템과 연결되어 데이터 통신이 이루어지기 위하여 필요한 여러 가지 설정들 즉, 통신 속도, 비용, 서비스의 특성, 데이터 단위 크기, 주소 매핑(통신 상대자 식별) 등 네트워크 연결을 위해 필요한 정보를 주고받음.

④ 이 계층까지가 시스템 사용자 영역이라 할 수 있고, 그 아래층들은 물리적으로 접속하는 통신망의 한 부분이라 할 수 있음.

(5) 세션 계층(session layer)

사용자와 전송 계층 간의 인터페이스로 종점들 간의 기본적 연결 서비스에 기능을 부가하여 개체가 특성에 맞게 데이터를 교환할 수 있는 연결 서비스를 제공하고 제어 기능을 수행한다. 세션이란 프로그램간의 연결이라 생각할 수 있다. 즉, 우리가 인터넷에서 하나의 파일을 다운받기 위한 연결, 텔넷으로 접속된 연결, FTP로 접속된 연결 등이 하나의 세션으로 볼 수 있다. 세션 계층에서는 이러한 응용 프로그램간의 세션의 설정 및 해제, 즉 서비스의 개시와 완료를 담당하고, 응용 프로그램에 따른 서비스 등급을 매겨 데이터를 차등 처리할 수 있도록 해 준다.

대표적인 프로토콜로는 NFS, SCP, ZIP, Phase IV session-layer protocol가 이 계층에 속한다. 주요 기능은 다음과 같다.

① 응용 프로그램 간의 대화를 유지하기 위한 구조를 제공
최소한의 기능은 두 응용 프로그램 간의 연결 설정, 유지 및 해제

② 데이터 열의 중간에 동기 점(syn point)을 삽입하여, 연결이 단절되거나 전송 오류가 발생한 경우, 재동기화와 오류 복구를 쉽게 함.

③ 이 계층의 헤더는 전송된 데이터 단위의 종류와 동기화 지점 정보를 포함

④ 전송에 필요한 제어 기능을 상위 계층에 제공.
통신할 컴퓨터 선택하고, 데이터 전송을 제어하며 오류 복구 기능을 제공함.

(6) 표현 계층(presentation layer)

응용 계층의 통신을 수행하는 다양한 정보의 표현 형식을 공통의 전송 형식으로 변환하며 암호화 및 데이터 압축 등을 수행한다.

통신장치에서의 데이터의 표현 방식, 상이한 부호 체계간의 변화에 대하여 규정하고 있다. 즉 데이터 표현에 차이가 있는 응용 프로세스들에게 그 차이에 관계하지 않도록 한다. 컴퓨터들은 서로 다른 언어, 문자코드, 숫자 표현, 단어들 내에서 바이트들의 다른 순서 때문에 데이터 표현을 위한 표현 계층이 필요하며, 두 프로세스 간에 어떤 데이터가 전송되기 전에 추상 구문에서 응용 범위 전체에 걸친 전송 구문으로 바뀌어야 한다. 만일 이것이 전송 구문과 다르다면, 어떤 수신된 데이터가 처리되기 전에 로컬 구문으로 바뀌어야 한다.

대표적인 프로토콜로는 JPEG, MPEG, TIFF, PICT, GIF, MIDI, Quick Time, ASCII, EBCDIC가 이 계층에 속한다. 주요 기능은 다음과 같다.

① 데이터 표현과 형식에서의 차이를 해결한다.

② 데이터 압축과 암호, 지역 추상 구문으로부터 선택된 전송 구문으로 사용자 데이터로 변환한다.

③ 적절한 전송 구문을 협상한다.

④ 형식 변환에 의한 송수신, 응용 계층으로부터 받은 추상적으로 기술된 정보 형식을 전송 가능한 형식으로 변환하여 송신하거나 또 그 반대의 기능을 수행한다.

⑤ 세션 연결의 설정 및 종료의 기능을 제외한 세션 계층의 기능을 응용 계층에 제공한다.

(7) 응용 계층

OSI 환경의 사용자에게 특정한 서비스를 제공하는 기능을 수행하는 계층으로 사

용자가 OSI 환경에 접속할 수 있도록 하며, 분산 정보 서비스를 제공한다. 전자메일, 파일 전송, 분산데이터베이스 관리, 원격 로그인과 같은 실제의 응용 기능들을 제공하며, 사용자에게 OSI 통신 환경을 제공하는 접점이 된다.

대표적인 프로토콜로는 버추얼 터미널 : Telnet (포트번호 : 23)

Electronic messaging : STMP (포트번호 : 25), POP3 (포트번호 : 110)

Remote File Access : FTP (포트번호 : 20, 21), TFTP (포트번호 : 69)

Network Management : SNMP (포트번호 : 161)

DNS (포트번호 : 53), HTTP (포트번호 : 80), NNTP (포트번호:119)가 이 계층에 속한다. 주요 기능은 다음과 같다.

① OSI 참조 모형에서 정의된 최상위 계층으로 사용자 네트워크에 접근할 수 있도록 해줌
② 사용자 인터페이스 제공
③ 전자 우편, 원격 파일 접근과 전송, 공유 데이터베이스 관리 및 여러 종류의 응용 프로그램 서비스를 제공
④ 최상위 계층으로서 사용자나 응용 프로그램들에게 통신 기능을 제공, 전자우편, 파일전송, 원격입력, 자원할당과 같은 사용자 서비스 제공

2.3 TCP/IP 모델

2.3.1 TCP/IP 모델 개요

ARPANET을 근거로 한 국방성의 참조모델에 기반하여 1979년에 개발된 계층 형 모델이다. OSI모델, DoD모델과는 약간의 차이점이 있으나 현재 사실상의 표준이다. 이상적인 모델인 OSI 계층처럼 세분화되지는 않았으나, 현실세계를 가장 잘 반영하고 있는 모델이다.

TCP/IP 모델은 국제공인표준인 OSI 7 계층을 따르지 않고 독자적으로 정의한 4 단계의 계층에 맞추어 설계되었지만 완전히 다른 것은 아니다. 기능을 서로 비교해보았을 때 다음과 같이 OSI 7계층과 맞추어 비교할 수 있다.

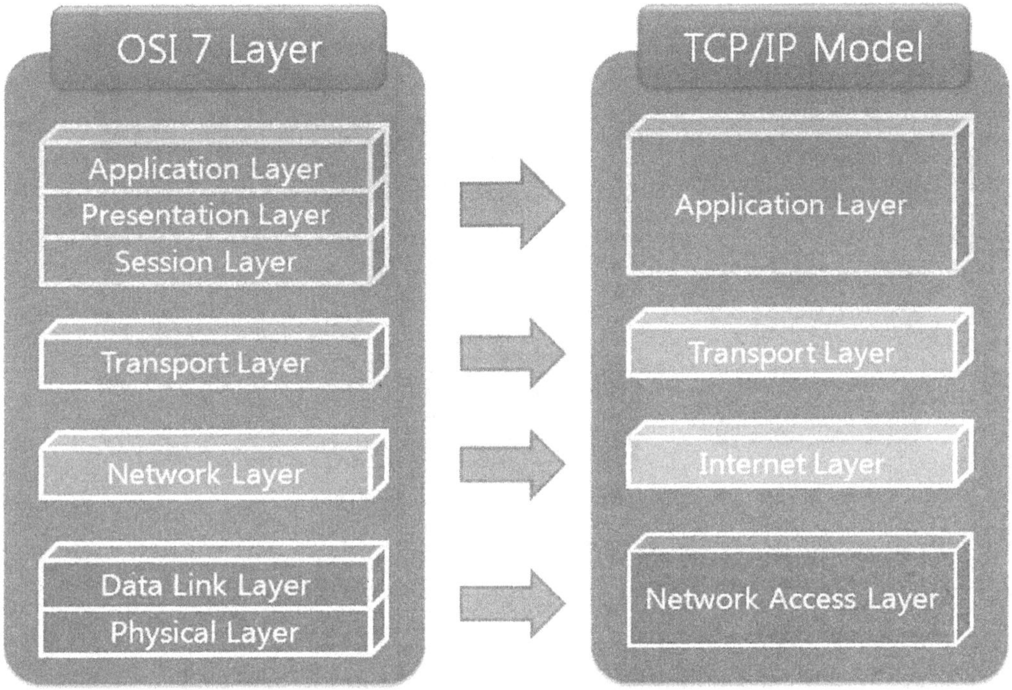

그림 2.6 OSI 7계층모델과 TCP/IP 4계층모델 구조 [5]

2.3.2 TCP/IP 참조모델의 개념

OSI 모델과 같이, 네트워크로 데이터가 보내질 때는 데이터가 위 계층에서 아래 계층으로 전해지고, 네트워크에서 받을 때는 아래 계층에서 위의 계층으로 전해진다. TCP/IP의 4-layer 구조는 데이터가 프로토콜 구조의 응용 계층에서부터 하위의 물리적 네트워크까지 전달되는 방식으로 처리되는 것을 볼 수 있다. 구조의 각 계층은 전달이 제대로 되었는지 확인하기 위해, 제어 정보를 추가한다. 이 제어정보는 전송되는 데이터의 앞에 위치하기 때문에 헤더(header)라고 부른다. 각 계층은 상위의 계층으로부터 받은 모든 정보를 데이터로 보고 자신의 헤더를 그 정보의 앞에 추가한다. 각 계층에서 받은 배달 정보 추가를 가리켜 캡슐화(encapsulation)라고 한다.

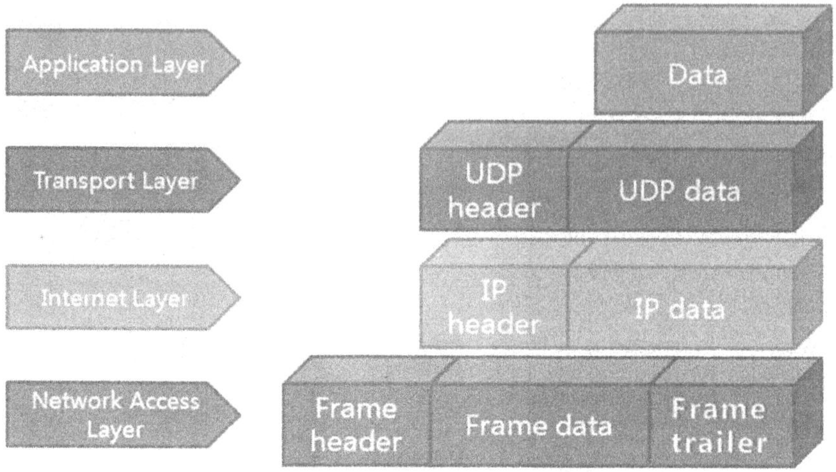

그림 2.7 데이터 캡슐화 모형[6]

수신 측에서 데이터를 받았을 때는, 반대 작업이 이루어진다. 즉, 각 계층은 상위 계층으로 데이터를 전송하기 전에 그 헤더를 벗겨낸다. 정보가 위의 계층으로 올라갈 때는, 하위 계층에서 받은 정보를 헤더와 데이터로 해석한다.

각 계층은 자신만의 독립적인 데이터 구조와 그 구조를 나타내는 자신만의 용어를 갖고 있다. 개념적으로, 특정 계층은 상위나 하위의 계층에서 사용하는 데이터 구조는 전혀 상관하지 않는다.

TCP를 사용하는 애플리케이션은 데이터를 스트림(stream)이라 표현하고, 반면에 UDP를 사용하는 애플리케이션은 데이터를 메시지(message)라고 분다. TCP는 데이터를 세그먼트(segment)라고 부르고, UDP는 자신의 데이터 구조를 패킷(packet)이라고 부른다. Internet 계층은 모든 데이터를 데이터그램(datagram)이라는 블록으로 취급한다. 대부분의 네트워크는 전송되는 데이터를 패킷이나 프레임(frame)이라고 부른다.

데이터와 네트워크 정보가 송신장치의 각 계층을 따라 전달되고 다시 수신 장치의 각 계층을 따라 거꾸로 복구되는 것은 인접한 계층 사이의 인터페이스 (interface)에 의해 이루어진다. 각 인터페이스는 한 계층이 바로 위의 계층에게 제공해야 하는 정보와 서비스를 정의한다. 네트워크는 각 계층의 기능과 계층 간 인터페이스를 잘 정의함으로써 모듈 성을 가진다. 즉 한 계층이 바로 위의 계층에 정의된 서비스를 제공해주는 한 다른 계층을 전혀 바꾸지 않고도 그 계층의 기능을 구현하는 방식을 변경하거나 대체할 수 있다.

물리 계층의 통신은 직접적이다. 장치A는 장치B에 순서대로 비트(bit)를 보낸다. 하지만 상위계층에서의 통신은 장치 A에서는 계층을 따라 아래로 진행되고, 장치 B로 전달되어서는 계층을 따라 거꾸로 진행되어야만 한다. 전송하는 장치의 각 계층은 바로 위의 계층에서 받은 메시지에 자신의 정보를 추가하고 전체 패키지를 바로 아래 계층으로 보낸다.

물리 계층에서 모든 패키지는 수신 장치에 전송될 수 있는 형태로 변환된다. 수신 장치에 전달된 메시지는 수신 장치의 각 계층별 프로세스에 의해 해당하는 데이터를 수신하여 꺼내는 방식으로 각 계층에서 분리된다. 예를 들면, 제2계층은 자신의 계층에 해당되는 데이터를 꺼내고 그 나머지를 제 3계층에 보내며, 제3계층도 자신의 계층에 해당되는 데이터를 꺼낸 나머지를 제4계층에 보낸다.

2.3.3 TCP/IP 참조모델의 계층구조

TCP/IP 모델은 응용 프로그램 계층, 트랜스포트 계층, 인터넷 계층, 네트워크 링크(액세스)계층을 포함한 4개의 계층으로 이루어져 있다.

4개의 계층은 3개의 그룹으로 나눌 수 있다. 1,2,3계층인 물리 계층, 데이터링크 계층, 네트워크 계층은 네트워크 지원계층으로서, 한 장치에서 다른 장치로 데이터를 이동할 때 필요한 물리적인 면(즉 전기적인 규격, 물리적인 연결, 물리주소, 전송시간과 신뢰도 등)을 처리한다. 제4계층은 응용 계층으로서 사용자 지원계층으로 생각할 수 있다. 이 계층은 서로 상관없는 소프트웨어 시스템 사이의 상호 연동을 가능하게 한다. 제4계층인 전송 계층은 종단 대 종단까지의 믿을 만한 데이터 전송을 보장한다.

프로세스는 제4계층(응용 계층)에서 시작해서 순차적으로 하위 계층으로 이동한다. 각 계층에서 헤더(header)는 데이터 단위에 추가된다. 제2계층에서는 트레일러(trailer)도 추가된다.

정형화된 데이터가 물리 계층 (제1 계층)을 통해 보내질 때, 데이터는 전자기 신호로 변환되고 물리 링크를 따라 전송된다.

목적지에 도달하면 신호는 제1 계층에 보내져 디지털 형태로 복원된다. 그 다음에 데이터 단위는 계층을 통해 위로 올라간다. 각 데이터 블록이 다음 상위에 도달하면 해당 송신계층 에서 붙였던 헤더와 트레일러는 삭제되고 그 계층에서 해야 할 일들이 수행된다. 제4계층에 도달하게 되면 메시지는 응용 프로그램에 적절한 형태가 되어 수신자에게 전해진다.

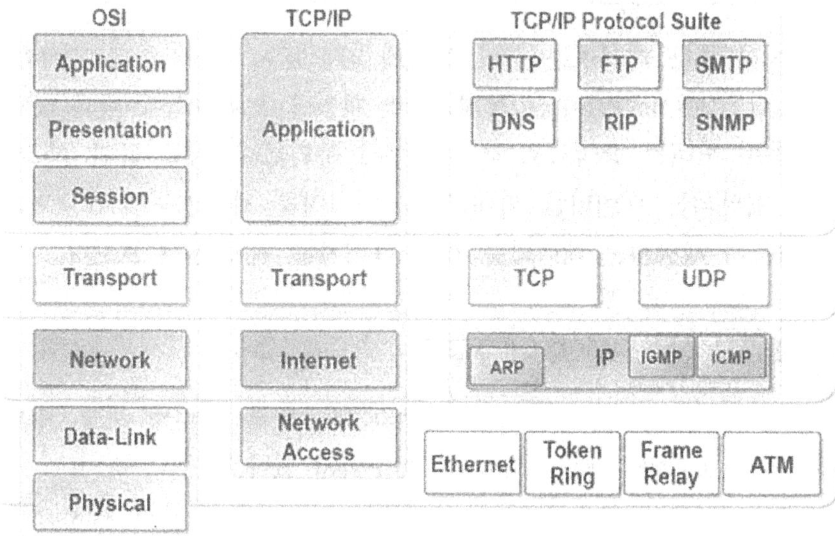

그림 2.8 각 계층 마다 있는 기능분류 [7]

각 계층의 기능을 요약하면 다음과 같다.

① 응용 프로그램 계층

응용 프로그램 계층은 OSI 계층 모델의 세션과 표현 계층을 포함하며, 데이터의 표현, 인코딩, 제어를 담당한다. TCP/IP 모델은 응용 프로그램과 관련한 모든 사항을 응용 프로그램 계층에서 처리한다.

- 대표적인 프로토콜 : NFS, NIS+, DNS, telnet, ftp, rlogin, rsh, rcp, RIP, RDISC, SNMP등

② 트랜스포트 계층

트랜스포트 계층은 QoS와 관련하여 전송의 안정성, 흐름 제어, 에러 보정 등

을 담당한다. TCP는 안정적이고 에러가 없는 전송을 가능하게 하며 연결 지향적인 특징이 있다. 또한 출발지와 목적지 사이에서 세션의 수립과 유지, 해제하는 역할을 한다. 세그먼트는 두 시스템 사이에서 일정 시간 동안 가상의 서킷을 만들어 데이터를 전송하며 이를 패킷 스위칭이라고 한다.

- 대표적인 프로토콜 : TCP, UDP

③ 인터넷 계층

인터넷 계층은 출발지에서 나온 패킷을 목적지까지 전달한다. 구체적으로 IP가 그 역할을 한다. 최적 경로 산출과 패킷 스위칭이 일어난다.

- 대표적인 프로토콜 : IP, ARP, ICMP

④ 네트워크 링크(액세스) 계층

다른 이름으로 링크 또는 물리 계층이라 한다. 물리 계층 간의 패킷 전송을 담당하며 LAN 또는 WAN과 관련한 구체적인 내용을 다룬다.

- 대표적인 프로토콜 : PPP, IEEE 802.2, Ethernet (IEEE 802.3) Token Ring, RS-232등

2.4 모바일 환경에서의 TCP/ IP

TCP/ IP는 유선 환경을 기반으로 개발되었지만 통신 환경이 유선에서 무선으로 그리고 유무선 통합 환경으로 바뀌고 있다. 새로운 환경의 변화에 따른 TCP/IP의 변화가 필요하다.

2.4.1 무선통신의 종류

2.4.1.1 무선가입자망

WLL(Wireless Local Loop)는 기존의 유선 가입 선로를 무선통신으로 대체하기 위해 개발된 무선가입자망을 말한다. 무선통신기술의 급속한 발전을 근간으로 지난 80년대부터 등장하기 시작한 WLL은 기지국을 중심으로 약 2~6km 거리 이내에 있는 가입자선로를 무선으로 제공하는 새로운 기술방식이다. 초창기 미국 IDC社나 스웨덴의 에릭슨社가 개발한 아날로그 방식의 WLL장비는 통화품질이나 가격 경쟁

력에서 유선장비보다 경쟁력이 부족, 사실상 시장진입에는 실패했으나, 최근 들어 WLL이 통신업계의 관심을 끌게 된 것은 디지털 방식의 개발이 활발해지면서부터 통화품질이 유선 가입자망 수준으로 향상되고 가격이 급격히 하락, 엄청난 시장 잠재력을 가진 장비로 부상하고 있기 때문이다.

광대역 무선가입자망 (B-WLL)은 인터넷 서비스의 활성화와 맞물리고 있는 상황에서 정보 충족 욕구를 해결해주지 못할 뿐만 아니라 전반적인 인터넷사업 영역의 발전마저도 막고 있는 다이얼업 형태의 가입자망 접속 문제를 해결하기 위한 대표적인 방법이다. B-WLL은 26GHz 대역의 광대역 무선자원을 이용해 초고속 인터넷, 영상전화, 주문형 비디오 등 다양한 멀티미디어 서비스를 제공할 수 있는 효율적이고 경제적인 초고속 가입자망이다. 초고속 인터넷가입자망 서비스는 사업자 환경측면에서 볼 때 수요의 변동에 유연한 사업계획 수립이 가능해야 하며, 초기투자비가 적게 들고 현금흐름이 좋아야 하고 수요가 폭증하더라도 단시일에 유치 가능하며 유지보수가 간단해야 한다. B-WLL은 무선전송이므로 고정비가 전체 투자의 30% 수준밖에 되지 않아 수요에 따라 투자비 조정이 용이하고 망구축이 신속하다는 이점을 갖고 있다. 또한 가입신청 후 일주일 내에 개통이 가능하며 유선에 비해 유지보수가 간단하므로 이 같은 필요조건을 충족시킨다고 할 수 있다. 가입자 이용측면에서 볼 때도 B-WLL은 속도 증속에 요구되는 비용이 상대적으로 적으며, 유선에 비해 품질이 우수하고 제공 속도 예측이 용이하여 여러 가지 요소에 의해 경제적으로 서비스가 가능하다. 이와 같은 장점 때문에 국내외적으로 인터넷사업을 준비하고 있는 경쟁 사업자뿐만 아니라 기존 사업자까지도 B-WLL 주파수 획득에 주력하고 있다. 미국에서는 LMDS(Local Multipoint Distribution System), 캐나다에서는 LMCS(Local Multipoint Communication System), 일부 유럽에서는 LMS(Local Multipoint System) 등으로 불리고 있으며 명칭, 주파수대역 그리고 대역폭 등은 상이하지만 활용 목적은 동일하다.

2.4.1.2 무선호출

무선호출은 타 이동통신보다 상대적으로 좁은 주파수 대역(협대역:25KHz)을 이용하여 가입자에게 정보를 전송해 주는 단 방향 이동통신을 말한다.

① 저속 무선호출 (POCSAG)

무선호출은1950년 알그로스가 무선호출 시스템을 개발하여 제한적 서비스를 시작하였고, 이후 1958년에 상용 서비스가 제공되었다. 1974년 Tone 방식으로 본격적인 서비스가 이루어지게 되었으며, 이후 POCSAG(Post Office Code Standardization Advisory Group)방식이 무선호출의 국제 표준으로 채택되었다. 국내 무선호출은 1993년 무선호출 제 2사업자(서울, 나래, 부일이동통신 등)의 서비스 개시로 활성화되었고, 현재 단 방향의 약점으로 인해 서비스를 중단하고 있다.

② 고속 무선호출 (FLEX, ERMES, APOC)

FLEX는 모토로라가 제안한 고속무선호출 프로토콜로 국내에서는 무선호출 제 3사업자인 해피텔레콤의 서비스 개시로 상용화되었다. 고속 무선호출은 FLEX, ERMES(European Radio Message System), APOC 등 여러 가지 방식이 있으나 국내 표준으로 FLEX가 채택되었습니다. 현재의 고속 무선호출은 저속방식에 비해 전송능력 등 프로토콜 상 우수한 성능을 보이며, 이를 기반으로 양방향 무선호출 프로토콜이 개발되었고, 이미 상용화되었다. FLEX는 1600, 3200, 6400 BPS 등 다양한 전송속도의 구현이 가능한 프로토콜로 POCSAG에 비해 채널 당 가입자 용량이 높고, 배터리 소모가 적으며, 동일한 시간에서 처리속도가 빠르므로 DATA의 용량이 큰 문자 등의 전송에 적합하다.

③ 음성 무선호출 (Voice paging)

아날로그 또는 디지털 형태의 음성 DATA를 전송하여 이를 단말기에서 직접 청취할 수 있도록 하는 호출 방식을 말한다. 해외에서는 현재 InFLEXion 프로토콜을 이용한 서비스가 상용화되었으며, InFLEXion을 이용한 서비스 및 FLEX를 기반으로 한 단 방향 음성 무선호출 서비스가 국내에 제안되고 있는 상태이다. 단 방향 음성 무선호출 서비스(FLEX 프로토콜 이용)는 현재 서비스의 제공 측면과 기술적 측면이 검토되고 있으나, 채널 당 가입자 용량 한계 등의 문제점들이 서비스 상용화에 걸림돌로 작용하고 있다.

④ 양방향 무선호출 (Two-way paging)

양방향 무선호출은 기존의 단 방향에서 제공할 수 없었던 가입자 위치확인, 대용량의 문자전송 호출 메시지에 대한 응답, 단문 메시지의 전송 등 다양한 서비스를 제공할 수 있다. 단 방향 무선호출에서 구현할 수 없었던 여러 응용 서비스의 제공으로 양방향 무선호출은 향후 무선호출의 진화 방향을 제시하고 있다.

⑤ NPCS(Narrowband Personal Communications Services)

NPCS란 광범위한 신규무선 메시징 서비스를 의미한다. FCC(Federal Communications Commission : 연방 통신 위원회)에서는 이를 이동통신서비스의 집합체라고 정의하고 있다. 다시 말해서 진보된 음성호출은 물론 단방향 및 양방향 전송 등의 다양한 서비스가 가능해야 하며, 이를 지역적 한계에 얽매이지 않고 제공할 수 있어야 한다는 의미이다. 또한 FCC가 정의하고 있는 협대역 관련 규정은 특히 사업자들로 하여금 주파수 효율을 높일 수 있는 서비스 제공이 가능하도록 광범위한 재량권을 부여하고 있다. 즉, 협대역 개인휴대통신은 FCC에서 새로운 무선 서비스 사업영역의 확장을 위하여 계획하였으며, 서비스 영역으로는 메시지 서비스, 음성 및 그래픽 메시지의 응용이 가능하다. 협대역이라 불리는 이유는 채널당 50KHz의 대역을 할당하여 일반적으로 개인휴대 통신용의 대역과는 큰 차이가 있기 때문이다. 이 서비스는 협의의 의미로 진보된 메세징 서비스를 구현하기 위하여 양방향 통신을 제공하므로 양방향 무선호출이라 불리기도 한다.

⑥ 고속무선호출(무궁화 위성이용)

무궁화 위성(고도: 약 35860 Km)을 이용한 고속무선호출 서비스의 절차는 다음과 같다. 호출이 이루어지기 위해서는 호출자가 누르게 되는 호출번호(015-77XX-XXXX)에 의해서 해피텔레콤의 교환기에 접속하게 되는데, 이는 전화기의 번호 스위치를 누를 경우에 발생되는 DTMF(Dual tone multifrequency)라는 복합주파수신호를 전화국 교환기가 인식 및 판별하여 무선호출 교환기로 연결시켜 이루어진다.

⑦ 광역서비스

광역 서비스의 경우에는 무선호출 사업자들의 공동 투자로 사용하는 전용회선을이용 한다. 이러한 전용라인은 수도권 사업자의 광역서비스 가입자가 지방으로 이동하였을 경우에 호출이 이루어지도록 하는 통로가 되는데, 이는 위에서 말한 각각의 사업자별 식별번호들이 교환기에 등록되어, 해당하는 사업자의 지역 교환기로 신호들이 전송되어 광역호출이 이루어지게 된다.

2.4.1.3 공용주파수망

TRS는 Trunked Radio system을 뜻하는 것으로 주파수 이용의 효율성을 높이기 위해 여러 개의 주파수를 다수의 가입자가 공동으로 이용하는 무선통신 시스템이다. TRS는 이미 널리 사용되고 있는 차량전화나 휴대전화에 비해 서비스 종류가 다양하고 가격도 저렴하여 주로 기업 등에서 업무용으로 적합한 통신 서비스이다. 즉 TRS는 하나의 단말기로 이동전화는 물론 무선데이터, 양방향무선호출 등의 기능을 발휘할 수 있으며 다양한 부가서비스를 이용할 수 있는 장점을 갖고 있다. 특히 TRS가 일반 공중통신망(PSTN)과 연결되면 이동전화의 기능을 그대로 발휘할 수 있다. 이에 따라 TRS는 대형운수업체나 택시회사, 대규모 현장관리업무, 유통사업 분야, 보안서비스 등에 적합하다. 이와 같은 TRS 서비스는 서비스 방식에 있어서는 기존의 워키토키라고 불리는 무전기와 비슷하나 통화권이 기지국을 중심으로 무전기는 2km 정도에 불과하지만 TRS는 최대 50km정도로 매우 넓습니다. 또 혼신이 없고 보안성이 뛰어나다는 장점을 가지고 있다. 뿐만 아니라 TRS는 1개의 주파수 채널로 1대1 개별통신은 물론 1백30여명 이상이 동시에 통화를 할 수 있다. 즉 그룹통화를 할 수 있다는 점이 TRS의 가장 큰 장점이라 할 수 있다.

2.4.1.4 위성망

글로벌스타는 기존의 정지궤도위성(고도 36,000 Km)과는 달리 지상 1,414 Km의 저궤도(LEO : Low Earth Orbit)를 회전하는 48기의 위성들을 통하여 시간과 장소의 제한 없이 전 세계를 단일 통화권으로 연결시켜주는 첨단의 위성이동통신(MSS : Mobile Satellite Service) 서비스이다. 8개의 저궤도에 궤도 당 6기의 위성을 114분의 주기로 운용하는 글로벌스타는 남, 북위 70도 이내 지역, 즉 세계인구의 98%가 거주하는 주 생활지역에 위성을 이용한 이동통신서비스를 제공하며, 또 현재 구축 중이거나 건설 예정인 전 세계 약 38여개의 지상 지구 국(Gateway)을 통하여 현존하는 지상의 모든 유, 무선통신망과의 완벽하고 안정적인 접속을 제공한다. 타 위성 이동통신서비스와는 달리 CDMA 기술을 채택한 글로벌스타 서비스는 부호화된 고품질의 음성통화 및 데이터, 팩스, 위치확인 서비스(Position Location) 등 다양한 통신 서비스를 제공할 예정이다. 이러한 CDMA 방식은 국내의 이동전화 시스템에서 이미 입증된 바와 같이 안정적인 통화연결 및 통화지속, 우수한 통화품질 등 경제적이고 신뢰성 있는 이동통신서비스를 제공할 예정이다.

GPS(Global Positioning System)는 미국 국방부에서 군사용으로 개발한 새로운 위성항법 시스템으로 현재 24개의 GPS 위성을 이용한 항법 서비스를 전 세계적으로 무료로 제공하고 있다. GPS는 기존 항법 시스템에 비해 정확성이 높고 사용이 간편하며 시간과 장소 그리고 기상상황에 관계없이 사용할 수 있다는 장점이 있습니다. 또 이동하는 사용자의 3차원 위치, 속도, 자세, 시간에 대한 10가지 정보를 동시에 제공할 수 있는 기능을 갖고 있다. 위치정보는 WGS84라는 기준좌표로, 시간은 GPS 시간이라는 기준 시간으로 통일돼 제공된다. 때문에 사용자는 GPS 수신기만 있으면 자신의 시간과 공간에 대한 정보를 언제 어디서나 아주 손쉽게 얻을 수 있다. 이러한 시공간에 대한 정보는 기존의 정보통신에서 다루던 오디오, 비디오와 같은 멀티미디어 정보에 새로운 형태의 정보를 추가하게 돼 지금까지 없었던 수없이 많은 새로운 응용분야를 탄생시키고 있다. GPS가 완전한 항법기능을 제공한다는 FOC(Full Operational Capability)가 95년 4월 27일 발표됐지만, GPS는 이미 전 세계적으로 다양한 응용분야를 가지고 널리 사용되고 있다. 수신기 기술의 빠른 발달로 수신기 가격이 점점 낮아지고 있고 그에 따라 시장도 급격히 커지고 있다.

현재 한국에서 통신 위성으로 무궁화위성 1호에서 5호까지 쏘아 올렸다.

① 무궁화위성 1호

무궁화위성 1호는 1995년 8월 5일 미국 플로리다의 케이프 케너베럴 발사장에서 McDonnell Douglas(MD)사의 DeltaII 발사체에 실려 발사되었다.그러나 주 엔진에 부착된 보조로켓 중 하나가 분리시스템의 도화선 손상으로 인하여 제때에 분리되지 않아 위성이 목표궤도(원지점 35.786km)에 6.351km나 못 미치는 사고가 발생하였다. 그래서 위성을 정지궤도(GEO, Geostationary Orbit)에 진입시키기 위하여 위성 자체가 가지고 있던 추진제를 사용하였으며, 그 결과 위성의 수명이 당초 10년에서 4.5년으로 단축되었다. 무궁화위성 1호는 동경 116°정지궤도에서 1996년 3월부터 상용 서비스를 개시하였지만 현재 수명이 다하여 폐기 되었다.

② 무궁화위성 2호

원래 무궁화위성 1호의 예비위성으로 계획되었던 무궁화위성 2호는 1996년 1월 14일에 성공적으로 발사되어, 1996년 7월부터 위성1호와 함께 운용되고 있습니다. 무궁화위성 2호의 제원은 무궁화위성 1호와 동일하나, 주파수 자원의 효율적 활용을 위하여 1호 위성과는 편파방식을 달리하여 동경 113°로 이동하여 운용되었지만 현재 수명을 다하였다.

③ 무궁화위성 3호

무궁화위성 3호는, 무궁화위성 1호가 발사사고로 인하여 예정보다 수명이 단축될 것으로 예상되어현재의 서비스를 중단 없이 제공하기 위하여 발사되었다. 3호 위성은 1, 2호 위성서비스의 연계 뿐 아니라, 신규 서비스 및 수요증가에 대처할 수 있도록 1, 2호 위성보다 대용량,고출력의 제원을 갖도록 설계되었다. 특히 위성을 통한 초고속망의 구현 및 Ku-band 중계기의 초과 수요에 대처하고 4호의 수요창출을 위해 첨단의 Ka-band 중계기도 함께 탑재되고, 동남아 지역의 수요발생을 대비하여 가변 빔으로 서비스할 수 있는 안테나도 탑재되어 국내 뿐 아니라 아시아 지역까지 서비스가 가능하여2000년 아시아 유럽 정상회의 (ASEM), 2002년 아시안 게임 및 월드컵 중계에도 활용하였다.

④ 무궁화위성 5호

이번 무궁화 위성 5호의성공으로 인해 우리나라는 세계 10위권의 위성보유국가에 포함되었다. 우리나라 인공위성의 역사를 보면, 첫 번째는 1992년에 한국과학기술원이 발사한 우리별 1호이다. 이는 연구 목적의 과학위성으로 봐야하는데 그 후로 우리별 2호부터 지난 2003년의 우리별 4호까지 과학 위성들이 계속해서 발사되었다.

통신위성 방송용도로는 무궁화위성이 1995년에 발사된 이래 실제로는 4기가 되지만 이번의 5호 위성까지 성공했다. 다목적 실용위성으로는 아리랑 1,2호가 있는데 지난 7월에 발사된 아리랑 2호가 바로 다목적 실용위성이다. 일각에서는 우려의 소리도 있다. 우려의 소리란 KT가 말하는 글로벌 위성 비즈니스에 관련된 말이다. 문제는 전 세계 글로벌 위성 시장 산업이 포화되어 있다는 말인데, 일단 국내의 경우만 봐도 광케이블이 잘 깔려있다. 광케이블로 통신을 대신할 수 있게 되면서 굳이 비싼 위성 중계기를 통과해야 하는 말들이 나오면서 문제가 되고 있는 것이다.

국외에서는 인텔 셋 등 외국의위성사업자들이 자본을 무기로 매우 낮은 중계 사용료를 요구하고 있기 때문에 무한 경쟁 체제의 경쟁사회에서 무궁화 위성 5호가 실제로 비즈니스적인 측면에서도 수요를 가져갈 수 있을지 우려의 목소리가 나오고 있다. 따라서 이번 무궁화 위성의 서비스 지역 확대를 계기로 한민족 문화공감대 형성과 함께 한류 문화 활

성화를 기반으로 한 위성사업 비즈니스 모델 개발에도 적극 나서야 한다.[8]

③ 무궁화위성 6호

KT(대표 남중수)가 프랑스 아리안스페이스(Arianespace)社와 무궁화위성 6호 발사용역 계약을 체결했다고 24일 밝혔다.

이번 계약에 따라 무궁화위성 6호는 아리안스페이스사의 아리안파이브이씨에이(Ariane 5ECA)로켓을 이용해 2010년 8월 프랑스령 기아나의 쿠루 우주기지에서 발사될 예정이다. Ariane 5 ECA는 중량 9톤 이상의 위성체를 탑재해 우주공간으로 운반할 수 있으며, 세계 최고의 발사 성공률을 자랑하는 로켓이다. KT는 2난 1999년 무궁화위성 3호 발사 당시 아리안스페이스사의 Ariane 4 로켓을 이용한 바 있다.

무궁화위성 6호 위성체는 프랑스 탈레스알레니아스페이스社가 제작 중이며, 2011년 수명을 다하는 무궁화위성 3호를 대신해 디지털위성방송과 독도 등 도서와 산간오지에 초고속통신을 제공하는 데 활용될 예정이다. [9]

2.4.1.5 WAP

WAP이란 Wireless Application Protocol의 약자로 이동전화나 PDA등 소형 무선 단말기 상에서 인터넷을 이용할 수 있도록 해주는 프로토콜의 총칭이다. 이제까지 이동전화를 통해 인터넷을 사용하기 위해서는 이동전화용 모뎀 카드를 장착한 노트북 컴퓨터를 단말기와 연결해야만 했다. 그러나 WAP이 구현하려고 하는 무선 인터넷은 이러한 것들과는 근본적인 차이를 보인다. WAP은 이동전화 단말기 자체로 인터넷 통신을 가능하게 한다. 모뎀을 이용해 데이터를 변환하는 것이 아니고 무선통신 사업자에 설치된 서버를 경유해 직접 인터넷의 패킷 통신을 이동전화망에 적합한 간이통신으로 변환하는 방식이다. 또 이동전화의 작은 디스플레이나 PC와 비교해 제한이 많은 입력 환경에서도 사용하기 쉽도록 확장성에서 뛰어난 기술 사양을 정하려는 움직임을 보이고 있다. WAP은 인터넷상의 표준 언어인 HTML을 이동전화로 전송하거나 수신하는 경우 발생하는 속도 문제 등을 해결하기 위해 개발되고 있는 새로운 프로토콜이다. 이동전화 자체로는 컴퓨터와 다르게 다량의 데이터를 취급할 수 있는 편리를 제공하지 못한다. 문자 입력 위주의 단말기를 설계하면 크기나 무게 등이 필연적으로 부담스러워질 수밖에 없고 기존 음성 위주의 단말기로는 다량의 데이터를 보거나 많은 데이터를 입력하는 기능을 가질 수 없다는 제약이 있다. 이 때문에 WAP의 경우 모델 설계부터 WAP 대응의 콘텐츠와 이동전화를 함께 고려해 사용자들이 단말기만으로 인터넷 사용을 가능하도록 해준다. 가령 인터넷에서 검색한 전화번호로 직접 그 이동전화에서 다이얼링할 수 있고 몇 개의 키에 의한 조합으로 문자를 입력하거나 콘텐츠마다 각 버튼을 할당하는 식으로 설계할 수 있다. 느린 통신 속도 문제를 해결하기 위해서 WAP에서는 텍스트 코드를 그대로 송신하는 것이 아니고 인터넷의 데이터를 이동전화로 변환해주는 서버에서 컴파일해서 컴팩트한 바이너리 데이터로서 단말기에 송신한다. TCP/IP에 의한 인터넷의 네트워크와 기존 이동전화의 네트워크를 연결하는 것이 WAP 구현의 필수 조건인 셈인데 이 때문에 WAP의 개념에서 가장 중요한 시스템이 바로 게이트웨이 서버(Gateway Server)이다. 콘텐츠를 구성하는 데이터는 인터넷과 이동전화 통신 회선 상에서 전혀 다른 형태로 전달된다. 는 인터넷상의 텍스트 파일 데이터를 바이너리 구조로 변환시켜주는 기능 외에 이동전화를 사용하는 환경에서 도움이 되는 응용 프로그램이나 메일의 송수신, 이동전화로 정보를 보내주는 기능 등을 갖고 있다. 이동전화로 전달된 콘텐츠를 이동전화의 디스플레이 상에서 표시하기 위해서는 전용 브라우저가 필요하다. 콘텐츠 네비게이션을 위해 이동전화 단말기 상에 몇 가지 전용버튼을 마련하고 간단하게 페이지 간 이동을 가능하게 하며, 또 문자 입력 시에는 전화기 버튼을 이용하여 숫자나 영문, 한글 등을 입력하는 것이 가능하다. WAP에서 중요한 또 다른 한 가지는 바로 인터넷상의 HTML 언어와는 다른 HDML을 사용한다는 것이다. 이를 WAP에서는 WML (Wireless Markup Language)라고 한다. 웹상의 많은 콘텐츠들이 이동전화 단말기까지 도착하기 위해서는 인터넷상에서 게이트웨이 서버를 경유, 이동전화 회선 네트워크를 거치게 된다. 이 흐름의 방법을 프로토콜이라고 하는 형태로 규정하고 있는데 인터넷상에서 HTTP 형식으로 홈페이지를 열어보는 것처럼 이동전화 네트워크상에서는 HDTP라고 일컬어지는 독자 프로토콜로 데이터를 송신한다. 게이트웨이 서버를 경유한 데이터는 바이너리 파일로 변환되기 때문에 용량이 가벼워지고 이동전화 네트워크로 전송 시 부담이 덜어진다는 이점이 있다. WAP의 또 다른 특징은 보안성이 뛰어나다는 점이다. WAP상에서는 콘텐츠가 전달되는 처음부터 끝까지 보안을 장담할 수 있는데 인터넷 쪽에서는 SSL(Secure Socket Layer)를 이용하고 이동전화 네트워크상에서는 RSA128bit(일본 RSA40bit) 암호화 기술을 사용하고 있다. 이런 보안 기술에 의해 전자 인증이나 과금 시스템에도 대응할 수 있을 정도의 보안이 가능하다고 볼 수 있다. 현재 WAP 진영은 WAP을 CDMA, GSM, CDPD, TDMA등 전 세계 모든 무선 네트워크 기술에서 사용할 수 있는 아키텍처로 발전시킬 것을 장담하고 있으며 Open Protocol로서 참여 회원 정보와 이를 공유한다는 원칙 하에서 표준화가 진행되고 있다.

2.4.1.6 블루투스

블루투스(Bluetooth)는 작고(0.5평방인치), 저렴한 가격(5달러), 적은 전력소모(100mW)로 휴대폰, 휴대용PC등과 같은 휴대장치들, 네트워크 액세스 포인트들, 기타 주변 장치들 간에 작은 구역(10m~100m)내의 무선 연결(Radio Link, 2.4GHs ISM Open Band)을 위한 하나의 기술적인 규격 사양이다. 1994년 에릭슨의 이동통신그룹(Ericsson Mobile Communication) 휴대폰과 주변 기기들 간의 소비전력이 적고 가격이 싼 무선(Radio)인터페이스를 연구하기 시작하였다. 1997년 초에 다른 휴대장치 제조사와 접촉을 시작해 마침내 1998년 2월 에릭슨, 노키아, IBM, 도시바, 인텔로 구성된 BlueTooth SIG(Special Interest Group)가 발족되었다. 현재 블루투스 주요 회원사는 모토롤라, 마이크로소프트, 루슨트테크롤로지, 3COM등 4개사가 가세해 9개사로 늘어났으며, 회원사는 이미 1400여개사에 이르고 있다. 앞으로도 계속 늘어날 추세여서 그 위용을 과시하며 확고부동한 세계적 규격으로 자리잡고 있다. 그러면 왜 푸른 이빨(BlueTooth)이란 이름을 붙였는가? 그 이름은 10세기 스칸디나비아 국가인 덴마크와 노르웨이를 통일한 바이킹으로 유명한 헤럴드 블루투스(Harald BlueTooth)의 이름에서 유래되었다. Harald가 스칸디나비아를 통일한 것처럼 블루투스 기술이 서로 다른 통신장치들 간에 선이 없고 단일화 된 연결 장치를 이룰 것이라는 뜻을 지니고 있다. 또 Harald BlueTooth가 여행가로도 유명한 것처럼 호환성을 지닌 블루투스 기술이 전 세계를 어디를 여행하든, 단일 장비로 통신이 가능하도록 모든 통신 환경을 일원화시켜 주길 바라는 뜻에서 부쳐진 명칭이다. 블루투스는 단순히 초기에 진행 중이던 프로젝트의 이름에 불과했으나, 기억하기 좋고 흥미를 유발할 수 있어 SIG에 의해 공식명칭으로 결정되었다. 도달거리 측면에서 블루투스는 "In Room(사무실/회의실/가정)"과 "Personal(사용자의 주변)" 공간 내에서 지원하도록 개발되었다. 블루투스 장치는 사용요구에 따라 다양한 거리를 지원하는 장치들과 10미터 반경 내에서 정보교환 능력을 갖고 있다. 그리고 Data Access Point로 강력한 전송수단(+20dB 정도)과 감도 좋은 수신 단(-90dB 정도)을 사용한다면 오픈 스페이스에서 100m까지 도달할 수도 있다.

2.4.1.7 무선 PDA

무선 PDA(Wireless PDA)란 말 그대로 정보 수집, 저장, 작성, 검색 및 통신기능을 수행할 수 있는 휴대형 기기를 의미한다. PDA(Personal Digital Assistant)는 작고 가벼운 장치를 이용하여 개인 및 기업 정보를 액세스하기에 가장 적합한 도구이며 다양한 응용들을 펜(일부 키보드 지원)을 통하여 간편하게 인터페이스 할 수 있다. 휴대성을 강조하기 위하여 소형화된 반도체 기술과 무선통신 기술을 채택하여 언제, 어느 곳에서라도 손쉽게 정보를 교환할 수 있도록 설계되어 있다. 이미 큰 시장으로 커버린 PDA 시장에 또 하나의 거대한 혁명이 예상된다. 그것은 바로 Wireless (무선)혁명이다. PDA를 단순한 개인정보 단말기라는 개념으로부터 인터넷을 자유롭게 넘나드는 무선 네트워크 컴퓨터로 지위를 상승 시켜줄 것이다.

무선 전화에 대한 수요가 급격하게 늘어남에 따라 음성 통화와 마찬가지로 데이터통신에서도 배선이 필요 없이 단말기의 이동성을 보장하는 무선 통신의 필요성이 증대되었다. 무선 데이터서비스(Wireless Data Service) 는 전통적인 파일 전송뿐만 아니라 PC통신 접속을 통한 정보 검색, 인터넷 접속, 팩스 송수신등 기존 PSTN과 PSDN에서 제공되는 모든 서비스를 무선 구간에서 실현할 수 있는 서비스로서 다양한 응용 서비스를 창출할 수 있다. 무선 데이터서비스로 인하여 사용자들은 시간과 장소에 구애받지 않는 Mobile Office를 구현하고 각종 응용 서비스 분야에서 신속한 업무 처리가 가능하게 되어 정보 경쟁력을 확보할 수 있게 되었다.

2.4.1.8 이동 컴퓨팅

화재가 발생한 긴급한 상황에서 요구되는 정보통신기술은 무엇일까? 먼저 소방장비와 소방대원들이 가장 빨리 화재현장에 도착하도록 유도해주는 항법시스템이 필요하다. 또 효과적인 소화 작업을 위한 화재가 난 건물의 설계도와 화재현장 주변의 지역 소화전에 대한 정보, 주변의 폭발 가능성이 있는 대상물 정보도 있어야 한다. 소방대원들 간의 위치 파악과 상호연락이 가능한 음성 또는 데이터 통신도 요구된다. 경우에 따라서는 경찰서와 같은 유관기관들이 보유하고 있는 유효한 정보들에 대한 즉시 참조가 절대적이기도 하다. 그러나 긴급하고 다양한 상황이 연출되는 현장과 관련된 정보들을 모두 휴대하는 것은 불가능하다. 바로 이와 같은 상황에서 필요한 것이 이동 컴퓨팅(Mobile Computing) 기술이다. 90년대 들어 컴퓨팅 기술은 두 가지 커다란 진화적 변화를 만나게 되었다. 하나는 성능이 기존 데스크톱 컴퓨터와 유사하면서 크기와 중량이 크게 줄어든 랩톱과 팜톱 등 휴대용 컴퓨터의 출현이다. 또 하나는 이동전화, 무선LAN, 위성서비스 등 이동통신기술의 범용화이다. 서로 상이하게 출발한 두 기술의 영역은 급속한 대중화와 더불어 고유 특성에 따른 상호요구가 자연스럽게 서로 결합하는 형태로 나타났다. 그 결과 휴대용 컴퓨터를 이용하는 사용자들의 네트워크 접속 형태는 기존 유선 네트워크가 갖는 장소 제한성을 탈피할 수 있게 되었다. 이와 같은 새로운 컴퓨팅 패러다임을 이동 컴퓨팅이라 한다. 이동 컴퓨팅의 기술적 배경은 분산 컴퓨팅(Distributed Computing)이다. 분산 컴퓨팅은 독자적인 컴퓨팅 환경을 유지해오던 컴퓨터들을 상호 연결해 각종 자원의 공유를 가능하게 해주고 상호 협력하여 특정의 일을 쉽고 효과적으로 처리할 수 있게 해준다. 사실 이동 컴퓨팅의 영향은 기존 분산시스템이 컴퓨팅 사회에 미쳤던 효과와 유사하게 나타나고 있다. 즉 중앙 집중 처리와 분산처리에 대한 컴퓨팅 관점 변환의 요구가 이제는 고정될 것인가 아니면 이동 가능케 할 것인가 하는 관점으로 바뀌고 있는 것이다. 따라서 이동 컴퓨팅은 호스트의 이동성이 추가된 분산 컴퓨팅의 발전적인 확장으로 볼 수 있다.

2.4.1.9 기업형 M 메일

실시간 제공 '필수요건' 인터넷과 휴대폰이 보편화되면서 첨단 정보전달 서비스가 속속 등장하고 있으며, E메일과 무선인터넷 이용자가 급속히 늘고 있다. 이와 같은 추세 속에서 이동통신을 이용한 실시간 정보제공 채널인 기업형 M메일 서비스가 새로운 비즈니스 모델로 부상하고 있다. 기업 활동을 하면서 자신의 고객을 만족시키는 일은 이윤 확대의 차원을 넘어 이제는 기업의 생사를 결정하는 중요한 요소가 되고 있다. 이러한 고객 만족을 위한 기업의 노력은 업종에 따라 다양하게 나타나고 있지만 지식 정보화 사회로 접어든 현 시점에서는 고객에게 필요한 정보를 필요한 시점에 적절하게 제공하는 능력과 노력이 그 어느 때보다도 중요하게 부각되고 있다. 전통적으로 고객에게 정보를 전달하는 방법으로는 전화, 상업우편(DM : Direct Mail) 등이 있고 인터넷이 보편화되고 있는 지금은 전자메일(E메일) 등이 같이 쓰이고 있다. 그러나 이러한 방법은 안정적으로 정보를 전달할 수 있는 장점은 있지만 결국 지정된 장소로만 정보가 제공됨으로 인해 정보가 고객에게 즉각적으로 전달되는 데 제한이 있다. 이러한 제한을 해결하는 방법은 제공받는 사람이 있는 곳으로 필요한 정보를 보낼 수 있는 휴대형 이동통신을 사용하는 것이다. 최근 이동통신의 발전과 대중화에 힘입어 휴대형 이동전화가 거의 1인 1대로 확대되고 있는 상황에서 고객에 대한 정보 제공을 이동 체에 적용하려는 시도와 노력은 자연스러운 현상이고 기업형 M(Mobile)메일 서비스는 이러한 시도의 하나로 나타난 비즈니스 모델이다. 기업형 M메일 서비스는 기존 무선망 사업자가 제공하는 부가서비스인 단문 메시지 서비스(SMS)를 이용해 기업 대 고객 정보 제공에 적용한 것으로 전통적인 정보 전달방법의 약점인 장소 종속성을 극복, 신속 정확한 정보 제공을 가능하게 한다. [8]

2.4.1.10 USB

USB(Universal Serial Bus)는 현재 시장에서 가장 널리 사용되는 연결 기술 중 하나이다. 초광대역(UWB: Ultra Wide Band))은 고속 데이터 전송 기술로, 실내 무선 환경에서 유선과 같은 수준의 성능을 제공한다. UWB 기술은 컴퓨터 주변기기, 캠코더, 휴대폰 및 기타 여러 가지 전자 제품을 연결하느라 복잡하게 얽힌 USB 케이블을 대체할 잠재력을 갖추고 있다. 이 문서에서는 무선 USB를 실현하기 위한 세 가지 접근방식을 검토한다.

현재 가장 유용하고 널리 사용되는 연결 방법 중 하나는 USB(Universal Serial Bus)다. 시중의 카메라, 캠코더, 녹음기, 컴퓨터, 스캐너, 프린터, 휴대폰, 전화기, 키보드, 디스플레이를 비롯한 많은 전자 제품에서 USB 연결 기술이 사용된다. 실제로 컴퓨터에 있는 USB 포트의 수보다 더 많은 기기를 연결할 수 있게 해주는 허브라는 장치가 개발될 만큼 USB 지원 연결 방식은 광범위하게 사용되고 있다. 시장조사 회사인 인스태트(In-Stat)에 따르면 현재 시장에서의 USB 지원 장치 규모는 7억 개 정도이며, 그 규모가 2009년까지 약 21억 개로 증가할 전망이다. 이러한 모든 기기를 연결하면 연결선도 당연히 많아질 것이다. 각각의 연결선은 소비자에게는 제약을 의미한다. 한 가지 예로, 기기 간에는 물리적 연결이 서로 일치해야 하는데, 현재 시중에는 물리적으로 다양한 유형의 USB 커넥터가 존재하고 있다. 가정과 직장에서 USB 장치의 사용이 더 증가하고 있기 때문에 기기를 더 적절히 배치하고 복잡함과 혼란을 덜기 위해서는 배선을 줄이는 것이 바람직하다. 연결선을 줄이는 한 가지 명확한 해결책은 무선 연결을 사용하는 것이다. 여러 시장의 다양한 업체로부터 많은 기기가 출시되고 있으며, USB 케이블을 제거하기 위한 다양한 해결책도 제시되고 있다.

USB 신호를 무선으로 전송하는 기본적인 세 가지 방법은 다음과 같다.

1. USB 직렬 데이터 스트림을 초광대역(UWB) 무선 신호로 직접 변환한다. 기기는 USB가 케이블을 통해 전송되는지, 무선 신호를 통해 전송되는지 알지 못한다.
2. USB 커넥터만 사용하되, 데이터를 다시 패키징하여 커넥터에서 다른 신호(일반적으로 TCP/IP)로 전송하도록 한다.
3. USB를 전자 시스템 내부적으로 재 정의하고, 소프트웨어의 애플리케이션 계층에서만 호환성을 유지한다. 이 방법은 최소한의 하위 호환성을 유지하는 솔루션이다.

① 무선(Cable-Free)TM USB

현재 시장에는 무선 USB를 위한 여러 가지 솔루션이 있으며, 프리스케일 반도체의 솔루션인 무선(Cable-Free)TM USB는 이미 사용되고 있는 광범위한 USB 장치를 이용해 진정한 USB 무선 연결을 구현한다. 이 솔루션은 DS -UWB(Direct Sequence Ultra-Wideband)라는 무선 기술을 사용하여 USB 신호를 전송한다. 이 무선 기술은 기본적으로 매우 낮은 전송 전력에서 상당히 높은 데이터 전송률을 제공하며, 아울러 시스템 소비전력이 극히 낮다는 장점을 갖고 있다. 프리스케일의 경험에서 도출된 최선의 소비전력은 시스템 소비전력 1 밀리와트 당 1 메가비트의 전송 율이다. 프리스케일은 한 걸음 더 나아가 "진정한 USB" 인터페이스를 고성능 DS-UWB 무선 시스템에 구현시켰다. USB 2.0 인터페이스는 다음과 같은 여러 가지 장점을 제공한다.

- 프리스케일 DS-UWB 지원 시스템은 USB 2.0 표준을 기반으로 하기 때문에 소프트웨어 업데이트 없이 USB 지원 시스템에 연결할 수 있다.
- 프리스케일 DS-UWB 지원 시스템은 미니 카드 규격에 배치할 수 있으며, 호스트 시스템을 수정하지 않고 직접 USB 연결을 사용할 수 있다.

이러한 접근방식은 현재 시중에 나와 있는 7억 개 이상의 USB 장치를 현재 상태 그대로, 즉 변경하지 않고 연결할 수 있도록 해주며 USB 무선 운영을 구현하기 위한 솔루션을 제공한다.

현재 프리스케일은 상용 UWB 솔루션을 공급 중이며 고객들은 USB 솔루션 설계에 이를 사용하고 있다.

(보다 자세한 정보는 www.freescale.com/uwb 사이트에서 확인할 수 있다).

② 허브 패키징

두 번째 방법으로 허브 및 이 허브와 짝을 이루는 호스트 동글을 통해 UWB 신호를 다시 패키징하는 것이다. 호스트 측(일반적으로 PC)에 동글이 연결되고 PC에 소프트웨어가 설치된다. 이렇게 하면 PC는 소프트웨어 수준에서 USB 통신을 가로챈 다음 이를 다시 구성하여 TCP/IP 신호 형태로 USB 커넥터를 거쳐 공중으로 전송할 수 있다. 이 신호는 다시 허브에 수신되는데, 이것이 실질적으로 TCP/IP-USB 컨버터 박스다. 이 방법은 기존 USB 커넥터를 사용하므로 일부 하위 호환성을 제공하지만 드라이버 업데이트가 필요하며 TCP/IP-USB 변환 계층을 추가해야 한다. TCP/IP 솔루션의 단점은 등시성 통신을 사용할 수 없다는 점인데, 이는 캠코더, 텔레비전, 스테레오 시스템 또는 디지털 카메라와 같은 시청각 시스템을 위한 원활한 성능을 구현하려면 시스템 엔지니어가 상당한 통신 성능 여유를 구축해야 하며, 이로써 추가적인 비용이 발생하게 됨을 의미한다.

프리스케일은 이 솔루션 유형을 시험하였다. 프리스케일은 기존 USB 커넥터의 사용이 시장 관점에서는 매우 유익한 일이지만, 셀 수 없이 많은 기기 유형과 수백만의 코드 라인을 고려할 때 결국 최적의 시장 솔루션은 드라이버 수준에서 많은 소프트웨어 변경을 요구해서는 안 된다고 판단하였다. 이 솔루션의 또 다른 중요한 제약 사항은 TCP/IP가 전송되기 때문에 이 유형의 시스템은 다른 인증된 무선 USB 시스템과의 상호운용에 있어서 중간적인 솔루션밖에 될 수 없다는 점이다. 이 기능을 내장하거나 동글로 구현하는 제품은 새로운 무선 USB 표준과 호환되지 않기 때문에 소비자 입장에서는 또 하나의 "새로운 변종" USB가 생기는 것일 뿐이다.

③ USB를 무선으로 재정의

세 번째 방법은 USB를 무선으로 재정의 하고 기기 간의 로컬 무선 연결을 허용하는 것을 목표로 두는 것이다. 본질적으로, 원래의 USB에서 그대로 유지되는 것은 애플리케이션 계층에서 소프트웨어 드라이버 계층으로의 소프트웨어 연결뿐이며, 하드웨어, 드라이버, 시스템 아키텍처 등 다른 모든 부분은 변경된다. 어떤 면에서 보면 이와 같은 시스템 유형은 이름만 USB라고 할 수 있다.

이 솔루션은 MB-OFDM(멀티 밴드 직교 주파수 분할 다중화)이라고 하며, UWB와는 다른 접근방식이다. 이 접근방식의 장점은 시스템을 이 사양에 맞춰 설계하고 솔루션에 최적화할 수 있다는 것이다. 이러한 장점은 거의 모든 신규 시스템 설계에 적용된다. 그러면 수익을 내기 위해 시스템 공급업체가 해야 할 것은 무엇인가? 대부분의 공급업체는 미래에 맞춰 솔루션을 설계하고 판매되기를 기다리기보다는 유선 USB 솔루션과 무선 USB 솔루션을 모두 갖추고, 시스템에서 이 두 가지를 모두 적절히 다룰 수 있는 타당한 수준의 복잡성과 솔루션을 확보해야 한다.

예를 들어, PC에 미니 카드를 구현하려면 유선 USB 신호가 반드시 있어야 하는데, 이는 이 사양이 USB와 PCI Express 상호 연결 기술을 모두 사용할 수 있게 해주기 때문이다. 따라서 대부분의 시스템은 어떤 경우에도 USB 버스를 없애지 않을 것이다. 사실 USB 커넥터는 PC 시스템에서 제거할 수 있겠지만 USB 버스가 그대로 유지되면 소프트웨어 개발자는 여전히 새로운 소프트웨어를 작성해야 한다.

즉, 이러한 무선 USB 구현 방법은 대체 방식이 아니라 항상 시스템에 추가하는 방식이다. 마지막으로 소프트웨어 문제의 중요성을 강조하자면, 캠코더나 전화기의 시스템 등의 대부분의 임베디드 시스템이 Microsoft® Windows® 외의 운영 체제를 구동한다는 사실을 알아야 한다. 이는 USB를 위해 소프트웨어 드라이버를 재정의 한다는 것은 수없이 많은 임베디드 소프트웨어 시스템에 영향을 미치게 됨을 의미한다.

2.4.2 유선 TCP의 한계

대용량 트래픽을 고려하지 않았던 기존 TCP 프로토콜의 태생적 한계는 오늘날과 같은 인터넷 트래픽의 폭발적 증가를 제대로 좇지 못하고 있다. 하지만 통신 프로토콜의 통일로 인해 세계 어느 지역의 어떤 기종과도 정보를 교환 할 수 있게 된 TCP에 대해 좀 더 살펴보도록 하겠다.

2.4.2.1 TCP/IP의 출현

오늘날의 컴퓨터 통신의 환경은 점점 다양한 이기종의 컴퓨터와 서로 다른 운영체계를 사용하는 시스템도 무리 없이 연결해주어야 할 정도로 복잡하게 전개되고 있다.

일반적으로 컴퓨터 통신 환경에서 이러한 시스템 상호간의 접속을 통해 원활한 통신 환경을 제공하는 표준 프로토콜에는 TCP/IP (Trasmission Control Protocol / Internet Protocol), OSI (Open System Interconnection), XNS (Xerox Network System), UUCP (Unix to Unix COPY) 등이 있는데, 그 중에서도 TCP/IP가 가장 널리 쓰이고 있다.

TCP/IP는 당초 OSI모델에서 네트워크, 트랜스포트 계층에 해당되는 기능을 제공하여 송, 수신 시스템간의 신뢰 있는 데이터 전송을 보장해주기 위해 개발되었으며, 이미 UNIX를 기본으로 하는 시스템에서는 운영체제의 일부로 인식되어 왔고 더욱이 EW(Engineering Workstation)을 사용하는 사용자 간에는 통신을 위한 공통어로 되어 있다. 좁은 의미에서의 TCP/IP는 DOD(Department of Defense)에서 제안된 프로토콜의 집합 중 인터 네트워크에 관한 핵심적인 기능을 제공하는 TCP와 IP만을 가리키는 것이지만, 넓은 의미로 다른 프로토콜들을 포함하는 서비스를 총칭하여 불리어지고 있다. 다른 프로토콜들은 ARP(Address Resolution Protocol), ICMP(Internet Control Message protocol), UDP(User Datagram Protocol), RARP(Reverse Address Resolution Protocol) 등이 있으며 이들 프로토콜 각각의 서비스를 통해 데이터 전송이라는 하나의 거대한 서비스를 이루어 내는데 TCP/IP는 이런 프로토콜 전체를 의미한다.

2.4.2.2 TCP/IP와 OSI

TCP/IP는 당초 OSI 모델에서 네트워크, 트랜스포트 계층에 해당하는 기능을 제공하여 송, 수신 시스템 간에 신뢰성 있는 데이터 전송을 보장해주기 위해 개발되었다. 따라서 네트워크 계층은 다양한 네트워크상에 산재되어 있는 여러 개의 노드가 원하는 목적지를 인식하여 정확한 경로를 설정하는 기능을 제공하며, 트랜스포트 계층은 송, 수신단 상호간에 적당한 통신경로를 설정한 후 에러제어, 흐름제어 등을 통해 신뢰성 있는 데이터 전송을 보장한다. 이러한 제반 기능의 제공은 TCP/IP와 관련된 프로토콜의 합작품이라 할 수 있다.

TCP/IP가 OSI 참조 모델을 누르고 성공한 이유는 다음으로 요약할 수 있다.

① TCP/IP 프로토콜은 ISO 표준화 이전에 이미 널리 사용되고 있었다. 1980년대에 네트워크 서비스를 긴급하게 필요로 했던 업계에서는 OSI 참조 모델을 이용한 프로토콜 패키지가 완성되기를 기다릴것인지, 아니면 당장에 사용할 수 있는 TCP/IP를 사용할 것인지를 선택해야 했다. 대부분의 업체에서는 TCP/IP를 선택했었고, 이후 금전적, 기술적 문제로 인하여 OSI 참조 모델로 다시 변경되지 않았다.

② TCP/IP 프로토콜은 미 국방성(DoD : Department of Defense)의 지원을 받은 군사연구기관에서 개발되었지만 DOD는 국제 표준을 따르기 위해 OSI 참조 모델을 사용한 제품을 사용하려고 했었다. 그러나 DOD는 OSI 프로토콜 패키지로는 원하는 기능을 충족시킬 수 없게 되자 TCP/IP를 이용한 소프트웨어를 다시 선택하게 되었다. 1980년대, 1990년대에 DOD는 소프트웨어 시장의 가장 큰 소비자였는데, 이러한 정책은 TCP/IP 기반 제품의 개발을 더욱 장려하게 하였다.

③ TCP/IP를 기반으로 하는 인터넷의 폭발적인 성장은 TCP/IP의 확장의 확실한 견인차가 되었다.

2.4.2.3 각 계층별 대표적인 프로토콜

(1) 네트워크 액세스 계층

① 이더넷(Ethernet)

이더넷은 가장 광범위하게 설치된 근거리통신망 기술이다. 이제는 IEEE 802.3에 표준으로 정의되어있지만, 이더넷은 원래 제록스에 의해 개발되었으며, 제록스와 DEC 그리고 인텔 등에 의해 발전되었다. 네트워크에 연결된 각 기기들이 48비트 길이의 고유의 MAC 주소를 가지고 이 주소를 이용해 상호간에 데이터를 주고 받을 수 있도록 만들어졌다. 전송 매체로는 BNC 케이블 또는 UTP, STP 케이블을 사용하며, 각 기기를 상호 연결시키는 데에는 허브, 스위치, 리피터 등의 장치를 이용한다.

가장 보편적으로 설치된 이더넷 시스템은 10BASE-T 이라고 불리며, 10 Mbps의 전송속도를 제공한다. 모든 장치들은 케이블에 접속되며, CSMA/CD 프로토콜을 이용하여 경쟁적으로 액세스한다. 고속 이더넷이나 100BASE-T 등은 전송속도가 최고 100 Mbps까지 제공되며, 일반적으로 10BASE-T 카드가 장착된 워크스테이션들을 지원하기 위한 근거리통신망의 백본으로 많이 사용된다. 기가비트 이더넷은 1,000 Mbps 정도로서, 보다 높은 수준의 백본 속도를 지원한다. FDDI는 미국표준 협회(ANSI)와 ITU-T에 의해 표준화 되었다. 보통 전송매체로 광섬유(optical fiber)를 사용하여 고속의 LAN을 구현할 수 있다. 많은 대역폭과 빠른 전송이 필요한 백본망에 많이 사용된다.

이더넷은 CSMA/CD(Carrier Sense Multiple Access with Collision Detection) 기술을 사용한다. 데이터를 전송하기 전에 회선을 감시하다가 회선이 비어 있을 경우 전송하는 방식이다. 만약 데이터를 전송할 시점에 다른 장치가 동시에 전송을 하면 충돌이 발생하게 되고, 이렇게 충돌이 발생하면 해당 데이터들은 폐기되고 각 장치들은 데이터를 다시 전송해야한다. 이를 막기 위하여 CSMA/CD 방식에서는 데이터를 전송하기 전 다른 장치가 전송하는지를 검사한다. 만약 다른 장치가 전송하지 않는다면 해당 장치가 전송을 시작하고, 그렇지 않으면 일정시간 동안 대기한 후 재전송을 시도하기 위해 다시 다른 장치가 전송하는지를 검사한다.

② 토큰링(Token Ring)

토큰링은 여러 장치들이 하나의 고리에 이어져 형성되며, 데이터는 항상 한 방향으로만 흐른다. 정확히 말하면 데이터가 하나의 장치에서 다음 장치로 차례차례 전달된다. 토큰링 방식에서 각각의 장치는 바로 이전의 컴퓨터가 전달해준 비트를 그대로 다음 컴퓨터에 전달해주는 역할을 수행한다. 전송 권한은 장치마다 부여하여 잠정적으로 데이터를 해당 장치에 전송하는 방식을 말한다. 다시 말해 독특한 형태의 bit로 구성된 토큰을 이용하여 하나의 장치만이 토큰을 보유하고 있는 동안 전송 매체에 대한 액세스를 제어하며 데이터를 전송하는 것이다. 토큰을 가지지 않은 다른 장치들은 자신에게 전송 기회가 올 때까지 기다렸다가 순서가 돌아오면 데이터를 전송할 수 있다. 토큰링 방식은 장치 수가 많아져도 충돌이 발생하지 않기 때문에 시스템이 안정적이고 우선순위 및 예약이 가능하다는 장점이 있다. 하지만 구현이 복잡하고 가격이 높으며 토큰을 잃어버릴 가능성이 있으므로 적절한 토큰관리가 필요하다는 단점이 있다.

③ 프레임릴레이(Frame Relay)

프레임 릴레이는 기존의 X.25의 패킷 전송 기술을 고속 데이터 통신에 적합하도록 개선한 것으로 패킷교환방식의 장점인 통계적 다중화 방식의 효율성과 회선교환방식의 장점인 고속 전송의 특성을 결합했다. 프레임 릴레이는 순서 제어, 저장 후 전송, 에러 복구 등의 처리 절차를 생략하는 등 데이터 처리 절차를 단순화시킴으로써 Performance를 향상시켰다. 또한, 프레임 릴레이는 광대역 종합정보통신망인 ATM의 전 단계 고속 정보 교환 방식이라고 할 수 있다.

④ ATM(Asynchronous Transfer Mode)

ATM은 ATM포럼이 설계하고 ITU-T가 채택한 셀릴레이 형태로 전송하는 방식이다. ATM은 광대역 ISDN(B-ISDN)을 구축하는데 사용되는 기반 기술로서 전송의 기본 단위가 53bytes의 셀이다. 전달하고자 하는 데이터를 48bytes 단위로 쪼개서 셀에 넣는다. 셀의 나머지 5bytes는 정보를 가지는 헤더이다. ATM은 가상회선을 통하여 전송하는 전송 및 교환기술이다. ATM 전송은 교환 노드에서 단위시간에 보내는 셀의 수를 조절하여 전송 대역폭을 쉽게 조절할 수 있다. 즉, 단위 시간에 적은 수의 셀을 보내면 저속의 전송이 되고, 많은 수의 셀을 보내면 고속의 전송이 되는 식으로 네트워크를 유연하게 사용할 수 있다. ATM 망은 사용자의 정보와 제어 정보를 통합하여 서비스를 제공할 수 있어서 문자, 음성, 영상이나 신호, 제어 정보 등과 같은 여러 서비스가 ATM 셀로 전송된다.

(2) 인터넷 계층

① IP(Internet Protocol)

데이터 전송을 위한 패킷의어드레싱과 원하는 목적지에 정확히 도달할 수 있는 최선의 경로설정 기능 및 패킷을 분해, 조립하는 기능을 제공한다. 사용자 프로세스는 IP 계층을 고려하지 않아도 된다.

② ICMP(Internet Control Message Protocol)

네트워크상의 각 노드에서 IP서비스의 상태를 서로 알리는 기능으로 네트워크 관리 기능으로 서의 일부 기능을 수행한다.

③ ARP(Address Resolution Protocol)

IP 어드레스를 이더넷 어드레스로 Mapping하는 기능을 제공한다.

(3) 트랜스포트 계층

① TCP(Transmission Control Protocol)

송, 수신단간에 3 Way Handshake 방식에 의해 반드시 사전에 정확한 커넥션설정 후 데이터를 전송하여 체크섬 방식을 통해 에러검출, 재전송 요구 등을 행한다. 또한 자신의 현재 데이터처리 버퍼의 용량을 상대에 알려 데이터의 흐름을 적절히 조절한다. 아울러 송, 수신단에 데이터 전송을 위한 포트를 각각 할당하여 신뢰성 있는 가상회선 서비스를 제공한다.

② UDP(User Datagram Protocol)

데이터의 전송 개시 전 반드시 상호간의 커넥션을 설정하는 TCP와는 달리 UDP는 사전에 이러한 커넥션 설정이 이루어지지 않는다. 따라서 데이터의 에러 제어, 흐름 제어와는 무관하게 전송되므로 신뢰성 있는 전송제어에는 취약하지만 통신부하를 줄일 수 있다는 이점이 있다. 고도의 신뢰성을 요하지 않는 대량의 데이터 처리, 네임 서비스 등에 사용되고 있다.

(4) 응용 계층

응용 계층의 프로토콜로는 어떠한 통로로 보내야 하며 보내는 곳의 위치를 알기 위한 유일한 주소를 사용하는 IP, 파일전송을 위한 FTP, 하이퍼텍스트 문서를 위한

HTTP, 전자 우편을 위한 SMTP, 원격지 컴퓨터를 액세스하기 위한 Telnet, 두 대의 컴퓨터가 직렬 인터페이스를 이용하여 통신을 하기위한 PPP, 인터넷 제어 메시지 프로토콜인 ICMP, 네트워크 관리 프로토콜인 SNMP, 동적으로 서버가 클라이언트에 IP를 부여하는 DHCP 등 많은 종류들이 있다.

2.4.2.4 하위 네트워크(subnetwork)

(1) 이더넷과 IEEE802.3

이더넷은 CSMA/CD(Carrier Sense Multiple Access with Collision Detection) 프로토콜을 사용한다. 이더넷에는 많은 스테이션이 연결되는데 각 스테이션을 구분하기 위해서는 스테이션마다 자신을 고유하게 구분해 주는 주소가 필요하다. 이로 인해 이더네트 제어기에는 48비트의 주소가 하드웨어적으로 고정되어 있다. 아래는 TCP/IP를 사용하는 경우의 이더넷 패킷의 형태이다.

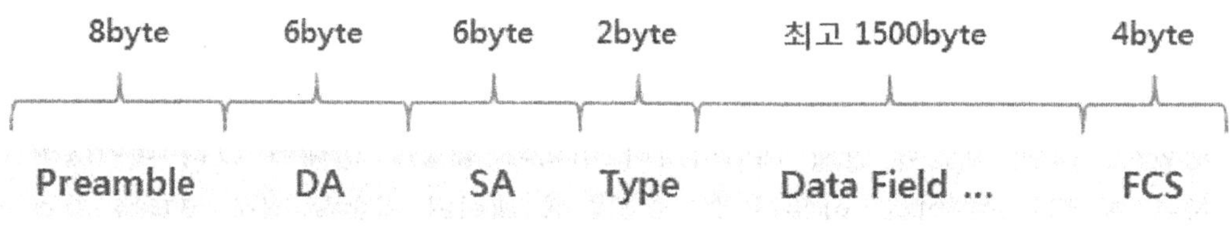

(2) SLIP(Serial Line Interface Protocol)

SLIP은 다이얼식 모뎀이나 사설 선로의 모뎀, 혹은 널 모뎀 케이블과 같은 시리얼 라인 상에서 IP Datagram을 전송하기에 유용한 프로토콜이다. SLIP은 ponit-to-point 연결을 통해서 전송을 하기 때문에 주소필드나 프로토콜 필드를 포함하고 있지 않으며, 전송 속도의 한계가 19200 Baud 이다. RFC1144에서는 TCP/IP 프로토콜 헤더의 압축으로 SLIP상에서의 패킷 크기를 감소시키는 프로토콜이 제안되었다. 그 결과 TCP/IP 프로토콜 헤더의 평균 길이는 40바이트부터 3바이트로 감소되었다.

(3) PPP(Point-to-Point Protocol)

PPP는 SLIP의 단점을 극복한 프로토콜로서 데이터 링크에 해당하는 프로토콜이다. 시리얼 라인을 통한 IP Datagram의 전송을 가능하게 해준다. 비동기 연결이나 동기식의 비트 단위 전송 시스템 모두에 사용하도록 설계되었다. 단순한 호스트의 연결뿐 아니라 선로의 상태, 옵션 협상 및 IP 주소의 설정 등을 다루기 위한 관리 기능과 시험 기능을 제공하고 있다.

(4) X.25

패킷 교환망에서 DCE(회선 종단 장치)와 DTE(데이터 단말 장치)사이에 이루어지는 상호작용을 규정한 프로토콜이다. 회선 교환 방식에서는 상호 접속된 장치들 간에 직접 물리적으로 연결되어 있는 것처럼 통신 경로가 매우 투명하다고 할 수 있다. 그러나 패킷 교환망의 경우에는 접속된 장치들은 데이터를 적합한 패킷의 형태로 변환하여 전송하게 된다. 이와 같은 절차는 망과 단말장치 사이에서 이루어지는데 이와 같은 상호 작용을 위한 절차가 접속면 표준으로 규정되어 있으며, 가장 일반적으로 사용되는 표준이 바로 X.25이다. X.25에서 사용되는 프레임을 대폭 간소화하여 성능을 향상시킨 서비스를 프레임 릴레이(Frame Relay)라고 한다.

(5) ISDN (Integrated Services Digital Network)

ISDN은 흔히 '종합정보통신망'이라고 한다. 영문 표기에서 보듯이 다양한 여러 개의 서비스들을 한꺼번에 통합하여 전송할 수 있는 디지털망 이라는 뜻이다. 간단한 데이터전송 또는 음성전송은 물론 영상전화, 영상회의, 고화질텔레비전(HDTV), 유선방송(CATV) 등 영상서비스와 정밀화면 컬러팩시밀리 등 다양한 고속전송 및 광대역전송을 가능하게 한다.

2.5 TCP 세그먼트 형식

통신을 수행하는 두 기계의 TCP 프로토콜 사이의 데이터 전송 단위인 세그먼트는 연결을 설정하고 데이터를 전송한 후 확인을 보내고, 슬라이딩 윈도우 크기를 공고하고 연결을 해제하는 TCP의 모든 데이터의 전송 단위이다.

0 4 10 16 24 31

<table>
<tr><td colspan="3">소스 포트 번호</td><td colspan="2">목적지 포트 번호</td></tr>
<tr><td colspan="5">순서 번호</td></tr>
<tr><td colspan="5">확인 번호</td></tr>
<tr><td>헤더 길이</td><td>예약된 비트</td><td>코드 비트</td><td colspan="2">윈도우</td></tr>
<tr><td colspan="3">Checksum</td><td colspan="2">Urgent Pointer</td></tr>
<tr><td colspan="4">Option</td><td>Padding</td></tr>
<tr><td colspan="5">Data</td></tr>
</table>

두 기계 사이를 오가는 확인은 두 기계 사이를 오가는 데이터와 한 세그먼트 속에 함께 전달할 수 있다. 각 세그먼트는 헤더와 데이터 두 부분으로 나눠는데 TCP 헤더는 세그먼트와 데이터를 처리하기 위한 제어정보들을 수송한다.

소스 포트와 목적지 포트는 그 연결의 양 끝의 응용 프로그램들을 식별하도록 한다. 순서번호 항목은 송신측에서 보낸 데이터 순서대로 수신측 내에 정렬할 수 없도록 데이터의 위치를 정렬한다. 확인번호 항목은 수신측이 다음에 받을 것으로 예상하는 데이터의 순서 번호를 지시한다.

헤더길이 항목은 32비트 배수로 측정된 세그먼트 헤더의 길이를 지정한다. 이것은 option들을 얼마나 포함하는가에 따라 헤더 길이가 변하기 때문에 필요하다. 즉, TCP 헤더는 선택된 option 들에 따라 크기가 변한다. 6비트 크기의 예약된 비트는 미래의 사용을 위해 설정하였다 [12]

2.6 Mobile IP

인터넷의 확산과 기업들의 세계화로 공항이나 회의장 등에서 노트북을 사용하는 비즈니스맨을 찾아보는 것은 어려운 일이 아니다. 그러나 자신의 홈 네트워크를 떠나 있을 때 이동성이 있는 단말기로 인터넷을 사용하는 것은 그리 쉽지 않다. 즉, 이동한 곳에서 모뎀을 이용하거나 새로운 IP주소를 할당받아야 하는 데, 이는 기존의 IP 프로토콜이 이동성을 보장해주지 못하기 때문이다. 이런 문제를 해결하기 위해 제안된 방법이 모바일 IP다.

모바일 IP 이용자는 자신의 홈 네트워크가 아닌 다른 곳에서도 기존의 IP 주소를 이용해, 인터넷을 사용할 수 있다. 상대방 역시 해당 단말이 어느 곳에 위치해 있는지를 인식할 필요 없이 해당 단말의 기존 IP 주소로만 연결을 설정하면 된다. 즉, 모바일 IP란 단말의 이동을 검출하고, 이동 후의 네트워크에서도 이동전의 네트워크에서와 동일하게 통신할 수 있게 해주는 프로토콜이다.

이의 구현을 위해 모바일 IP에 요구되는 기능은 이동 단말의 위치 검출 기능, 이동 단말의 위치 등록 기능, 이동된 네트워크로의 패킷 전송 기능 등이다. 모바일 IP에서는 이러한 기능을 이동형 에이전트(Mobile Agent)를 이용해 수행한다. 이동형 에이전트는 이동 단말의 홈 네트워크에 접속돼 있는 홈 에이전트와 이동 단말의 방문지 네트워크에 접속돼 있는 외부 에이전트(Foreign Agent)로 구별된다.

홈 네트워크를 떠나 방문 네트워크에 도착한 이동 단말은 방문지 네트워크에 속해있는 외부 에이전트에게 새로운 IP 주소(Care of Address)를 신청한다. 그러면 외부 에이전트는 새로운 IP 주소의 할당 가능 여부를 검사한 후 이동 단말에 새로운 IP 주소를 할당하고 이를 자신의 리스트에 기록한다. 또한, 이 사실을 이동 단말의 홈 에이전트에게 전송한다. 이 메시지를 받은 홈 에이전트는 자신의 리스트에 이동 단말의 새로운 IP 주소를 기록함으로써 이동 단말의 위치를 검출할 수 있다.

이동 단말과 통신을 하는 상대방은 이동 단말의 기존 IP 주소를 수신으로 하여 패킷을 전송한다. 이동 단말의 홈 네트워크로 전송된 패킷은 홈 에이전트가 대리 수신하며, 홈 에이전트는 이 패킷의 주소에 이동 단말의 새로운 주소를 첨가, 외부 에이전트로 전송한다. 이 패킷을 수신한 외부 에이전트는 패킷에서 첨가된 주소를 삭제한 후 남아있는 이동 단말의 실제 IP 주소를 확인, 해당 단말에 전송한다. 이동 단말에서 상대방으로 전송할 경우에는 자신의 실제 IP 주소를 이용해 홈 에이전트를 거치지 않고 외부 에이전트를 통해 직접 전송하게 된다.

모바일 IP는 이미 1996년 제안돼 활발히 논의돼왔음에도 불구, 아직까지 널리 사용되지 못하고 있다. 이는 이동 단말의 방문지의 네트워크 교환기가 모바일 IP를 지원하지 않는다면(즉, 외부 에이전트가 존재하지 않는다면) 모바일 IP를 사용할 수 없기 때문이다. 가능한 많은 라우터에 모바일 IP를 설치해야 유용한 서비스를 얻을 수 있는데, 시장성이 크지 않다고 여겨지면서 실용화되지 못한 것이다.

그러나 웨어러블 컴퓨팅(Wearable computing), 유비쿼터스 컴퓨팅(Ubiquitous Computing, 가전제품이나 장신구 등에 부착되는 컴퓨터) 등의 개념이 확산됨에 따라 이동성의 지원은 인터넷에서 더 이상 간과할 수 없는 요소가 되고 있다. 또한, 차세대 이동통신 서비스인 IMT-2000에서도 북미의 3GPP2는 모바일 IP를 기반으로 한 서비스를 제안하고 있으며, 유럽의 3GPP의 경우, 현재는 GTP를 이용하여 이동성을 지원하지만 향후 모바일 IP를 수용할 것으로 알려졌다. 모바일 IP의 개선에 대한 추후 연구 과제로는 이동 단말이 홈 네트워크에서 멀리 떨어져 있을 때 이의 접속을 지속적으로 유지하기 어려운 점, 방문지 네트워크를 옮기는 순간에 발생하는 핸드오프 문제, 그리고 효율적인 등록 및 전송을 위한 지역 등록 등을 들 수 있다.

2.6.1 Mobile IP의 배경

노트북 컴퓨터가 점점 소형화, 고성능화되고 무선 액세스 기술이 향상됨에 따라 이동성에 대한 사용자의 요구가 점점 늘어나고 있으나, 현재의 인터넷 프로토콜은 인터넷에 접속하는 호스트의 위치가 고정되어 있다는 가정 하에 서비스가 이루어지고 있어 이 호스트가 다른 네트워크로 이동할 경우 인터넷에 접속할 수 없는 결과를 초래한다.

이때 사용자는 네트워크 관리자에게 임시로 쓸 수 있는 IP주소를 받아 자신의 시스템 설정을 고쳐 주거나 DHCP 서버를 활용할 수 있도록 시스템 설정을 바꿔주는 등 IP 주소 관리 등의 문제에 있어서 많은 불편을 감수해야 한다.

이러한 문제를 해결하기 위해 IETF(Internet Engineering Task Force)에서 Mobile IP(RFC 2002)라는 프로토콜을 제안하였고, 이러한 프로토콜을 사용한 호스트들이 존재하는 네트워크에서 이동 호스트는 홈 네트워크로부터 부여받은 IP를 변경하지 않고 인터넷 서비스를 이용할 수 있다.

또한 이러한 IP 이동성을 지원하는 시스템은 네트워크 장치의 특성에 영향을 받지 않으므로 이동 중에도 무선통신을 이용하여 인터넷 서비스가 가능하여, Mobile IP같은 프로토콜을 사용하면 자신의 고유한 IP로 다른 네트워크 링크에서도 인터넷 서비스를 이용할 수 있으며, 특히 무선 랜카드 및 Bluetooth를 사용한 노트북과 같은 시스템에서는 언제 어디서나 인터넷 네트워크 서비스가 가능하도록 할 수 있다.

2.6.2 Mobile IP 구성요소

모바일 IP 프로토콜은 사용자 개입을 최소화하도록 설계돼 있다. 사용자는 모바일 IP를 위해 내부 에이전트와 보안 정보를 선택하기만 하면 된다. 이것은 소프트웨어를 설치할 때 이뤄진다. 등록 과정에서 주로 수동적인 역할을 하는 외부 에이전트는 특정한 구성 고려 사항 없이 작동한다. 사용자 생산성을 최적화하고 사용자 개입을 최소화하기 위해, 모든 내외부 에이전트의 기능이 하나의 윈도우 응용 프로그램으로 결합됐다. 각 모바일 IP 에이전트는 여전히 본질적으로 다른 응용 프로그램이며, 각각 서로 완전히 독립돼 있다. 그러나 네트워크 트래픽을 최소화하기 위해, 응용 프로그램은 하나의 에이전트 브로드캐스팅만 전송하고, 모바일 노드를 위한 사용자 제어는 없다. 모바일 노드만 실행하면 스택이 나머지를 알아서 처리한다. 사용자는 TCP/IP 벤더가 제공하는 한두 개의 명령을 사용해 모바일 노드 내에서 이루어지는 일련의 작업을 감시할 수 있다. 모바일 IP의 통계 정보는 송수신된 패킷, 오류가 있는 패킷(오류 종류별로 분류된) 등과 같은 30개가 넘는 항목들을 구별해 보여주기 때문이다.

- 모바일 노드(Mobile Node)
  하나의 서브넷으로부터 다른 서브넷으로 연결점을 변경시키는 이동 클라이언트 시스템. TCP/IP 스택 안에 구현된 모바일 IP 기능을 포함한다. 에이전트 알림을 인식해 움직임을 판단하며, 외부 에이전트 COA 또는 같은 곳에 위치한 COA를 사용하여 HA에 대한 등록 요청을 시작한다.
- 외부 에이전트(Foreign Agent)
  다른 서브넷에서 통신하려는 로컬 노드(이동 중인)가 원래 소속된 자신의 서브넷으로 들어올 수 있도록 지원하는 가상의 라우터. 외부 에이전트는 모바일 노드가 내부 서브넷으로 들어올 수 있도록 가상의 터널을 구성해 주는 종단점 역할을 한다.

- 내부 에이전트(Home Agent)

  모바일 노드를 위해 현재의 이동성 결합(mobility bindings)의 레지스트리를 유지하고, 프록시 클라이언트처럼 작동하는 가상의 라우터. 내부 에이전트는 다른 서브넷에서 자신이 속한 서브넷으로 통신할 수 있도록 데이터그램을 캡슐화해주는 역할을 한다.

- 모바일 IP 에이전트

  네트워크 세그먼트에 상주하는 가상의 라우터로, 기본적인 패킷 전송 장치 역할을 한다. 서비스를 제공하는 각 링크 위에 에이전트가 있음을 알려 모바일 노드가 효과적인 통신을 할 수 있도록 한다. 또 모바일 노드를 등록하고 해제하며, 캡슐화 터널을 생성하고 삭제하는 역할을 한다.

- COA(Care-of-Address)

  현재의 네트워크 연결점에 관한 정보를 제공하며, 캡슐화 방법을 위한 중간 어드레스로 사용된다. 메일로 전송되는 우편물에 COA(일반 주소 체계와 동일, 예를 들어 A씨댁 B씨 귀하)를 사용하는 것과 유사하다. 같은 곳에 위치한 COA와 외부 수단을 통해 지역 IP 어드레스로서 모바일 노드에 부여된 COA, 그리고 DHCP 서버에 의해 할당된 임시 주소일 수 있다. 모바일 노드는 터널 종단점 역할을 한다.

- 데이터그램(Datagram)

  패킷 전환 네트워크를 통해 라우트 되는, 정보 및 그와 관련된 전달 정보로 구성된 하나의 패킷

- 캡슐화

  목적지로 데이터를 전송하기 위해 중간에 IP 데이터그램의 주소를 일시적으로 재지정하는 방식. 종종 '터널링'이라고도 한다.

- 이동성 결합(Mobility Binding)

  내부 주소와 COA와의 결합. 여기에는 그러한 결합의 나머지 기간도 포함된다.

- 프록시 클라이언트

  모바일 IP에서 내부 에이전트는 모바일 노드를 대신해 작동하며, 원하는 서브넷 또는 원격 노드로 전송돼야 할 데이터그램을 대신해 통신한다.

- 등록

  원격 모바일 노드는 내부 에이전트를 사용해 자체 COA를 등록한다. 따라서

데이터그램을 터널링하기 위해 COA에 대한 상호 협약(등록)하는 것이다.

- 보안 상황

  모바일 노드와 HA를 서로 인증하기 위해 사용된다. 128비트 크기로, 기본 값(제한 없음)은 MD5 알고리즘으로 입력돼 있으며, 보안 협회에 등록돼 있다

모바일 노드의 등록 절차를 아래와 같이 나타낼 수 있겠다.

① 모바일 노드의 이동
② 수신한 에이전트 광고메시지를 분석하여 외부네트워크로 이동 했음을 감지
③ 외부 에이전트로 부터 CoA 획득
④ 외부 에이전트에 등록
⑤ 홈 에이전트에 위치 및 CoA 등록
⑥ 등록 확인

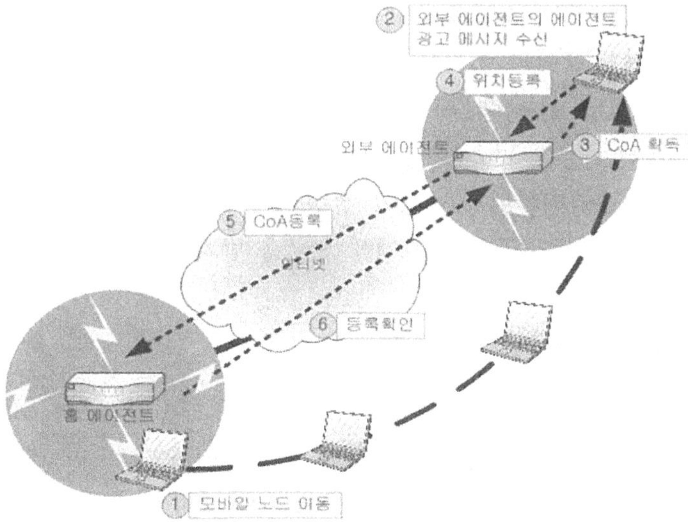

그림 2.1 모바일 노드 등록 절차

에이전트 기반 솔루션을 사용함으로써 지능의 더 많은 부분이 모바일 IP 에이전트에 놓일 수 있고, 모바일 노드에 쌓이는 네트워크 스택은 가능한 적게 유지된다. 즉 적은 메모리와 처리 자원을 통해서 서비스가 가능해지는 것이다. 각 서브넷에 상주하는 모바일 IP 에이전트들은 계속해서 자신의 존재를 알려준다. 클라이언트는 '내부 에이전트

(Home Agent)'로 보내오는 알림 패킷을 받지 못하면, 외부 에이전트(Foreign Agent)와 마주쳤다는 것을 스스로 인식하게 된다. 클라이언트에 탑재된 모바일 노드는 이러한 알림 패킷의 변화로 자신이 새로운 서브넷으로 이동됐다는 것을 알게 된다. 이 때, 모바일 노드는 외부 에이전트와 협상을 시작하고, 등록 패킷을 현재 네트워크 연결점을 보여주는 내부 에이전트로 전송하라는 요청을 한다. 환경 설정을 변경하지 않고 서브넷간 통신 가능 외부 에이전트는 모바일 노드에서 들어오는 식별 정보를 받아, 모바일 노드를 인증하고 등록하기 위해 해당 모바일 노드의 내부 에이전트와 통신한다. 일단 모바일 노드가 외부 에이전트를 통해 새로운 서브넷에서 내부 에이전트와 함께 등록되면, 내부 에이전트는 외부 에이전트의 IP 어드레스를 모바일 노드를 위한 COA(Care-of-Address)로서 사용한다. 내부 에이전트는 이 COA IP 어드레스를 갖고 모바일 노드의 패킷 주소를 지정하는 방법으로 캡슐화를 사용한다. 이 캡슐은 다시 외부 에이전트에 의해 제거되고, 직접 모바일 노드에 전송된다. 이렇게 해서 정보가 아무런 막힘없이 최종 사용자에게 전달되는 것이다.

메일 서버로부터 성훈씨의 노트북 컴퓨터로 전송해야 할 패킷은 내부 에이전트(프록시 클라이언트 역할을 하는)에 의해 선택돼 터널링이나 캡슐화를 통해 COA(임시 IP 어드레스)로 전송된다.

이 모든 과정은 클라이언트 시스템의 설정을 바꾸지 않고도 클라이언트와 서버에서 모두 실행되며, 라우터와 응용 프로그램에 영향을 받지 않고 진행된다.

2.6.3 Mobile IP의 기본동작

홈 에이전트(HA: Home Agent)와 외부 에이전트(FA: Foreign Agent)는 이동 노드(mobile node)에 데이터그램을 전달해 주기 위한 노드이다[13]. 이동 노드가 correspondent node와 통신 중에 홈 네트워크에서 외부 네트워크로 이동하였을 경우, 이를 지원하기 위한 절차를 필요로 하게 된다. Mobile IP의 기본동작은 아래와 같이 3가지 정도로 구분할 수 있다.

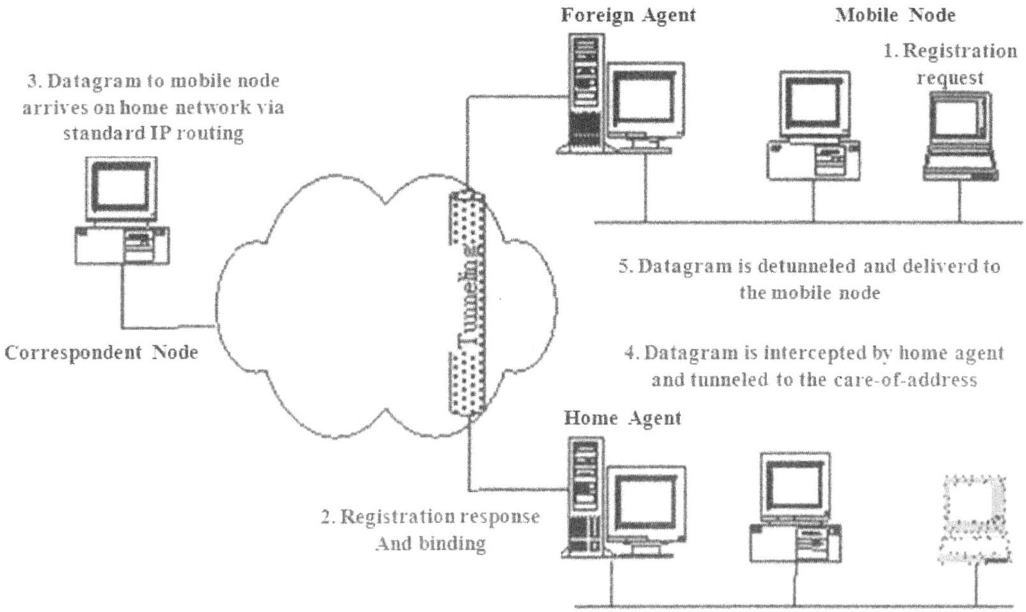

그림 2.2 전형적인 Mobile IP 환경

(1) 에이전트 발견

홈 에이전트나 외부 에이전트를 의미하는 이동성 에이전트(mobility agent)는 기존의 인터넷에서 인터넷 호스트가 라우터를 발견하고자 할 때 사용한 방법(ICMP(Internet Control Message Protocol) router discovery[14])과 유사한 방법인 에이전트 광고 메시지를 통해 자신의 존재를 알린다. 선택적으로 이동 노드가 에이전트 획득 메시지를 이용하여 에이전트 광고 메시지를 얻을 수 있다. 이동 노드가 이러한 에이전트 광고 메시지를 받고 자신이 홈 네트워크에 있는지를 판단한다.

(2) 등록

에이전트 발견 절차에 의해 이동 노드가 외부 네트워크에 있다고 판단되었을 때 이동 노드와 홈 에이전트는 등록 요청과 등록 응답 메시지를 교환함으로써 이동 노드의 COA(Care-of Address)를 홈 에이전트에 등록한다. COA에는 외부 에이전트를 이동 노드의 COA로 사용하는 외부 에이전트 COA와, DHCP(Dynamic Host Configuration Protocol[15])에 의해 임시 IP 주소를 이동 노드에 할당하는 Co-located COA 등의 두 가지 방법이 사용될 수 있다. 이들 등록 메시지들은 UDP(User Datagram Protocol) 포트 434번을 사용하며, 이동 노드의 COA와 lifetime등을 포함하고 있다.

(3) 라우팅과 터널링

홈 에이전트와 이동 노드 사이에 등록이 성공적으로 수행되게 되면, 외부에서 이동 노드의 홈 주소로 보내지는 데이터그램은 홈 에이전트에 의해 이동 노드의 COA로 터널링 된다. 터널링은 여러 가지 encapsulation 알고리즘 중에 하나를 사용할 수 있으며, 기본적으로 터널링 알고리즘은 IP-within-IP encapsulation[11]을 지원해야 한다. 만약, COA가 외부 에이전트로 지정되어 있는 경우에는 외부 에이전트가 decapsulation을 하게 되며, Co-located COA를 사용하는 경우 이동 호스트 자신이 decapsulation하게 된다. 이동 노드에서 외부의 노드로 보내지는 데이터그램은 홈 에이전트를 거쳐갈 필요 없이 표준 IP 라우팅 방법을 사용하여 목적지까지 전달된다.

2.6.4 모바일 IP의 표준으로 떠오르는 IPv6

TCP/IP 네트워킹의 미래는 IPv6이다. IPv6 제품의 개발로 인해 세계에서 가장 널리 이용되어 오던 네트워킹 프로토콜은 새로운 세대를 맞게 되었다. IPv6를 이용함으로써 보안성, IP 어드레스 이용 가능성, 어드레스 관리, 멀티미디어 통신지원과 같은 주요 문제들이 해결되고 있다. IPv4와 IPv6가 공존함으로써 네트워킹을 새로운 차원으로 끌어올리는 프로토콜로 업그레이드 하는 것이 가능해 졌다. 전 세계적으로 IP 기술의 중요성에 대한 인식이 확산되고 있다. 기업들은 저렴한 비용으로 다양한 컴퓨팅 환경을 연결하기 위한 개방 표준으로서 IP 기술의 중요성에 대한 인식이 확산되고 있다. IP는 빠른 속도로 지배적인 네트워킹 프로토콜로 자리 잡고 있다.

IETF(Internet Engineering Task Force)의 모바일 IP 워킹그룹은 이동형 단말기에서 인터넷을 할 수 있는 아키텍처와 프로토콜을 개발, 표준 마련을 서두르고 있다. IPv6(Internet Protocol version 6)라는 이 차세대 인터넷 프로토콜은 서로 다른 서브네트워크와 다양한 매체(LAN, 다이얼업 링크, 무선통신 채널 등)간에 호스트 '로밍 서비스'를 지원해, 빠른 시일 내에 '이동성을 지원하는 프로토콜'로 각광받을 전망이다.

(1) IPv4에서 IPv6로 발전

IPv6는 보안을 위해 통신 상대방의 확인절차, 데이터의 보안성, 트래픽 양의 보안성, 사용자의 위치 보안 등을 지원한다. 또한 기존 IP의 한계를 극복하기 위해 제안된 IPv6는 주소체계부터 IPv4와 다르며 모바일 IP를 지원하도록 설계됐다. 예를 들면, IPv6에서는 FA를 필요로 하지 않는다. 즉, 모바일 단말기가 IPv6의 네이버 디스커버리(Neighbor Discovery) 프로토콜을 사용해 항상 새로운 Care-of 어드레스를 찾음으로써 FA가 필요 없다. 또한 IPv6에서는 모든 노드(호스트)가 모바일 단말기를 기본 지원하도록 했다. 즉, 현재의 인터넷에서 모바일 IP를 지원하려면 일부의 호스트가 FA나 FA 역할의 소프트웨어를 추가로 구현해야 하는데, IPv6에서는 모든 노드가 이런 기능을 기본 제공한다.

구분	IPv4	IPv6
주소 길이	32비트	128비트
주소 개수	약 43억 개	약 3.4 X 10^{38} 거의 무한대
품질 제어	품질 보장 곤란 (QoS 일부 지원)	등급별, 서비스별로 패킷을 구분할 수 있어 품질 보장이 용이
보안 기능	IPsec 프로토콜 별도 설치	확장 기능에서 기본으로 제공
자동 네트워킹	곤란	있음 (Auto configruration)
이동성 지원	곤란(비효율적)	용이(효율적)

그림 2.3 IPv6과 IPv4의 비교

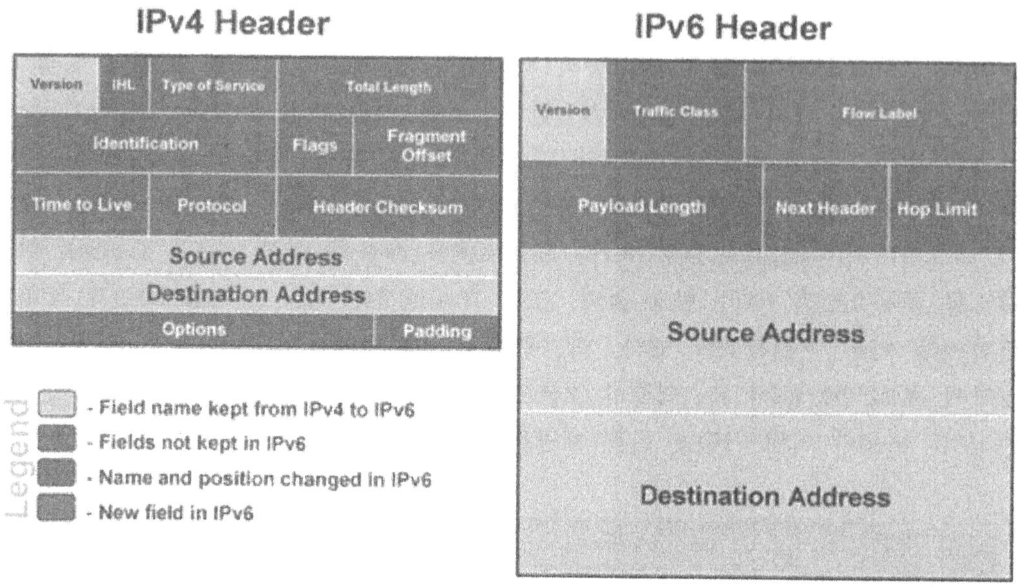

그림 2.4 IPv4와 IPv6의 Header 형식 비교

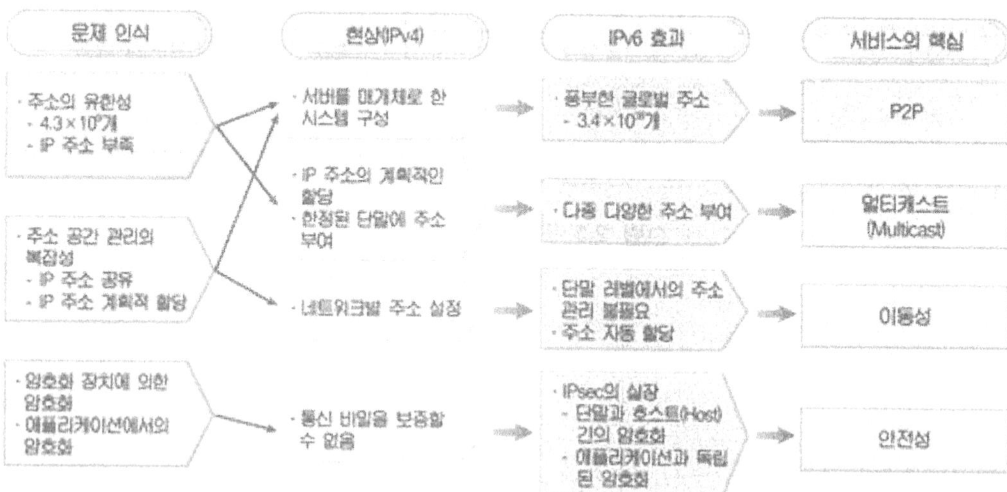

그림 2.5 IPv6의 도입배경

(2) IPv6

① 인터넷 프로토콜의 최신동향

구분	설명
IPv6	-IPv4의 주소길이를 4배로 확장한 128비트 차세대 인터넷 주소체계
RTP	-Real Time Protocol -Audio, video와 같은 실시간데이터 전송프로토콜
RSVP	-Resource reSerVation Protocol -QoS를 보장하기 위해 대역폭 확보하는 절차규정
Mobile IP	-IP에서 단말기의 이동성을 제공
MBONE (MulticastBackbone)	-인터넷상에서 1:N의 Multicasting을 위해 tunneling으로 연결된 가상 network

② IPv6의 특징 및 IPv4/IPv6 이전전략의 필요성

가. IPv6의 특징

- Address 확장(Address 고갈대책), Security강화(인증, 무결성, 암호화)
- 대역보충(대용량데이터의 보중), 간이설정(Plug & Play)

나. IPv4와 IPv6의 비교

구분	IPv4	IPv6
주소체계	32bite	128bite
헤더필드수	16개(복잡)	10개(단순)
주소유형	유니/멀티/브로드캐스트	유니/멀티/애니캐스트
서비스품질지원	순서적 처리	차별적, 선택적 처리
IPsec활용	별도처리	기본지원

다. IPv4/IPv6 이전 전략이 필요한 이유

(a) IPv6는 주소체계의 확장으로 기존의 라우터 사용 불가능

(b) 라우터 교체를 위해 많은 시간과 비용소요(IPv6를 직접 적용할 수 없음)

(c) IPv4와 IPv6의 병행 불가피

③ IPv4와 IPv6에 대한 이전 전략

IPv4/IPv6 전환기술에는 Dual Stack, Tunneling, Translation등이 있다.

가. 듀얼 스택 기술 (Node 관점)

- 하나의 시스템(Host, Route)에서 IPv4와 IPv6를 동시에 설정하여 사용하며, 시스템은 물리적으로 하나이지만 논리적으로 IPv4와 IPv6의 호환을 지원한다. IPv4 주소가 지원 단말의 수만큼 필요하다.

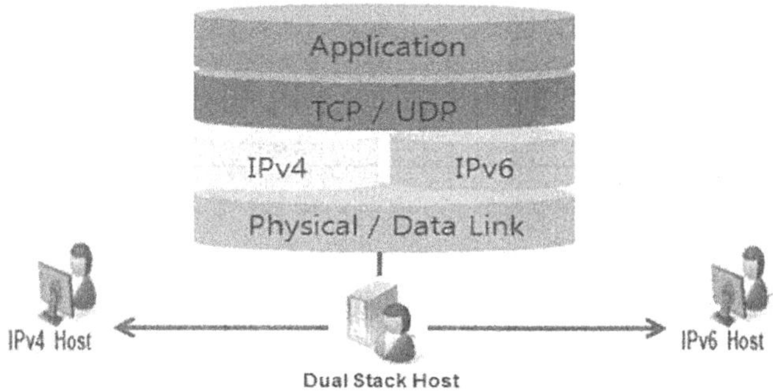

그림 2.6 Dual Stack

나. 터널링 기술(Network 관점)

- IPv6 네트워크 사이에 IPv4 네트워크가 존재하는 경우 IPv6간 통신을 지원하는 하거나 IPv4 네트워크 사이에 IPv6 네트워크가 존재하는 경우 IPv4간의 통신을 지원하는 개념으로, 설정 터널링(Configured Tunneling)과 자동 터널링(Automatic Tunneling)으로 구분된다.

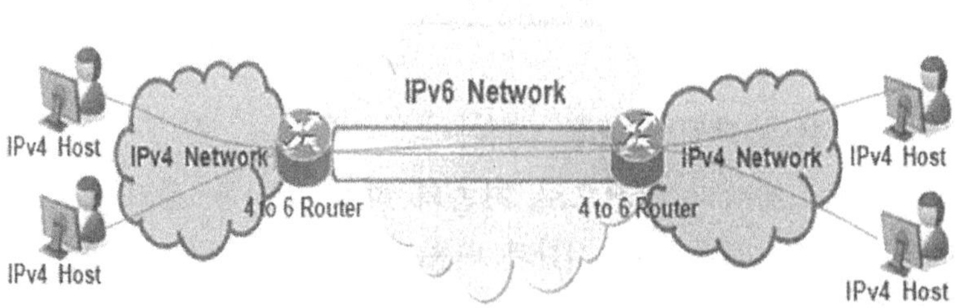

그림 2.7 Tunneling (4 to 6)

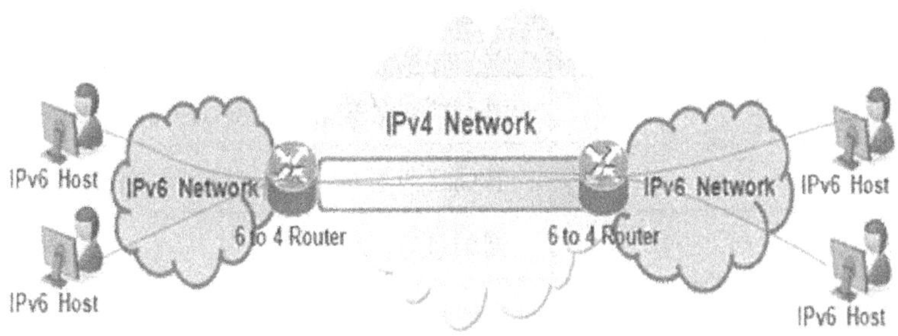

그림 2.8 Tunneling (6 to 4)

다. IPv4/IPv6 변환 기술 (Gateway관점)

- IPv4에 적합하게 구현된 응용을 IPv6 네트워크에 적용한 기술로 각 호스트나 네트워크에서 IPv4패킷을 IPv6패킷으로 게이트웨이를 이용하여 변환한다. 이용 계층에 따라 헤더변환방식, 수송계층 릴레이방식, 응용계층 게이트웨이 방식이 있다.

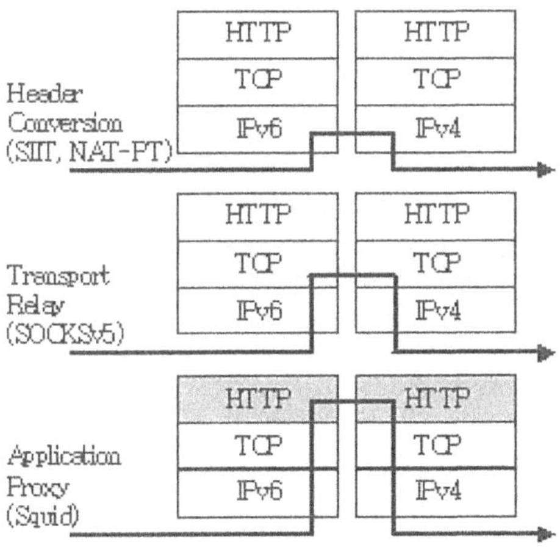

그림 2.9 IPv4/IPv6 Translation

구분	설명
헤더변환 방식	- 속도 빠름 (IP계층에서 수행) - IPv4/IPv6간 패킷 분할 정책차이
수송계층 릴레이 방식	- 적용용이 - TCP만 적용가능, 클라이언트의 갱신필요
응용 프락시 서버방식	- 주소매핑방식을 필요로 하지 않음 - 서비스별 독립된 서버와 프로토콜을 사용해야함

④ IPv6의 적용분야 및 향후전망

가. IPv6의 적용분야

구분	설명
무선인터넷 서비스	- 차세대이동통신(3G,4G)은 IP주소내장필수
정보가전	- 홈네트워킹을 위한 단말에 사용
인터넷 접속서비스	- 케이블망, XDSL등
군사 및 항공분야	- Ipsec내장, Qos지원 등의 기능강화로 사용적합

나. IPv6의 향후전망

- 인터넷과 연결되는 기기는 고유한 IP 주소를 보유한다. 현재 전 세계적으로 가장 광범위하게 사용되는 IPv4 주소체계는 인터넷 접속 단말기와 스마트 기기 등의 급증세로 빠르게 고갈되고 있으며, 오는 2011년에는 완전히 소진될 것이란 전망이다. 하지만 IPv4와 IPv6는 직접적인 호환성을 갖지 않기 때문에 IPv6로의 네트워크 전환은 기존의 IPv4를 보존하면서도 세심하고 단계적인 접근 전략이 필수다. 여러 기술들과 병행하여 앞으로는 IPv6를 기반으로하는 All-IP 유비쿼터스 통신이 활성화 될 것으로 기대된다.

☑ 연습문제

1. 네트워크 계층의 주 기능을 설명하시오.
2. 프로토콜에 대해서 기술하시오.
3. 프로토콜 데이터 유닛(PDU)에 대해서 기술하시오.
4. 프로토콜에 대한 계층적 접근방법이 갖는 주요한 단점에 대해서 나열하시오.
5. 무선 통신의 종류를 나열하고, 각각의 특징을 간단하게 적으시오.
6. TCP/IP란?
7. OSI모델에 대해서 설명하라.
8. Mobile IP란?
9. Mobile IP구성에 대해서 적으시오.

☑ 참고문헌

[1] 네이버 블로그 http://blog.naver.com/kingseft/140004622662

[2] 통신 프로토콜 표준안 기구 |작성자 미스타봉 http://blog.naver.com/lbj747?Redirect=Log&logNo=110015091685

[3] 통신 프로토콜|작성자 형기 http://blog.naver.com/hypermin/60019897548

[4] OSI 계층 모델|작성자 다크 http://blog.naver.com/blue_button?Redirect=Log&logNo=120014169158

[5] http://blog.naver.com/deredo?Redirect=Log&logNo=90000786815

[6] http://blog.naver.com/pass4u?Redirect=Log&logNo=110004691448

[7] http://ccnp.tistory.com/2

[8] http://blog.naver.com/secadm?Redirect=Log&logNo=6566527

[9] http://blog.naver.com/forumidb/80028743829

[10] http://newsy.co.kr/detail.php?number=1056&thread=22r07r02

[11] *박석지. 모바일 IP 기술, 『디지털 타임즈』, 2000.7.24, 〈http://www.dt.co.kr/ACTION/news_content?name=20000723181934,page=30〉

[12] http://tong.nate.com/jimmyp68/34631734

[13] C. E. Perkins and P. Bhagwat, "Highly dynamic destination-sequenced distance-vector

routing (DSDV) for mobile computers," ACM SIGCOMM, vol. 24, pp. 234-244, Oct. 1994.

[14] S. E. Deering, "ICMP router discovery messages," RFC 1256, Sept. 1991.

[15] R. Droms, "Dynamic host configuration protocol," RFC 2131, Mar. 1997.

제3장

모바일 멀티미디어

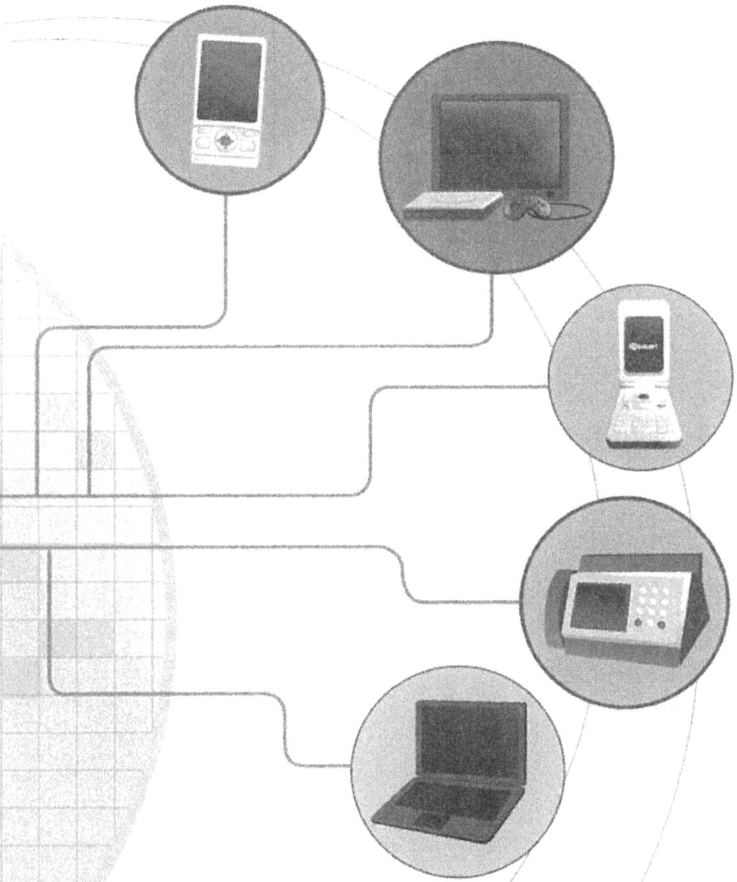

제3장 모바일 멀티미디어

모바일(Mobile)이란 '움직일 수 있는'이라는 뜻으로, 휴대폰과 휴대용 개인정보 단말기(PDA) 등과 같이 이동성을 가진 것들을 총칭한다. 손으로 들고 다니므로 가볍고 작은 것이 특징이다.

초기의 컴퓨터에서는 문자만 처리할 수 있었으나 정보인식(입력) 및 표현(출력) 기술이 발전함으로써, 문자 이외에도 멀티미디어라고 하는 음성, 도형, 영상 등으로 이루어진 다양한 매체를 처리할 수 있게 되었다.

모바일 멀티미디어란 세 가지 요소가 합쳐진 개념이다. 이동성(Mobility)을 지원하며, 텍스트, 이미지, 동영상 등을 디지털 방식으로 녹음/재생/변환할 수 있는 장치/서비스/기능이다. 또한, 위의 개념으로 파생된 생활변화나 산업영역도 포함된다.

모바일 멀티미디어는 단말기, 플랫폼 및 3D 엔진, 네트워크, 콘텐츠(응용프로그램 및 데이터)로 구성되어 있다.

그림 3.1 모바일 멀티미디어 구성 [1]

3.1 모바일 멀티미디어 기술의 발전

3.1.1 모바일 환경에서의 멀티미디어 기술

모바일 멀티미디어는 '미디어 제어와 통합'이란 측면에서 인터넷 전화 기술인 VoIP와 상통하고 있어, 많은 요소 기술을 VoIP와 공유하고 있다. 특히, 4세대 이동 통신이 All-IP로 확정되면서 IP 기반 멀티미디어 통화를 목적으로 하는 VoIP의 요소 기술이 빠른 속도로 모바일 멀티미디어 기술로 유입되고 있다. 모바일 멀티미디어가 VoIP와 공유하는 요소 기술과 종류는 아래와 같다.

- 멀티미디어 코덱(압축/해제기) - 음성 코덱,
- 스틸/화상 코덱 멀티미디어 전송 - RTP(실시간 전송 프로토콜)
- 멀티미디어 세션 제어 - H.323, SIP, RTSPA.

멀티미디어 코덱 모바일은 일반전화와 달리 대역폭이 좁아 음성을 압축해서 전송한다. 이와 같이 미디어 데이터를 압축하는 것을 '코덱'이라 한다. 최근 모바일망이 2메가 전송 속도까지 제공하지만, 다른 유선망에 비해 충분하다고 할 수 없다. 또한, 한정된 대역폭을 효과적으로 이용하기위해 미디어 압축 기술인 코덱 사용은 필수적이다.

음성 &음악 코덱 모바일 멀티미디어 서비스라고 해서 기본적인 매체인 음성의 중요성이 줄어든 것은 아니다. 오히려 뚜렷한 음성과 고 품질 음악 서비스를 제공하기 위해 음성 코덱의 중요성은 더욱 커지고 있다. 음성 코덱의 종류는 다양한 압축방식에 의해 구분되며 일반적으로 파형, 합성, 혼합(Hybrid) 압축 방식으로 나눌 수 있다.

표 3.1 압축 방식

	파형 압축 방식	합성 압축 방식	혼합 압축 방식
압축 방법	아날로그(음성)-> 디지털 파형을 이용해 압축	유성음과, 무성음 구분 유성음만 압축 복원 시 무성음은 합성	파형과 합성의 조합 유성음 압축 무성음은 코드북 이용
음질	매우 좋다	매우 나쁘다.	좋다
압축률	낮다.	높다.	비교적 높다.
화자구분	명확히 구분	불가.	명확히 구분
응용	일반전화, 고품질 음악	초기 무선 통신	모바일, 인터넷TV
관련코덱	PCM, ADPCM, AAC	LPC ,포트만 보코더	QCELP, EVRC, G.723.1

일반적으로 모바일 멀티미디어에서는 혼합 압축 방식의 음성 코덱이 주로 사용되며 고품질음악서비스에는 파형 압축 방식의 코덱이 사용된다.

우리는 최근의 TV광고를 통해 카메라가 장착된 핸드폰을 접할 수 있다. 이는 기존 모바일 서비스가 주 매체인 음성에서 벗어나 시각적, 적극적 매체인 이미지와 비디오에 접근했음을 의미한다. 모바일과 비디오 결합을 이끈 최고의 공로자는 비디오 코덱의 발전과 표준화다. 비디오 코덱의 표준화는 대표적인 국제 통신 표준화 기관인 'ITU-T'와 세계적인 표준화기관인 ISO 산하 'MPEG'라는 단체를 통해 이루었다. 그 중 '넷미팅' 같은 인터넷 화상 전화에 사용되는 H.261과 H.263은 ITU-T (International Telecommunications Union 유선부분)를 통해 표준화되었으며, 주로 스트리밍과 대용량 동영상 파일 저장/재생에 이용되는 MPEG2, MPEG4는 MPEG (Moving Picture Experts Group)을 통해 표준화되었다.

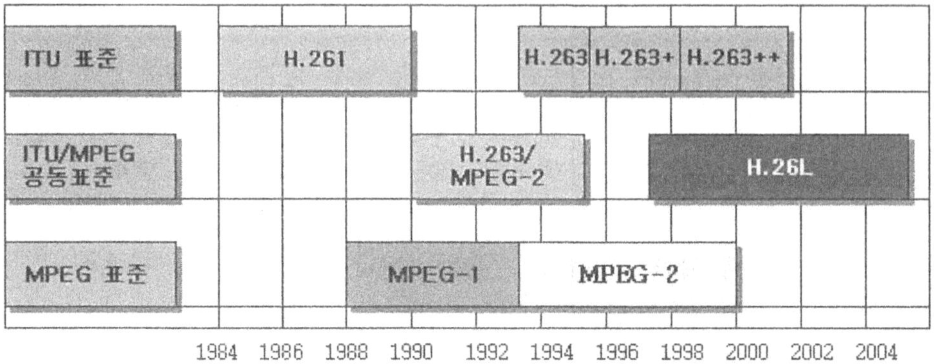

	H.261	H.263	MPEG4
화상 품질	보통	비교적 좋다	매우 좋다.
압축률	채널 수*64kbps.	약 38k	고 압축
특징	ISDN 화상통화 비디오 코덱의 전신	H.261을 개선시간, 방향 중 복성 제거매크로 블록 이용	영상 내용에 근거 압축이미 지를 객체 분리(배경과 인물)
지원 해상도	CIF,QCIF	CIF, QCIF, sub-QCIF, 4CIF, 16CIF	제한 없음
표준화 단체	ITU-T	ITU_T	ISO/IEC MPEG
응용	ISDN, 초기 화상통신	화상통신, 모바일	스트리밍, 화상회의

그림 3.2 압축기술의 종류 [2]

휴대폰이 단순한 통신수단을 넘어 첨단 멀티미디어 서비스가 총 결집된 정보기기의 총아로 발전하고 있다. 협소한 무선주파수 대역폭과 휴대폰 저장용량의 한계를 뛰어넘을 수 있는 멀티미디어 데이터 압축 기술 덕분이다. 이는 최근 핵심요소기술로 H.264와 MPEG-4 HE(High-Efficiency) AAC(Advanced Audio Coding), 멀티미디어 단말기 기술이 학계와 업계로부터 주목받고 있는 배경이기도 하다.

휴대폰 멀티미디어 서비스를 빠르게 진화시키고 있는 세 가지 압축 기술의 발전 추세와 향후 전망을 살펴보자.

① H.264 (MPEG-4 Part 10 AVC)

디지털 신호처리 · 저장매체 · 전송방식의 발전은 음성 정보에 국한된 서비스를 멀티미디어 서비스로 진화시켰다. 그동안 방대한 데이터를 저장 · 전송하기 위한 여러 가지 압축 기술이 연구돼 왔으며, 특히 1980년대 후반 디지털 동영상 정보의 부호화 및 저장기술 표준규격을 제정해야 한다는 요구가 제기되면서 기술 발전이 가속화하기 시작했다. 이에 따라 국제전기통신연합(ITU)은 유무선 통신망 환경에서 동영상 서비스를 위한 표준 규격인 H.261과 H.263을 제정했고, 세계표준화기구(ISO)도 동영상 표준 규격인 MPEG-1, MPEG-2, MPEG-4를 마련하는 등 세계적인 표준화 논의가 활발했다. H.263+와 MPEG-4 표준이 개발된 뒤 무선통신이 급격히 확산되면서 종전 압축방법에 비해 더욱 향상된 압축효율을 제공하고, 다양한 통신환경을 수용할 수 있는 동영상 압축 기술 규격의 필요성이 대두했다. 이에 ITU는 H.26L로 명명한 차세대 부호화 방식의 '기술제안요청서'를 발표했으며, 각급 기업체 · 연구소 · 학계의 활발한 연구가 진행됐다. 이후 2001년 ISO/IEC의 MPEG 그룹이 H.26L 프로젝트에 참가함으로써, 2003년 5월 마침내 ITU-T는 H.264라는 표준을 승인했고 이어 8월 ISO/IEC에서 MPEG-4 Part 10으로 최종 승인했다.

ITU-T와 ISO가 공동 제정한 차세대 동영상 압축 표준 H.264는 다양한 네트워크 환경에 쉽게 부응할 수 있는 유연성과 동영상의 부호화 효율성 측면에서 MPEG-2, MPEG-4(Part 2) 등 기존 기술표준들에 비해 많은 진보가 있었다. 비록 H.264가 기존의 표준들과 하이브리드 비디오 부호화라는 유사한 방식을 이용하고 있으나 다음과 같은 기술적 우위를 지니고 있다.

- 향상된 움직임 예측 및 보상
- 부정합(Mismatch)이 없는 작은 블록크기의 블록 변환
- 인루프 디블로킹 필터(In-Loop Deblocking Filter)
- 향상된 엔트로피 부호화
- 다양한 네트워크에 적응하기 위한 NAL

H.264가 MPEG-2, MPEG-4(Part 2) 등 기존 동영상 압축 표준에 비해 높은 압축 성능과 유연성의 장점을 가진 반면, 부호기 및 복호기의 복잡도 역시 훨씬 증가한다는 단점이 있다. 부호기 측면에서는 기존 표준보다 더욱 많아진 파라미터 및 부호화 모드를 결정해야 하며, 복호기도 디블로킹필터나 1/4화소 단위의 움직임 보상 등으로 인해 계산 량이 매우 증가했다. 따라서 H.264가 상용화하

기 위해서는 기술 원리를 정확히 이해하고, 효율적으로 부호기·복호기를 구현하는 적용기술이 매우 중요하다.

② MPEG-4 HE AAC

MPEG-4 HE AAC는 채널당 24kbps의 낮은 전송 율에서도 CD 수준의 높은 음질을 제공하는 저 전송률 오디오 부호기다. 기존 지각적 오디오 부호기의 한계를 극복하기 위해 대역폭 확장 기술의 하나인 SBR을 MPEG-4 AAC에 적용한 것이다. MPEG-4 HE AAC의 높은 압축 효율은 이동통신 및 디지털 방송과 같이 전송 대역이나 저장 용량이 제한되거나 매우 값 비싼 응용 분야에 유용하다. 그리고 이전 AAC와 양방향 호환이 가능한 구조상의 유연성은 MPEG-4 HE AAC의 또 다른 장점이라고 할 수 있다. 세부 요소기술은 다음과 같다.

우선 MPEG-4 AAC 기술은 압축 기술을 특정 응용 분야에 한정하는 대신 압축할 정보를 음성, 배경음악, 효과음 등 다양한 구성요소의 결합으로 처리하는 식으로 구성됐다는 점이 특징이다. 이 기술이 범용성과 객체기반 구성 및 조절성, 콘텐츠기반 상호 작용성 등 새로운 개념을 도입할 수 있었던 것도 이런 이유다. 결과적으로 MPEG-4 오디오의 부호화 영역은 2kbps의 낮은 비트 전송률 음성 부호화에서부터 채널당 64kbps 이상의 고 음질 오디오 부호화에 이르기까지 확장됐다. 이 가운에 일반적인 오디오 부호화의 영역에 해당하는 MPEG-4 AAC는 이전 MPEG-2 AAC를 기반으로 PNS(Perceptual Noise Substitution), LTP (Long-Term Prediction) 등의 알고리즘이 추가됐다. 이후 MPEG-4 GA는 에러 레질리언스(Error Resilience), BSAC(Bit Sliced Arithmetic Coding) 등 신규 알고리듬을 수용하며 버전2로 발전했고, 버전3에 이르러 SBR과 AAC가 결합된 MPEG-4 HE AAC가 표준으로 자리 잡았다.

SBR 기술의 기본원리는 오디오 신호의 고주파와 저주파 대역 사이에 높은 연관성이 존재한다는 가정에 기반을 둔다. 이는 저주파 대역의 정보를 이용해 고주파 대역 성분을 추정할 수 있다는 것을 의미한다. SBR의 첫 단계는 저주파 스펙트럼 데이터를 고주파 대역으로 복사하는 전위의 과정이다. 그런 다음 전 대역의 스펙트럼을 갖는 원본 오디오 신호의 스펙트럼 포락선과 전위 과정에서 포함되지 않고 제외될 가능성이 있는 고주파 성분을 보상하기 위해 필요한 추가 정보를 이용, 고주파 대역의 모양을 조정한다.

AAC는 SBR과 결합될 경우 AAC만 사용할 때보다 훨씬 높은 압축 효율을 갖게 되는데, 이는 SBR의 추가 정보가 매우 작아 AAC의 부호화 자원 대부분을 저주파 성분의 부호화에만 사용할 수 있기 때문이다. SBR과 결합된 AAC를 통상 'AAC+' 또는 'aacPlus'라고 하며, 표준화이후 공식 명칭은 'MPEG-4 HE AAC'다.

③ 멀티미디어 단말 기술

현재 국내의 이동통신사들은 무선 멀티미디어 서비스를 제공 중이며, 단말기 제조업체들도 종전 소형화 경쟁에서 벗어나 다양한 기능성을 갖춘 동영상(VOD) 단말기를 앞 다퉈 출시하고 있다. 게다가 초기 짧은 동영상 클립을 다운·재생해주던 단순 기능에서 벗어나 한 시간 이상 동영상 녹화가 가능한 캠코더이나 'QVGA'급 해상도를 지원하는 휴대폰 및 디지털 카메라 수준의 메가 픽셀 폰도 등장하는 추세다. 이런 멀티미디어 기능은 모뎀 칩 외에 별도 응용 프로세서 상에 구현되며 현재 몇 종의 칩 솔루션이 개발돼 있다.

멀티미디어 애플리케이션은 DHK&호스트 인터페이스와 멀티미디어모듈을 사용하며, 스트리밍·로컬·다운로드 서비스와 정지영상 및 동영상 기능을 제공한다. 각각의 응용 프로그램들은 메모리 오버레이 구조를 이용해 구동된다. 멀티미디어 알고리듬은 H.264 및 MPEG-4 HE AAC를 비롯, JPEG 인코더·디코더, MPEG4 비디오 인코더/디코더, EVRC 인코더·디코더를 포함하는 코덱 솔루션과 카메라 센서를 통한 이미지 라이브러리, 무선 환경에 최적화된 무선 프로토콜 (RTP/RTCP/RTSP)로 구성된다. DHK&호스트 인터페이스는 DSP 응용 프로그램의 스와핑을 담당하며, 휴대폰 특성상 필요한 저 전력 소모를 위해 절전 기능, 호스트와 안정적인 고속통신을 지원하는 기능 등을 제공한다.

H.264와 MPEG-4 HE AAC는 향후 적용분야도 무궁무진하다. 이 기술들이 매우 낮은 비트 율에서도 뛰어난 화질과 음질을 제공하는 덕분이다. 따라서 플래시 메모리를 탑재한 휴대용 플레이어 등 파일기반 저장매체뿐만 아니라 디지털방송, 이동통신 네트워크와 같이 높은 압축 효율을 필요로 하는 응용 분야에도 적합하다. 또한 전송 대역이나 저장 용량은 부호화될 비디오/오디오 채널수에 비례하기 때문에 높은 압축 효율은 다채널 환경에서도 유용하다고 할

수 있다. 최근 DVD 관련 표준화를 논의하는 DVD포럼에서도 H.264 · MPEG-4 HE AAC를 미래 HD-DVD 플레이어의 표준 비디오 · 오디오 코덱으로 채택하는 등 그 우수성을 빠르게 인정받고 있는 추세다. 일례로 H.264 및 MPEG-4 HE AAC는 현재 SK텔레콤의 VOD 서비스 표준으로 채택되기도 했다. 또한 H.264는 현재 국내 위성 디지털멀티미디어방송(DMB) 및 지상파 DMB의 기술표준으로, MPEG-4 HE AAC는 국내 위성 DMB의 표준으로 각각 선정됐다. 구체적인 응용분야를 요약, 정리하면 다음과 같다. [3]

- 무선통신 환경에서 멀티미디어 응용 : 주문형 비디오(VOD)/주문형 음악(MOD)
- 무선통신을 통한 방송서비스 : 지상파 DMB/위성 DMB
- 광(Optical) 및 자성(Magnetic)을 이용한 저장장치
- 유선 네트워크(ISDN, LAN, xDSL, 모뎀)을 이용한 VOD 및 스트리밍 서비스
- 휴대용 미디어 플레이어

3.1.2 이동통신 서비스 환경의 발전

이동통신(移動通信)은 사용자가 단말기를 통해 음성이나 영상, 데이터 등을 장소에 구애받지 않고 통신할 수 있도록 이동성을 제공하는 통신 서비스를 말한다.

이동통신 서비스를 제공하는 방식에 따라 다음과 같은 서비스 규격이 있다. [4]

- FDMA : 주파수분할다중접속의 약자이다. 가입자 수용에 제한이 있어 거의 사용되지 않는다.
- GSM : 글로벌 모바일 서비스의 약자이다. 접속방식은 TDMA, 즉 시분할 다중접속을 사용한다.
- CDMA : 코드분할다중접속의 약자이다.
- W-CDMA : 광대역 코드분할다중접속의 약자이다. 3세대 이동통신 방식의 하나이다.
- HSPA와 LTE : 고속 무선 인터넷 서비스를 위하여 W-CDMA가 진화된 형태이다. HSPA는 고속 패킷 전송을 지원하며, LTE는 CDMA 방식을 사용하지 않고 광대역 주파수를 활용하기 위해 OFDM을 사용한다.
- CDMA 2000 : CDMA 규격을 진화시킨 3세대 이동통신 방식의 하나이다.
- HRPD와 UMB : CDMA 2000 계열로 각 WCDMA의 HSPA와 LTE의 대응 표준이다.

3.1.2.1 이동통신 발달

고도 정보화 사회로 진행되는 과정에서 정보통신은 사회 기반구조로서 중요성을 더해가고 있으며 통신서비스는 기존 유선통신에서 이동성을 중시한 무선 통신으로 무게 중심이 옮겨지고 있었다. 한편으로 인터넷과 이동통신이 통합되어 무선 인터넷이라는 새로운 시장이 빠른 속도로 성장하고 있다.

현재 국내에서 이동통신가입자는 유선통신가입자를 넘어서고 있으며, 운용되고 있는 대표적인 이동통신서비스로는 셀룰러 이동통신 및 개인휴대통신(PCS), 무선호출, 위성 이동통신 등이 있다. IS-95라는 북미식 CDMA 표준이 근간이 되는 셀룰러 이동통신과 PCS는 기술적으로 거의 동일한 서비스라고 보아도 큰 무리가 없다. 단지 주파수 대역에서 두 서비스는 차이가 있다. 무선호출서비스는 초기에 빠른 속도로 성장하다가 셀룰러 이동통신과 PCS의 경쟁력에 대체되어 시장이 빠른 속도로 축소되었다. 그러나 최근 무선호출은 메시지 서비스와 WAP(Wireless Application Protocol)을 이용한 인터넷 접속이라는 새로운 서비스와 단말기로 이동통신 시장에 재 진입했다.

이러한 각종 이동통신시스템은 90년대를 경계로 하여 빠른 속도로 성장 또는 변화해왔다. 정보통신에 대한 의존성이 크게 늘어나고 무선통신 기술이 향상됨에 따라 세계적으로 이동통신 수요가 증대했고, 1세대 아날로그 시스템에서 2세대인 디지털방식으로 변천되었으며 현재는 데이터 중심의 3세대 이동통신(IMT-2000) 시대이다.

공중통신용 이동전화(주로 차량전화) 서비스는 1946년에 수동접속 교환방식인 MTS 시스템으로 미국에서 처음 시작되었다. 그 후 다이얼 자동접속 · 쌍방향 통신(full-duplex) 및 다중채널 접속 등이 실현된 IMTS 시스템이 개발되었다. MTS와 IMTS는 하나의 고정 국이 넓은 서비스 영역을 모두 커버하도록 하는 방식으로 설계되었다.

주파수 사용 효율을 극대화하기 위해 서비스 영역을 여러 개의 기지국이 분담하도록 하는 셀룰러 방식과 주파수 재사용이 본격적으로 도입된 것은 1978년에 등장한 AMPS시스템이었다. AMPS는 1983년 AT&T에 의해 시카고에서 미국 최초로 상용서비스가 개시되었다. 셀룰러방식은 전체 서비스 영역을 셀이라 불리는 다수 지역으로 나눈 후 각 셀마다 기지국을 두고 그 기지국에서의 송신출력이 해당 셀만을 커버하도록 조정하여 어느 정도 떨어진 셀들 사이에는 동일한 주파수 채널을 사용할 수 있다. 이 방식은 모든 셀에서 주파수는 재사용하기 위하여 인접 셀 간의 같은 주파수는 서로 간섭을 일으킬 수 있으므로 간섭을 일으키지 않을 만큼 이격 거리를 둬야한다. 그러나 간섭은 셀 간의 거리에 따라 발생한다기보다는 송신기의 출력에 의해 좌우된다. 송신기의 출력은 서비스 커버리지를 결정하는 중요한 요인이며(출력과 커버리지 비례) 서비스 커버리지를 줄이면 셀 내의 가입자는 증가된다. (커버리지와 가입자 수는 반비례) 셀룰러 이동통신에서는 다수의 저출력 송신기를 이용하여 "Cell"로 분할된 서비스 지역을 커버하며 출력 레벨은 가입자의 밀도나 서비스 커버리지에 따라 조절될 수 있다. 즉, 한 개의 셀 클러스터(Cell Cluster)에서 사용된 주파수는 다른 셀에서 재사용 될 수 있고 가입자가 셀 간을 이동하더라도 Call은 핸드오프(Handoff)되므로 계속 통화를 유지할 수 있게 된다. 가입자는 서비스 지역 내에 있을 때 만 통화가 가능하며 단말기는 기지국을 통하여 통화를 할 수 있다. 채널은 송신용 주파수와 수신용 주파수로 이루어진다.

셀룰러 이동통신은 80년대에 전 세계적으로 도입되기 시작한 이래 지금은 이동통신의 대표적인 시스템으로 자리를 굳혔다. 한편 90년대 초부터 아날로그 방식에 비해 제한된 주파수 자원을 효율적으로 이용할 수 있고 서비스의 다양화 및 고도화를 이룰 수 있는 디지털 이동통신이 도입되어 현재 전 세계적으로 널리 쓰이고 있다. 디지털 이동통신은 무선접속방식을 디지털화한 것이기 때문에 셀룰러방식 그 자체가 새로운 형태로 변화된 것을 의미하는 것은 아니다.

이른바 2세대 시스템으로 알려진 디지털 셀룰러 시스템은 두 가지 종류가 있다. TDMA기반 시스템과 CDMA기반 시스템이 현재 서비스되고 있다. 대표적인 TDMA 시스템으로는 유럽방식의 GSM, 북미의 IS-136, 일본의 PDC방식이 있다. CDMA 방식으로는 미국 Qualcomm사에 의해 주도적으로 제안된 북미식 IS-95 표준이 있으며, 현재 국내에서 사용되고 있는 디지털 셀룰러 이동통신 및 PCS(Personal Communication Services) 서비스가 여기에 해당된다. PCS는 저렴한 가격과 우수한 통화품질로 저속차량 및 보행자를 중심으로 제공되는 이동통신서비스를 말하며 일반인을 대상으로 서비스의 대중화를 목표로 한다.

2세대 시스템은 완전한 디지털방식의 서비스를 하고 있지만 주로 음성위주의 전화 통화를 위해서 설계되었기 때문에 고속 데이터통신을 지원해주지는 못한다. 제3세대 시스템인 IMT-2000은 음성뿐만 아니라 화상회의나 인터넷과 같은 광대역 멀티미디어 서비스를 제공하는 것을 목표로 개발되고 있고, 세계적으로는 일본에서 시작하여 현재 국내에서 상용화되었다. 3세대 시스템은 사무실 환경에서 최대 2Mbps에 달하는 데이터 서비스를 제공하여 진정한 무선 멀티미디어 서비스를 목표로 삼고 있다.

3세대 이동통신 시스템은 GSM과 같은 TDMA를 기반으로 한 EDGE, CDMA를 기반으로 하는 유럽의 W-CDMA, 그리고 북미식인 Qualcomm의 CDMA2000을 중심으로 표준화가 진행되었다. 흔히 국내에서 동기식이라고 불리는 CDMA2000은 IS-95 시스템에서 진화한 것이고 W-CDMA는 GSM의 유선망 위에 무선 부분을 CDMA 방식으로 대체한 것이다. CDMA에 국한해서 최소한 유럽에서는 W-CDMA가 유일한 표준으로 사용될 것이며 따라서 유럽에서는 W-CDMA가 UMTS와 동일한 뜻으로 사용되고 있다.

그러나 더 정확한 표현은 유럽의 IMT-2000인 UMTS는 W-CDMA라는 단일 표준으로 결정이 되었다. EDGE의 경우 현재의 GSM이 진화하였다는 측면에서 2.5세대로 볼 수 있어서, 일부에서는 3세대 가능 시스템으로 불린다.

3세대 이동통신 이후로 2010년에 제4세대 이동통신 시스템 도래를 예상하고 있다. 4세대에서는 100Mbit/s 이상의 데이터통신서비스를 제공할 것으로 예상된다. [5]

3.1.2.2 이동통신 시스템 및 서비스 발전

지난 10년 간 디지털에 바탕을 둔 정보통신기술 발전은 획기적인 것이었다. 우리는 휴대전화와 인터넷이 펼쳐 보여주는 정보 혁신의 시대에 살고 있으며, 휴대전화와 인터넷의 결합인 이동무선 인터넷서비스가 이미 젊은 세대를 중심으로 점점 그 활용범위를 넓히고 있다. 음성과 이동무선 인터넷 서비스를 편리하게 제공해줄 차세대 이동통신 시스템인 IMT-2000과 이동 멀티미디어 서비스가 다시 한 번 우리의 삶을 새롭게 변모시킬 것으로 예상된다.

정보통신서비스의 발전 방향은 기존 음성통화 위주에서 데이터통신 위주의 서비스로 변하고 있다.

세계적으로는 1999년을 기점으로 인터넷으로 대표되는 데이터서비스의 소통 량이 기존의 음성서비스 소통 량을 추월하였으며 앞으로는 데이터서비스 소통 량은 기하급수적으로 증가를 할 것이다. 더군다나 인터넷상의 음성통화가 그 이용도를 넓히고 있는 것을 보면, 앞으로 멀티미디어 데이터서비스 소통 량과 음성서비스 소통 량과의 격차는 더욱 벌어질 것이 명백하다. 휴대전화로 대표되는 이동전화서비스에서도 아직은 음성통화 소통이 중심이지만, 우리 주위에서 SMS(Short Message Service)나 단순한 채팅, 게임 그리고 증권정보서비스 등과 같은 데이터서비스가 젊은 층과 비지니스 층을 중심으로 하루가 다르게 급격히 확산되고 있다.

우리나라 이동전화서비스 발전추세를 보면 시작은 지난 1984년부터 이루어졌지만 초기에는 완만한 증가추세를 보이다가 휴대단말기 보급이 시작된 1987년부터, 특히 `서울올림픽개최에 따른 대대적인 사회 인프라 구축과 경제 발전에 따라 매년 100% 이상 가입자가 폭증하였다. 1996년 CDMA 이동통신 시스템 개발과 상용화를 시발로 시장이 경쟁구도로 변하고 1997년 말에는 PCS서비스가 상용화되는 과정을 거친 후 드디어는 1999년 9월에는 휴대전화 가입자가 기존의 일반 유선전화 가입자를 추월했다.

2001년 7월 기준으로 가입자 2800만 명을 보유하게 되었으며 보급률을 보면 우리나라 인구비 60% 정도로 일본보다도 더 발전했다.

이러한 휴대전화 보급과 이용의 확산은 제1사업자인 SK텔레콤 주식 가격이 우리나라 증권시장에서 제일 높은 것으로 보아도 잘 알 수 있다. 인터넷과 휴대전화를 합치는 이동멀티미디어 서비스를 제공하는 IMT-2000시스템이야말로 디지털화로 대표되는 현대 정보통신서비스의 대미를 장식할 것이다. [6]

3.1.2.3 이동통신 서비스 환경의 발전

(1) 1 세대 이동통신

아날로그 셀룰러 시스템(analog cellular system)은 1970년대에 개발되어 1980년대 초부터 실용화된 제1세대 자동차/휴대 전화 시스템을 통칭한다. 아날로그 셀룰러 시스템은 벨 연구소, 스웨덴의 에릭슨사, 일본의 NTT 등에서 개발하여 비슷한 시기에 각각 AMPS, NMT, NTT 시스템이라는 이름으로 실용화하면서 이들과 유사한 다양한 시스템이 전 세계적으로 보급되었다.

제1세대 아날로그 셀룰러 시스템은 모두 음성(speech) 전송에는 아날로그 주파수 변조(FM) 방식을 사용하고, 제어 신호 전송에는 2진 주파수 편이 변조(binary FSK) 방식을 사용하며, 이동국과 기지국 간에는 주파수 분할 다중 접속(FDMA) 방식으로 주파수 스펙트럼을 공유한다.

(2) 2 세대 이동통신

이동통신의 수요의 급증에 의해 제한된 주파수 대역에서 기존의 아날로그 방식으로 제공할 수 있는 용량은 거의 포화상태에 이르렀으며, 통신망의 고도화에 따라 서비스의 고도화, 다양화, 디지털 화 추세에 따라 디지털 셀룰러 방식의 도입이 불가피하게 되었다.

이에 따라 기존 아날로그 셀룰러 시스템에서 음성은 아날로그 주파수 변조 방식으로 전송하고 제어 신호만 디지털 방식으로 전송하던 것이 완전한 디지털 방식의 셀룰러 시스템으로 발전하였다.

따라서 접속방식에 있어서 기존의 주파수 분할 다중 접속(FDMA) 대신 시분할 다중 접속(TDMA)과 부호 분할 다중 접속(CDMA) 방식의 사용이 가능하게 되었다.

디지털 셀룰러 시스템은 하나의 셀(cell) 내에서 복수의 이동 국 이 기지국의 각 무선 주파수 채널(RF channel)을 동시에 공유함으로써 수용용량을 크게 증가시킬 수 있을 뿐만 아니라 다음과 같은 여러 가지 장점을 가지고 있다.

① 고정망의 디지털화(ISDN화)와 좀 더 유연하게 통합하는 친화성
② 음성/데이터 혼합 통신과 새로운 서비스 제공의 유연성
③ 음성 신호를 좀 더 적은 수의 비트로 부호화하는 저감 비트율 음성 부호 기(reduced rate speech CODEC)의 도입에 따른 시스템 대용량화 가능성
④ 송신 전력의 저감과 이동 단말기 전지 수명의 연장
⑤ 통신 품질의 향상 및 통신 비밀의 확보
⑥ 이동국에 의한 통화 중 채널 전환(MAHO) 기능

디지털화의 장점을 살려 한정된 주파수 자원을 효율적으로 이용, 고품질의 다양한 정보 통신을 경제적으로 제공하고 폭발하는 가입자 수요를 충족하기 위해 세계 각국에서 디지털 이동 통신 시스템을 적극적으로 개발하여 1990년대에 들어와 잇따라 실용화하고 있다.

유럽의 경우 1980년대부터 개발한 TDMA 방식의 글로벌 이동 통신 시스템인 GSM을 유럽 전기 통신 표준 협회(ETSI)에서 표준화하여 1992년에 세계 최초로 상용화하였다.

미국에서는 1993년 아날로그 방식, 디지털 방식을 혼용할 수 있는 TDMA 방식의 시스템을 EIA/TIA 표준 IS-54방식과 퀄컴(Qualcomm)사가 제안한 CDMA인 EIA/TIA 표준 IS-95로 채택함으로써 2원화된 표준 시스템이 실용화되었다.

일본은 1993년 우정성의 주도하에 PDC라는 TDMA 방식의 독자적인 시스템을 표준화했으며 우리나라에서는 1991년부터 한국 전자 통신 연구원(ETRI)과 퀄컴사가 공동 개발한 CDMA 방식을 국내의 디지털 이동 통신 표준으로 확정하여 1995년에 상용 서비스를 개시하였다.

표 3.2 북미TDMA방식과 TDMA방식 비교

구분	TDMA	ETDMA	CDMA
제안시기	'82년도	'90년도	'89년도
수용용량	3배	6배	10~20배
개발현황	개발완료	개발 중	개발 완료
상용화시기	'93년 말	미정	'96년 초
기술수준	중급	고급	고급
통화품질	아날로그와 대등*1 또는 열악*2	TDMA보다 열악	아날로그보다 우수
셀 배치계획	복잡	복잡	단순
설치, 운용비	많음	많음	적음
송신출력	높음	높음	낮음
주파수 이용효율	낮음	중간	높음
비화성	양호	양호	우수
핸드오프	Hard	Hard	Soft
표준규격	채택	제안단계	채택

*1 : 전계강도가 강한 지역

*2 : 전계강도가 약한 지역

(3) 3 세대 이동통신

2세대 디지털 셀룰러 시스템이 1세대 이동통신이 가지는 약점을 보완했지만 국가와 서비스주체에 따라 그 기술 방식이 다르고, 같은 기술방식이라 할지라도 사용하는 주파수 대역이 달라 무선 고유의 장점인 이동성을 완벽하게 실현하는 데는 근본적인 한계가 있었다. 또한 인터넷 망을 통해 초고속 멀티미디어 서비스가 확대되면서 무선 인터넷 망을 통해서도 유선 인터넷과 같은 콘텐츠를 제공받고자 하는 소비자들의 요구가 발생하기 시작했다.

이에 따라 각국의 정보통신을 담당하는 부처들은 2세대 이동통신의 제한을 극복하고, 멀티미디어 서비스를 보다 빠르고 안정적으로 제공하기 위한 표준을 제정하게 되었다.

IMT-2000은 International Mobile Telecommunication 2000의 약어로써, 글로벌 이동통신이란 뜻이다. IMT-2000은 현재 각 국가별로 개별적으로 운영되고 있는 다양한 이동전화 시스템의 규격을 통일하여 세계 어느 곳에서도 동일한 단말기로 서비스를 이용할 수 있도록 하는 차세대 이동통신 시스템이다.

IMT-2000이란 용어가 통용되기 시작한 것은 지난 96년부터인데, 이전에는 미래공중육상이동통신(FPLMTS : Future Public Land Mobile Telecommunication System)이란 용어가 사용됐다. FPLMTS는 지난 78년 국제전기통신연합(ITU)이 향후 이동통신의 단일 표준화를 연구 과제로 삼으면서 프로젝트 코드로 정했던 말이다. 그러나 FPLMTS는 발음하기가 어렵고 뜻도 이해하기가 쉽지 않아 새로운 용어의 필요성이 제기되었고, ITU는 FPLMTS가 사용하려는 주파수 대역(2000 MHz대)과 도입 시기(2000년경)를 고려, IMT-2000이라는 이름을 고안하고 FPLMTS와 병행해 사용토록 권고했다. 하지만 이제는 이해하기 쉬운 IMT-2000이 표준 용어로 굳어진 상황이다.

이 시스템은 2Mbps급 고속 데이터통신이 가능한 사양 등을 갖추도록 제안돼 있으며 그 규격에 따라 각국에서 도입이 진행되고 있다. 서비스 방식에 따라 북미방식인 동기식(CDMA-2000)과 유럽식 비동기식(W-CDMA)로 나뉜다.

IMT-2000은 몇 가지 뜻을 품고 있다. 이제는 의미가 없어 보이지만 2000년에 서비스를 시작하겠다는 것이고 두 번째는 2GHz 즉, 2,000KHz대의 주파수를 쓴다는 뜻이다. 마지막으로 2Mbps(2,000Kbps)의 통신 속도를 낼 수 있다는 의미도 담겼다.

① IMT-2000 추구목표

1) 국제적 로밍을 위한 표준 규격을 공유한다.
2) 유선망에 버금가는 고품질 서비스를 제공한다.
3) 2Mbps 이상의 멀티미디어 서비스를 제공한다.
4) 옥내 Wireless LAN 등과의 유연한 연동성을 제공한다.
5) 전자파의 인체 및 환경 영향을 최소화시킨다.

② IMT-2000 기술특징

표 3.3 IMT-2000 기술 특징

구분	2세대/2.5세대 시스템			3세대
	DCS	PSC	CDMA2000 1X	IMT-2000
주파수	824-849MHz(상향)	1.75-1.78MHz (상향)	824-849MHz(상향)	1.92-1.98GHz(상향)
대역	869-894MHz(하향)	1.84-1.87MHz (하향)	869-894MHz(하향)	2.11-2.17GHz(하향)
채널당대역폭	1.25MHz	1.25MHz	1.25MHz	5MHz
최대전송속도	9.6Kbps	14.4Kbps	153.6Kbps	2Mbps
음성 코딩방식	EVRC (Max 8Kbps)	QCELP(Max 13Kbps)	EVRC or QCELP (Max 8 or 13 Kbps)	AMR(Max 12.2Kbps)
제공 서비스	음성, 저속 데이터	음성, 저속데이터	음성, 중속데이터	멀티미디어(음성, 고속데이터, 동영상)
로밍 범위	국지적	국지적	제한적 국제로밍	이상적 국제로밍 추구

③ 동기식과 비동기식

IMT-2000에 조금이라도 관심이 있다면 규격을 도입할 때 큰 논란이 일었던 것을 기억할 것이다. 디지털 휴대폰이 CDMA와 GSM으로 나뉘었던 것과 마찬가지로 IMT-2000도 동기식과 비동기식으로 나뉜다. 결국 두 가지 규격을 모두 들여오기로 했지만 무엇이 더 좋은 것일까?

동기식 IMT-2000은 CDMA 2000이라고 부른다. 이것은 미국을 비롯해 우리가 지금 쓰고 있는 CDMA 통신을 고친 것이다. 비동기식은 유럽과 일본에서 쓰는 GSM을 고쳐 만든 것으로 W-CDMA이라고 부른다.

2GHz 전파를 이용해 2Mbps의 통신 속도를 낸다는 것은 같지만 두 가지 서비스는 GPS 기준시간을 쓰느냐 아니냐에 따라 갈린다.

동기식 서비스는 미국이 쏘아 올린 GPS 위성으로 기지국의 시간을 '동기화'하는 것이 특징이다. 기지국의 코드는 시간차를 두고 함께 쓴다. 지금 많이 쓰는 IS-95A, IS-95B 서비스도 비슷한 방식이어서 기지국을 함께 쓸 수 있기 때문에 우리나라에서 유리하다. 비동기식은 각각의 기지국마다 다른 코드를 나누어준 뒤 위성을 거치지 않고 기지국과 중계국만 거쳐 데이터를 주고받는다.

비동기식은 주파수 대역폭을 5MHz로 잡아 다른 전파의 간섭을 줄였지만 동기식은 1.25MHz의 대역폭을 써 주파수를 낭비하지 않는 데에 초점을 두었다. 전파를 아낀 만큼 유지비용이 적게 든다. 동기식 CDMA 방식이 시스템의 동기를 맞추기 쉽고 지금까지 쓰던 통신 방식을 그대로 이어 쓸 수 있는 것은 좋지만 미국에서 운영하는 GPS를 쓴다는 것이 문제가 된다. 지금은 GPS 위성을 공짜로 쓸 수 있지만 앞으로 지적 재산권을 문제로 삼으면 비싼 로열티를 물어야 할지 모른다. 이것 때문에 유럽과 일본이 만든 비동기식 W-CDMA가 선보이게 된 것이다.

W-CDMA는 지금 세계 IMT-2000 시장의 80%를 차지하고 있다. 그만큼 쓰는 사람이 많고 기지국을 놓는 무선 구간 채널이 확실히 정리되어 있다. 하지만 이것은 W-CDMA를 앞세워 만든 것이어서 우리나라가 10년 넘게 이끌어 온 CDMA 기술을 버리고 처음부터 익혀야 하는 문제가 있다.

우리나라는 2000년 12월 비교심사를 통해 KT아이컴과 SK IMT를 비동기방식 사업자로, 이 후 LG컨소시엄을 2001년 8월에 동기방식 사업자로 정해 서비스를 하고 있다. 이에 맞춰 삼성전자, LG전자 등 휴대폰 제조업체들이 IMT-2000 단말기를 개발하여 판매하고 있다.

CDMA 2000이나 IMT-2000으로 휴대폰의 통신 속도가 빨라진다면 무선 인터넷도 더 빨리 발전한다는 것은 불을 보듯 뻔하다. 얼마 전까지 무선 인터넷은 텍스트로 가득 찼었지만 요즘은 그림도 들어간다. 휴대폰에서 멀티미디어 서비스를 하려면 PC의 HTML같은 규격이 필요하다. 하지만 휴대폰 시장은 딱히 정해진 표준이 없어 WAP, HDML 부터 시작해서 셀 수 없을 만큼 많은 통신 규격이 쓰이고 있다. 서로 자기가 표준이 되겠다고 다투던 사이에 썬마이크로시스템사는 자바를 휴대폰으로 들여왔다.

자바의 가장 큰 특징은 운영체제와 시스템을 가리지 않고 똑같은 프로그램을 쓸 수 있다는 것이다. 한번만 만들면 윈도우즈, 리눅스, 맥OS에서 똑같이 돌아간다. 이것은 '자바 버추얼 머신'이 있기 때문에 할 수 있는 일이다. 자바로 짠 프로그램은 꼭 자바 버추얼 머신을 거쳐서 실행하기 때문에 새로운 운영체제가 나와도 이것에 맞는 버추얼 머신만 깔면 프로그램을 고치지 않아도 돌아간다. 이것을 휴대폰에 들여온 것이 자바 2 마이크로 에디션이다. 이것은 간단히 줄여 'J2ME'라고 부른다. 저마다 다른 휴대폰을 쓰더라도 J2ME 버추얼 머신만 깔면 동영상, 게임, 전자책 등 갖가지 프로그램을 문제없이 돌릴 수 있다. 자바의 마이크로판 이라는 이름처럼 휴대폰, PDA, 화상전화, 디지털 TV, 셋톱박스 등 가전제품에 모두 들어갈 수 있다.

④ IMT-2000을 이용하는 무선멀티미디어 서비스는 다음과 같다.

1) 데이터속도

- 고속 이동시 : 144Kbps까지의 음성, 데이터, 영상
- 저속 이동시 : 384Kbps까지의 음성, 데이터, 영상
- 고정위치 : 2Mbps까지의 음성, 데이터, 영상

2) 화상 채팅

21C IMT-2000의 최고 인기 서비스로 자리 잡을 것으로 전망된다. IMT-2000 단말기를 통하여 상대방의 얼굴을 직접 보면서 온라인 프로포즈를 할 수 있다.

이성 교제의 새로운 패턴을 주도하게 될 것이며, 채팅문화의 패러다임을 완전히 바꿔놓을 것이다. 현재 서비스되는 것으로 'SHOW', '생각대로 T'가 있다.

3) 교통정보

주요 도로마다 설치되어 있는 무인 카메라를 IMT-2000과 접속하여 운전자가 보고 싶어 하는 도로의 교통상황을 실시간으로 보여줌으로써 원활한 교통소통에 일조한다.

4) 무인감시

원격지에 떨어진 가족, 특히 놀이시설에 있는 어린 자녀의 모습을 원하는 시간에 원하는 곳에서 확인할 수 있다. 또한 집안에 무인감시 시스템을 설치하여 외출 시 무단 침입자의 침입여부를 원격지에서 감시할 수 있다.

5) TV시청

빅 스포츠, 뉴스, 일기예보 등 주요 TV 프로그램을 IMT-2000 단말기를 통하여 시청할 수 있다. 특히, 해외 출장 시 국내 뉴스를 실시간으로 시청할 수도 있다.

6) 카메라 기능

IMT-2000 단말기에 소형카메라를 장착하여 촬영한 사진을 단말기 자체 및

018서버에 저장하여 교통사고 현장 촬영 및 영상 메시지 전송 등에 활용가능하다.

7) 전자상거래

인터넷 접속으로 Web 상에서의 상품 검색→외형 및 가격 확인→단말기로 주문 등 원스톱 쇼핑이 가능하다. 나아가 쇼핑몰을 개설하여 매출증대에 일조할 수 있다.

8) 원격진료

응급처치가 필요할 경우 IMT-2000 단말기를 이용하여 병원 담당의사에게 위급상황을 영상으로 보여주고 현장에서 적절한 응급조치를 받을 수 있다.

9) 사이버 정치

출마자의 얼굴, 약력, 정치공약 등을 IMT-2000 단말기를 통하여 시청한 후, 단말기를 통하여 투표. 투표 후, 투표자들의 성별, 나이, 주민등록번호 등이 중앙 컴퓨터로 보내져 투표율, 당선자 등이 종합 집계를 알 수 있다.

10) 모닝콜

자신이 가장 좋아하는 연예인의 동영상 화면과 음성을 다운로드 받아 모닝콜 기능에 저장시키므로 매일 아침 섹시한 연예인이 아침잠을 깨워 주는 효과를 유발한다.

11) 사이버 펜팔

해외에 있는 외국친구와 영상펜팔을 함으로써, 친구도 사귀고 외국어 실력도 향상시킬 수 있다.

12) 외국어 학습

IMT-2000 단말기를 통하여 장소와 시간에 구애받지 않고 외국어 강사와 일대일 영상 어학학습을 시도할 수 있고 외국어 학원과 계약을 맺어 다양한 프로그램을 개발할 수도 있다.

13) 신용카드

신용카드의 모든 정보를 IMT-2000 단말기에 입력한 후, 단말기를 신용카드처럼 사용가능 하다. 또한 단말기에 개인 사진 및 지문을 입력하여 도용을 방지할 수 있다.

14) 위치추적

위치추적에 관해서는 다양한 기술이 개발 중에 있으나, IMT-2000을 이용한다면 단순히 고객이 있는 지도상의 위치뿐만 아니라 주변현장까지 볼 수 있다는 장점이 있다.

15) 영상편지

기존 e-mail을 대체할 서비스로써, 적절한 영상을 미리 녹화한 후, 이를 전송. 예를 들어 출장 중인 남편에게 아내 와 자녀들이 영상편지를 전송할 수 있다.

16) 전자명함

IMT-2000 단말기에 자신의 개인정보 및 회사정보 등을 입력한 후, 신상정보를 단말기로 주고받는 기능이다. 따라서 명함을 따로 보관하는 번거로움이 사라진다.

17) LCD광고

IMT-2000 단말기 상에 배너 광고를 띄움. 고객의 연령별, 직업별, 성별 데이터베이스를 이용하여 특정 제품 광고를 특정인에게만 전송할 수도 있다.

(4) 4세대 이동통신

4세대 이동통신 시스템의 비전은 전송 속도의 향상과 다양한 망의 융합이라고 할 수 있다. ITU-R에 의하면 2010년경에는 저속 이동시 1Gbps, 고속 이동시에는 100Mpbs의 데이터 전송이 가능하며, 셀룰러 시스템, 무선 네트워크, WLAN, PAN 등 다양한 유·무선망의 융합이 이루어질 것으로 전망하고 있다.

따라서 4세대 이동통신의 서비스는 한마디로 고품질, 다중서비스라고 할 수 있다. ITU에서는 4세대 이동통신의 서비스 요구사항과 이를 충족시키기 위한 서비스를 목표를 다음과 같이 제시하였다.

먼저 서비스의 요구사항은 멀티미디어 지리정보를 제공할 수 있는 위치정보시스템, 멀티미디어 처리가 가능한 이동 컴퓨팅 시스템, 고화질 이미지 영상 HDTV, 원격의료/방재서비스, 무선인터넷 방송 및 뉴스서비스, 주문형 비디오 서비스 등이다.

또한 이를 충족할 서비스 목표는 높은 데이터 전송 율과 요구품질에 따른 다양한 데이터 전송속도 지원, 서로 다른 시스템 사이에 끊김이 없는 로밍서비스, 다양한 형태의 장치(전화, PDA 등)의 지원, 다양한 응용서비스(오락·게임 등)의 지원, 인증·QoS·보안 등 보다 발전된 성능의 지원 등이다.

이러한 환경 속에서 예측되는 핵심서비스로는 방송 스트리밍, LBS(위치기반서비스), MMS(멀티미디어 메시지 서비스) 등이 있다.

미래 이동통신 유비쿼터스란 시간과 장소에 구애 받지 않고 언제나 네트워크에 접속할 수 있는 통신환경을 말한다.

라틴어의 유비쿼터스는 '언제나 어디에나 존재한다'는 뜻을 가지고 있으며, 정보통신 분야에서는 시간, 장소를 초월한 통신환경을 목표로 서비스 경쟁을 하고 있다. 유비쿼터스는 환경적, 기술적 제약으로 아직까지는 일반화되지는 않았지만, 각종 이동통신 기기는 휴대성과 편의성을 강조하여 출시되고 있다.

최근 떠오르는 기술 중 유비쿼터스 환경의 것으로 기대되는 것으로는 착용식 컴퓨터, 지능형 주택 및 지능형 빌딩 등이 있다. 이런 것을 지원할 것으로 예상되는 무수한 기술 도구들 중에는 ASIC, 음성인식, 동작인식, SoC, 지각 인터페이스, 지능형 물질, 유연성 있는 트랜지스터, 재구성 가능한 프로세서, FPLG, MEMS 등이 있다. [7]

이미 국제기구와 선진 국가에서는 4세대 이동통신 개발의 필요성을 인식하고, 관련 표준화 및 기술개발을 추진하고 있다. 우리나라도 통신 강국의 강점을 최대로 활용하여 4세대에서도 Global Leadership를 확보하고자 차세대 이동통신 분야를 국가 10대 신 성장 동력의 하나로 선정하여 산 · 학 · 연 · 관 공동으로 기술개발을 본격적으로 추진하고 있다.

① 국내 · 외 표준화 및 기술개발 동향

1) 국외

4세대 이동통신 개발을 위하여 ITU, EU의 WWRF(Wireless world Research Forum), 일본의 mITF(Mobile IT Forum), 중국의 FuTuRE(Future Technologies for Universal Radio Environment) 그리고 우리나라의 4G 이동통신 비전 연구 위원회 등 국제기구와 세계 각국은 표준화 및 기술개발을 추진하고 있다.

▷ ITU

ITU-R에서는 IMT-2000의 비전 및 상위 기술 요구사항을 정립한 후, WP8F(Working Party 8F)를 설립하여 IMT-2000 고도화와 IMT-2000 이

후의 시스템을 정의하고 그 비전 및 요구사항을 작성하고 있다. ITU의 비전에서는 무선접속의 최대 데이터 전송속도를 고속에서 100Mbps, 저속에서는 1Gbps로 정의하고 있다.

즉 2007년 WRC(World Radio Conference)에서 Beyond IMT-2000의 주파수를 할당받으며, 서비스 요구사항 및 주파수 요구사항을 WRC-2007 이전에 진행하고, 주파수가 할당되면 무선접속 기술의 요구사항 및 표준화 작업을 2010년까지 마무리하여, 2010년경에 서비스를 시작하는 것을 목표로 하고 있다.

▷ EU의 WWRF

EU의 지원 하에 IST-WSI(Wireless Strategic Initiative) 프로젝트의 일환으로, 2000년에 IMT-2000 이후의 무선통신 연구를 목표로 WWRF(Wireless World Research Forum) 연구 포럼이 탄생하였다. 창립회원은 알카텔, 에릭슨, 모토롤라, 노키아, 지멘스이며, 유럽의 이동통신 제조업체, 사업자, 학교와 미국과 아시아의 제조업체가 소수 참여하고 있다. WWRF의 장기 목표는 다음과 같다. IMT-2000 이후의 무선통신 비전 확립, Wireless World에 대한 일반적인 견해의 개발 및 유지, 2010년경에 운영될 Beyond IMT-2000의 핵심 기술 및 사회적 동향 연구 등이다.

▷ 일본의 mITF

ARIB의 주도하에 2001년에 결성되었으며, mITF 산하 4세대 이동통신 위원회의 시스템 분과위원회에서 다음과 같은 표준화 작업 및 연구개발을 수행하고 있다. mITF의 주요 목표는 다음과 같다. IMT-2000 이후의 이동통신시스템 구조 정립, Beyond IMT-2000의 핵심기술 분석 및 연구, 기술적 요구사항과 성능검증 방법론 정립 등이다.

▷ 중국의 FuTURE

4세대 이동통신 시스템 연구개발을 위하여 2001년에 탄생되었으며, 2001-2005년 1차 계획과 2005-2010년의 2차 계획 등 2단계로 나누어져 있다. 이 프로젝트의 목표는 방송망, 셀룰러 망과 근거리 무선망의 통합에 의한 4세대 시스템의 개발이며, 2005년까지 20Mbps의 패킷 전송이 가능한 시스템 개발을 단기 목표로 하고 있다.

2) 국내

국내에서는 정부와 산 · 학 · 연 공동체로 Vision 위원회를 구성하여 전반적인 4세대 이동통신의 비전 정립과 이정표를 설정하고 있으며, 2002년부터 한국전자통신연구원을 중심으로 4세대 이동통신 초고속 패킷 무선전송 기술연구 사업을 진행 중에 있다. 그리고 2003년에 4세대 이동통신을 포함한 차세대 이동통신을 10대 신 성장 동력의 하나로 채택하여 범국가적 차원에서 기술개발 및 표준화가 추진되고 있다.

② 4세대 이동통신 비전

1) 시스템 비전

4세대 이동통신시스템의 비전은 전송 속도의 향상과 다양한 망의 융합이라고 할 수 있다. ITU-R에 의하면 2010년경에는 저속 이동시 1Gbps, 고속이동시에는 100Mbps의 데이터 전송이 가능하며, 셀룰러 시스템, 무선 네트워크, WLAN, PAN 등 다양한 유 · 무선망의 융합이 이루어질 것으로 전망하고 있다.

▷ 데이터 전송 능력 향상

ITU의 비전에 의하면 IMT-2000 고도화(enhancement)로 2005년경에 30Mbps까지 데이터 전송이 가능하며, IMT-2000 이후 시스템으로 2010년경에 고속 이동시 100Mbps, 저속 이동시 1Gbps를 지원할 것을 목표로 한다. 이때의 데이터 전송속도는 동일 무선 자원을 사용하는 사용자들이 공유하는 것으로 전체 서비스의 데이터 속도이다. 높은 데이터 전송율의 요구로 미래에 추가적인 주파수의 할당이 요구된다. 4세대 이동통신을 위한 추가적인 주파수 할당은 2007년의 WRC-2007에서 이루어질 것으로 보인다.

▷ 망의 융합

데이터 전송능력 향상과 더불어 ITU-R 비전에는 다양한 무선 접속 망들을 조화롭게 연결하여 통합된 서비스를 제공할 것인가에 대해 기술하고 있다. 위성 망, 셀룰러 망, WLAN, 방송망 등 다양한 유 · 무선망들이 IP 기반 코어 네트워크를 통해 연결되어 통합되고 끊김 없는(seamless) 서비스를 제공할 것이다.

사용자는 유·무선을 막론하고 다양한 접속 망 사이를 수평적, 수직적으로 이동하면서 끊김 없는 서비스를 제공받게 된다. 수평적 이동은 동일한 네트워크 내에서의 이동이고, 수직적 이동은 서로 다른 네트워크 사이에서의 이동을 말한다. 이를 통해 사용자는 비용, 데이터 전송속도, 커버리지 등 각 시스템의 서비스 특징을 고려하여 자신의 선호에 따라 필요한 시스템을 언제 어디서나 최적의 연결을 서비스 받을 수 있다.

▷ 이동 단말

4세대 이동통신망에서는 다양한 유·무선망을 보완적으로 접속하여 서비스를 받게 된다. 즉 서로 다른 네트워크들 사이에 단말 이동성, 사용자 이동성, 서비스 이동성을 제공받게 될 것이다. 이를 가능하기 위해서는 서비스 망의 지원과 더불어 여러 망에 접속이 가능한 이동 단말이 필수적으로 요구된다.

4세대에 요구되는 이동 단말은 기본적으로 서로 다른 접속 망에 접속이 가능한 다중모드를 지원하여야 하며, 서로 다른 망으로부터 다양한 서비스를 지원받을 수 있도록 높은 성능과 다양한 기능을 지원하여야 한다. 이에 따라 단말은 고성능화, 소형/경량화, 저 전력, 저비용이 요구되며, 이와 함께 기본적으로 편리한 사용자 인터페이스가 요구된다.

2) 서비스 비전

4세대 이동통신의 서비스는 앞에서 살펴본 바와 같이 높은 데이터 전송율과 망간의 융합을 지원하는 4세대 이동통신 시스템 상에서 제공되는 고품질(High Quality), 다중서비스(Multi-Service)라고 할 수 있다.

ITU에서는 4세대 이동통신의 서비스 요구사항과 이를 충족시키기 위한 서비스 목표를 다음과 같이 제시하였다. 먼저 서비스 요구사항은 멀티미디어 지리정보를 제공할 수 있는 위치정보시스템, 멀티미디어 처리가 가능한 이동 컴퓨팅 서비스, 고화질 이미지 영상 HDTV 서비스, 텔레의료/방재 서비스, 무선 인터넷 방송 및 뉴스 서비스, 주문 형 비디오 서비스 등 이다. 그리고 이를 충족시키기 위한 서비스 목표는 높은 데이터 전송율과 요구품질에 따른 다양한 데이터 전송속도 지원, 서로 다른 시스템 사이에 끊김 없는 서비스(로밍, 핸드오버), 다양한 형태의 장치(전화, PDA 등)의 지원 및 다양한 응용(오락, 게임 등)의 지원, 인증 · QoS · 보안 등 보다 발전된 운용과 성능의 지원 등 이다.

이를 바탕으로 고품질, 다중서비스가 지원되는 4세대 이동통신 환경 속에서 제공될 서비스의 형태는 다음과 같은 것으로 예측된다. 사용자의 요구에 따라 언제 어디서나 최적의 서비스가 제공하고, 다양한 유 · 무선 접속망 사이의 상호연결을 제공하여 유선서비스의 무선화와 무선서비스의 고품질화를 달성할 것이다. 또한 평생번호, UMS(Unified Message Service), 번호 이동성처럼 서비스 제공업체 등에 따른 서비스 차별화가 아닌 사용자의 서비스 품질요구에 따른 서비스가 제공될 것이다. 예상되는 핵심서비스로는 방송 스트리밍 서비스, 게임, 긴급서비스를 위시한 위치기반서비스, MMS(Multimedia Message Service) 등이다.

③ 4세대 이동통신 요소 기술

4세대 이동통신이 보다 빠른 데이터 전송속도와 서로 다른 유 · 무선망의 융합을 지원하기 위해서는 고속 무선접속 기술 및 주파수 관련 기술, IP 네트워크 및 단말 기술과 응용기술 등 여러 분야의 기술이 요구된다.

높은 데이터 전송속도를 보장하기 위해 필요한 고속 무선접속기술과 주파수 활용기술로는 새로운 무선 다중접속기술, 안테나의 다이버시티기술, 계층적 셀 구조, 적응 형 동적 채널 할당 등이 필요하며, IP를 기반으로 다양한 통신망의 통합을 지원하기 위해서는 패킷 라우팅 및 이동성 관리기술, 세션 관리 기술, 보안 및 인증 기술 등이 필요하다. 다양한 망을 효율적으로 이용하게 할 단말 기술로는 사용자 인터페이스 기술 및 입출력 장치 기술, RF 디바이스 및 RF MEMS(Micro Electro Mechanical System) 기술, 배터리 및 단말 플랫폼 기술이 필요하고 이외에 데이터 코딩, 압축, 스트리밍 기술과 콘텐츠 관련기술이 요구된다. 이중 이동통신 네트워크의 중요 기술로 언급되는 OFDM 기술, SDR기술, 스마트 안테나 기술에 대해 살펴본다.

1) OFDM 기술

무선에서 데이터를 고속으로 전송할 경우 멀티패스 페이딩과 도플러 확산 등으로 BER이 높아져 이러한 문제를 해결할 기술이 필요한데, OFDM(Orthogonal

Frequency Division Multiplex)기술이 주목을 받고 있다.

OFDM 전송방식의 기본 개념은 직렬로 입력되는 데이터 열을 N개의 병렬 데이터열로 변환하여 각각 분리된 부반송파에 실어 전송함으로써 데이터 율을 높이는 것이다. 이때 부반송파는 직교 성을 유지할 수 있도록 적절히 선택되어야 한다. 이러한 직교 성으로 인하여 각 부반송파는 스펙트럼 상에서 중첩이 허용된다. 또한 수신기에서는 간단한 신호처리 기법으로 부반송파를 분리해낼 수 있다. 이로 인하여 하나의 반송파를 사용하여 데이터를 순차적으로 전송하는 경우보다 전송되는 심볼의 간격이 길어져 채널의 지연시간 영향과 임펄스 잡음의 영향을 덜 받게 된다. 또한 연속된 심볼 간의 간섭을 줄일 수 있어 다중 경로 채널에 대해 강하며 채널 등화의 복잡 도를 줄일 수 있다. 이런 이유로 OFDM 방식은 5GHz 대역 무선 랜 분야의 규격안(IEEE 802.11a, Hiper-LAN II)과 광대역 무선 접속 시스템(IEEE 802.16 BWA)에 사용되고 있다.

2) SDR 기술

Software Defined Radio (SDR) 기술은 첨단 디지털 신호처리 기술과 고성능 디지털 신호처리 소자를 기반으로 하드웨어 수정 없이 모듈 화된 소프트웨어 변경만으로 단일의 송수신 시스템을 통해 다수의 무선 통신 규격을 통합·수용하기 위한 무선 접속 기반 기술이다.

4세대 이동 통신 시스템에서의 이종 복합 이동 네트워크 환경에서는, 다양한 형태의 서비스, 응용 및 콘텐츠를 가장 적절한 무선 접속 방식을 통해 제공하고 복잡한 네트워크들 간의 유연한 인터페이스를 보장하는 재구성 가능한 SDR 개념 기반의 통신 플랫폼이 요구된다. SDR 기술은 스펙트럼 효율을 극대화하고 이종의 무선 접속 환경에서 통신 규격의 세대 간 진화에 제한 받지 않는 Scalability를 제공한다. 이를 위해 네트워크 및 단말 기술은 QoS 관리, 보안이 강화된 소프트웨어 다운로드 기법, 재구성을 용이하게 하는 단말 소프트웨어 구조, 유연한 시스템 구성 관리, 기능 협상(Capability Negotiation) 기능 등을 기본적으로 제공해야 한다.

SDR 구조는 SDR 시스템을 기능별로 분할하여 어느 어플리케이션이나 적용할 수 있는 구조 프레임워크를 정의하는 상위기능모델, 안테나, 모뎀 등과 접속되는 기능의 기능 접속 블럭, 모듈 간 인터페이스를 정보흐름, 제어상태흐름, 외부인터페이스로 구분하는 인터페이스 상호 접속 블럭으로 구성된다. SDR 구현에 중요한 API(Application program Interface)는 DR 기능을 가능한 최소단위로 분할하고, 리소스 공유 시 발생할 수 있는 충돌을 방지하기 위해 반드시 리소스 매니지먼트 기능이 필요하다. 또한 Capability가 다른 두 모듈 간에 제대로 이루어지도록 Capability Exchange가 지원되어야 하며, Software Download를 지원하여 필요한 소프트웨어를 다운로드 받아서 원하는 기능을 수행하거나 성능을 변경할 수 있어야 한다.

3) 스마트 안테나 기술

스마트 안테나 기술은 원하는 가입자의 방향으로 전파를 집중시키고 타 가입자의 간섭신호는 저하시켜 송수신함으로써 기존의 이동통신시스템의 성능을 크게 향상시킬 수 있는 기술이다. 이는 안테나 배열과 전파방향을 제어할 수 있는 디지털 신호처리 기술을 복합적으로 활용하여 구현되는 Beam Forming 기술로서 스위치 빔 형태와 적응 어레이 형태로 크게 대별된다. 스위치 빔 및 적응안테나 기술은 모든 유저의 위치에 따라 이득을 증가시키지만 단지 적응안테나 시스템만이 최적이득을 제공하면서 간접신호를 인지, 추적하여 최소화하는 기술이다. 스마트 안테나의 목표는 무선신호를 좀 더 집중된 전송을 통해 무선기반시스템의 신호품질을 높이면서 주파수 재사용 율을 증가시켜 시스템 용량을 높이는 것이다.

④ 국내 기술개발 현황

우리나라는 96년에 CDMA, 2000년도에 CDMA2000 1x를 세계 최초로 상용화한 기술을 바탕으로, 앞으로 전개될 차세대 이동통신 분야에서도 global leadership을 확보하기 위해 관련 기술개발 및 표준화를 추진하고 있다. 기술개발의 기본방향은 신규 이동통신 시장 창출을 위한 기술개발, 첨단 어플리케이션 서비스 제공을 위한 핵심 부품개발, 신 개념의 휴대 단말기기 개발로 설정하고 있다. 이를 위한 기술개발 전략으로는 지역 표준화를 통해 세계 표준을 주도하고, 주파수의 조기 식별과 조기 기술 개발로 IPR을 확보하며 조기 상용화를 통해 세계 시장을 리드하는 것이다. 세부적인 기술개발 내용은 다음과 같다.

1) 4세대 이동통신 기술개발

2007년까지 100Mbps 전송이 가능한 초고속 패킷 무선전송기술, 시험 시스템 및 관련 무선 LAN 기술을 개발하는 것이다. 효과적으로 추진하기 위해 1단계로 2005년까지 20Mbps 전송 기술, 모바일 소프트네트워크 기술 및 100Mbps 차세대 무선 LAN기술을 개발하고 2단계로 2007년까지 100Mbps 전송기술 및 1Gbps 차세대 무선LAN 기술을 개발한다.

이 분야의 중점기술개발분야로는 초고속 무선전송기술, 초고속 무선LAN 기술, 모바일 소프트 네트워크 기술로 나누어지며 세부 요소기술은 다음의 표와 같다. 이동통신의 표준은 복수의 무선전송 기술연구 수행 후 세계시장에서의 기술 표준화 추이 검토 등을 통해 2004년에 국가표준을 채택할 계획이다.

표 3.4 4세대 이동 통신 기술

구분	4세대 이동통신 기술	요소기술
4세대 이동통신 기술	초고속 무선전송기술	- 초고속 패킷 무선 전송/접속 규격 - 초고속 무선전송 모뎀 기술 - 스마트안테나, MIMO, MUD, 고효율 변복조 등 용량증대 기술 - 광대역 RF부품 기술
	차세대 초고속 무선LAN 기술	- 차세대 무선LAN 무선 전송/접속 규격 - 차세대 무선LAN 모뎀 및 RF 기술 - 차세대 무선LAN용 MAC 프로세서 기술
	모바일 소프트 네트워크 기술	- All-IP 기반 기지국 기술 - 4세대 모바일 단말 플랫폼 기술

▷ 지능형 융합 휴대 단말 기술

차세대 이동통신에서 단말기는 상용자의 용도에 따라 다양한 형태로 높은 성능과 기능 및 다중모드를 지원하여야 한다. 즉 고성능화, 소형/경량화, 저 전력, 저비용의 단말이 요구되며, 서로 다른 접속 망에 접속할 수 있도록 다중 모드, 다기능이 필요하며 사용이 편리하여야 한다. 이를 위해 이 과제에서는 부품의 소형, 저 전력 특성 극대화 및 생체인식 기술과의 융합을 통하여 휴대가 간편한 지능형 단말의 개발을 목표로 하고 있다. 1단계(~2005년)로 통신/방송/게임/센서 융합형 휴대 단말 개발을 위하여 지능형 마이크로 브라우저, 게임엔진 및 비디오 프로세서를 개발하고 2단계(~2007년)로 생체인식 기술 및 자가 충전 형 기술 개발을 통하여 시계 및 액세사리형 지능형 융합 휴대 단말을 개발한다.

이 분야의 중점기술개발분야로는 융합형 휴대 단말 요소기술과 지능형 휴대단말 요소기술로 나누어지며 세부 요소기술은 다음과 같다.

표 3.5 지능형 융합 휴대 단말 기술

구분	중점기술개발분야	요소기술
지능형 융합 휴대 단말 기술	융합형 휴대단말 요소기술	- 지능형 마이크로 브라우저 기술 - 소형/저전력 게임엔진 기술 - 소형/저전력 미디어(오디오, 비디오) 프로세서 기술
	지능형 휴대단말 요소기술	- 초소형/초전력 부품기술 - 생체인식 기술 - 자가 충전 기술

▷ 멀티미디어 인간 친화적 휴대 단말용 핵심부품 기술

이동통신 단말기의 고기능 화에 따라 멀티미디어 기능을 제공하는 카메라 기능 부품, 음원 부품 등 새로운 부품개발을 위한 핵심원천 기술과 핵심 부품을 개발하는 것이다. 이를 위해 이동통신 단말기의 멀티미디어 분야 SoC 부품 기술 개발과 SoC 기술과 함께 저소비 전력으로 프로세서의 클럭 속도를 증진시키는 SoL(Silicon-on-Insulator) 기술을 개발한다. 그리고 멀티미디어 휴대 단말용 핵심부품 개발을 시작으로 2007년 인간 친화적 지능형 멀티미디어 휴대 단말용 핵심부품 개발을 완료할 계획이다.

이 분야의 중점기술개발분야로는 멀티미디어 휴대 단말용 부품기술과 인간 친화적 휴대 단말용 부품기술로 나누어지며 세부 요소기술은 다음과 같다.

표 3.6 휴대 단말용 핵심부품 기술

구분	중점기술개발분야	요소기술
멀티미디어 인간 친화적 휴대 단말용 핵심부품 기술	멀티미디어 휴대단말용 부품기술	- DVD-quality MPEG4급 CODEC - 휴대폰용 VGA급 CCD sensor - 음향 및 음성처리 CODEC - 32bit A/D, D/A one-chip 등 - 멀티미디어(오디오, 비디오) 프로세서
	인간 친화적 휴대단말용 부품기술	- 음성/문자 인식 및 변환 칩 - 화상/영상 인식 및 변환 칩 - 생체인식센서, - 자가 충전 소자

▷ 휴대 단말용 초저전력 RF/HW/SW 모듈 기술

저전력 RF/HW/SW 설계 및 통합 최적화 기술개발을 통해 배터리 사용 시간을 100배 연장하는 것이다. H/W 및 S/W 통합설계를 통해 극초전력 핵심기술과 시스템 기술을 확보하고, 시스템 설계 및 테스트베드 구축과정을 통하여 시험/검증/보완을 한다. 이를 위해 저 전력 RF/HW/SW 설계기술을 2005년까지 개발하고, 2007년까지 부품 간 통합설계 및 최적화 기술을 개발 완료한다. 중점기술개발분야 및 요소기술은 다음과 같다.

표 3.7 휴대 단말용 초저전력 기술

구분	중점기술개발분야	요소개발
휴대 단말용 초저전력 기술	휴대 단말용 초저전력 RF/HW/SW 모듈 기술	- 광대역 RF 디바이스의 집적화(MMIC) 및 저전압화 기술 - 아날로그 디바이스와 통신 신호처리 모듈의 집적화 및 저전압화 기술 - HW의 집적화(SOC) 및 저전압화 기술 - 멀티미디어 통신 프로토콜, 시스템 SW, 응용 SW 저전력화 기술 - RF/HW/SW 결합 저전력화 기술

(5) 한국의 이동통신 시장

모바일 단말기 시장은 한국 제조회사가 약진하고 있다는 점이 특징이다. 당초에 한국 모바일 단말기 시장은 모토로라를 중심으로 노키아, 에릭슨 등의 외국 제조회사가 독점적인 위치를 구축해 왔다. 그러나 1993년 후발주자로 본격적인 영업 전개를 시작한 삼성은 1994년 8월에 『Anycall』 브랜드로 성공을 거두었고, 1995년에는 모토로라를 제치고 점유율 1위를 기록하였다. [8]

3.2 모바일 콘텐츠

모바일콘텐츠는 일반적으로 이동통신 네트워크를 통해 휴대용 단말기 (휴대전화, PDA, 스마트폰 등)로 전송이 가능한 디지털 콘텐츠라고 할 수 있다. 또한 무선 단말기에서 서비스되는 모든 콘텐츠를 의미하기도 하며, 유무선 연동 콘텐츠 역시 모바일 콘텐츠의 범주에 포함시키기도 한다.

해외에서는 모바일 콘텐츠라는 개념 대신, 모바일 데이터(Mobile Data), 와이어리스 데이터(Wireless Data), 셀룰러 데이터(Cellular Data) 등 이동통신으로 제공되는 데이터 서비스를 모바일 콘텐츠라는 개념으로 사용하고 있으며, 모바일 데이터 애플리케이션(Mobile Data Application)이라는 용어로도 표현하고 있다. [9]

IT 기술 발달의 진전으로 디지털 콘텐츠 산업 역시 급속한 성장과 변화를 거듭하며 세계는 '디지털 생태계'化 되고 있다. '디지털 생태계'란 2006년 1월 다보스 포럼에서 나온 말로 디지털 환경을 구성하는 각 요소인 이용자, 산업, 기술이 역동적으로 상호작용하는 과정에서 동반성장하여 하나의 시스템을 이루는 것을 표현한 것이다.

이를 반영하듯 네트워크, 기기, 콘텐츠 간 융합이 확대되고 통신과 방송, 가전 등의 산업간 영역이 붕괴되는 디지털 컨버전스 현상도 가속화되는 추세다. 디지털 생태계에서의 성패는 유무선 네트워크와 다종 고품질 정보기기 기반에서, 소비자가 원하는 온라인 콘텐츠를 얼마나 빠르고 편리하게 제공하는 가에 달려 있다. 이중 온라인 디지털 콘텐츠 산업은 앞으로 5년간 15% 이상의 고성장이 예상되는 산업이며, 네트워크 및 정보기기의 고도화를 견인할 전망이다.

우리나라의 온라인 디지털 콘텐츠 산업은 세계 최고 수준의 IT인프라, 정보기기

기업, 역동적 소비 시장 및 혁신적 비즈니스 모델 창출 능력 등 성장 동력을 갖고 있어 전망이 매우 밝다. 인터넷 보급률 세계 1위, 세계 최다 무선 랜 접속지역 보유, 1,700만개의 미니 홈피(미국의 블로그 수는 1,400만개) 등의 현실이 이를 여실히 증명 한다.

국내 온라인디지털 콘텐츠 산업의 매출과 수출액은 '03년~'05년까지 각각 연평균 21.5%, 25.5%의 고속 성장을 지속해 왔다. 온라인콘텐츠 업체수와 종사자 수는 '02년 연평균 16.3%, 32.3% 증가해 2005년에는 3천여 개 업체에 6만 명 이상을 고용하는 산업으로 성장했다. [10]

3.2.1 디지털 콘텐츠 산업의 현황

3.2.1.1 디지털 콘텐츠 산업의 한류

각종 시장조사 보고서에 따르면 세계 디지털 콘텐츠시장은 지난해 2400억 달러 규모에서 오는 2010년에는 4800억 달러 규모로 연평균 15% 성장할 것으로 전망되고 있다. 우리나라의 디지털콘텐츠 시장도 지난해 8조원 규모에서 비슷한 성장률을 보일 것으로 예측되고 있다. 이에 따라 세계 각 국이 디지털 콘텐츠산업의 성장 잠재력에 주목해 시장 우위를 선점하기 위해 국가적 역량을 집중하고 있다. 우리나라 역시 이미 소프트웨어 콘텐츠산업에 정책적 지원을 집중하고 있으며 특히 정보통신부는 신 성장 동력의 하나로 디지털콘텐츠를 지정, 향후 10년 후를 이끌어 나갈 신산업 분야로 적극 육성하고 있다.

하지만 우리나라의 디지털콘텐츠 수출 실적은 아직 1억~2억 달러 수준에 그치고 있다. 향후 내수시장 성장과 수출 증대가 예상되고 있지만 현재까지 그 규모는 그다지 크지 않은 것 이 사실이다. 디지털콘텐츠산업의 낮은 한계비용 비중에 기인한 규모의 경제성과 협소한 국내시장을 감안할 때 이 산업의 해외 진출은 필수적이라 할 수 있다. 더욱이 최근 한류를 견인한 영화와 드라마의 예에서 볼 수 있듯이 문화 콘텐츠의 수출은 경제적 이익 뿐 아니라 국가 이미지 제고에도 크게 기여하고 있다.

따라서 디지털 콘텐츠산업의 해외 진출은 국가적 과제로 삼아 보다 적극적으로 추진할 필요가 있다. 창작성은 보전하면서 투자 위험성은 감소시킬 수 있는 안정적인 산업 구조로의 전환이 이루어져야 하며, 특히 디지털 콘텐츠의 토대가 되는 창작 기반을 공고히 해야 한다.

이를 위한 응용산업과 기반산업간 `상생지지' 구조를 제안하고 싶다. 정부는 응용 산업 군으로부터 일정 자금을 조성해 기반산업 전체를 지원함으로써 균형 발전을 유도하는 한편 활성화된 응용산업은 자신에게 창작시너지 효과를 낼 수 있는 분야를 선택, 지원하는 상생구조를 생각해 볼 수 있다. 이를 통해 정부 및 관련 기관들은 디지털콘텐츠산업의 근본적인 특성을 이해하고 실질적인 지향점을 찾아낼 수 있을 것이다. 이 같은 방식으로 양질의 콘텐츠를 제공할 수 있는 선순환 구조를 구축하고, 수출 경쟁력을 확보하기 위한 중앙정부 · 지방정부 · 산업계 · 대학 · 연구기관 · 지원기관 간에 총체적이고 유기적인 국가적 통합협력시스템(NICM) 체제를 갖춰야 할 것이다. 이를 통해 정책의 추상성과 산업현장의 현실성(전문성)과의 괴리를 좁히기 위한 협력 및 조정과 환류 전략 등이 제시돼야 하며, 이에 대한 구심점 역할을 수행하는 기구도 지정할 필요도 있다.

IT기술 강국을 자부하는 우리나라가 IT기술 뿐 아니라 디지털문화까지 선도한다는 자부심을 갖고자 하는 것은 비단 필자만의 바람은 아닐 것이다. 우리 국민 고유의 독특한 특성과 진취적인 개척정신으로 일궈 낸 디지털 한류를 통해 세계인들이 '디지털 콘텐트'가 아닌 '디지털콘텐츠'로 발음하게 되는 날이 하루 빨리 오기를 기대한다. [11]

3.2.1.2 국내외 온라인 디지털 콘텐츠 산업

세계 온라인 디지털 콘텐츠 시장은 2005년 879억 달러 수준이며 앞으로 5년간 20%의 높은 성장률을 보일 전망이다. 특히 DVD를 포함한 디지털영상시장과 콘솔게임 타이틀을 중심으로 한 게임시장이 전체 시장을 주도할 것이다.

우리나라의 온라인 디지털 콘텐츠 시장도 전체 디지털 시장의 79%를 차지하고 있으며 2010년에는 86%까지 점유율이 확대될 것으로 예상된다. 역시 우리나라도 온라인 게임이 26% 이상을 점유하고 있으며 과금 · 결제, 보호 등 콘텐츠 솔루션과 함께 시장을 견인할 것으로 보인다. 생산, 유통, 소비 부문별로 국내외 온라인 디지털 콘텐츠 산업을 살펴보자.

① 생산 부문

국내외 온라인디지털 콘텐츠 관련 기업은 온라인 콘텐츠, 네트워크 및 기기 분야를 수직 계열화함으로써 경쟁력을 강화하고 있다. 세계 시장의 경우 글로벌 미디어사업자와 IT기업은 온라인 콘텐츠 산업의 생산-유통-소비의 전체 가치사슬 영역에서 경쟁력을 확보함으로써 시너지 효과를 창출하고 있다.

국내 시장에서도 통신, 기기, 미디어 사업자가 양질의 온라인 콘텐츠 확보를 통해 경쟁력을 강화하고 있고, 비 IT 중견기업의 진입도 가속화되는 추세다. 예를 들어, 통신 업자는 정체된 음성매출을 대신할 새로운 수익 기반 확보를 위해, 기기 사업자는 신규 기기의 성공적 시장 진입을 위해, 미디어 사업자는 전략 분야 강화를 위해 양질이 콘텐츠 확보에 주력하는 것이다.

또한 기업 간 제휴와 기업의 컨버전스 전략이 확산되고 있다. 기업의 독자적 리소스 활용만으로 시장 경쟁력 확보가 어렵기 때문에 관련 기업 간 합종연횡 전략을 쓰는 것이다. 폭스사의 인기 드라마가 휴대전화용 콘텐츠로 변환되어 보다폰에서 제공하고 있으며, 국내의 통신사업자도 국내외 콘텐츠 업체와 제휴를 하는 것 등이 단적인 예이다.

② 유통 부문

신규 서비스 등장 및 새로운 수익모델 확보로 온라인 콘텐츠 유통 체계 재편이 가속화되고 있다. 첨단 기술에 기반한 IPTV, DMB, WiBro 등 신규 서비스의 등장은 온라인 콘텐츠의 유통채널을 확장한다. 과거의 1개 콘텐츠 1개 유통채널의 구조가 신규 서비스 등장으로 1개 콘텐츠가 다수의 유통채널로 변화하고 있다.

또한 유선 온라인콘텐츠 유통시장을 선점하던 CP, 포털사업자 외에 모바일콘텐츠 서비스 시장에서 이동통신사가 새로운 비즈니스 모델을 적용함으로써 시장 활성화를 도모하고 있다. 더불어 오프라인 아날로그 콘텐츠 시장을 주도해 왔던 거대 미디어 기업이 온라인콘텐츠에 대한 안정적 수익모델이 도출되자 적극적인 디지털화 추진으로 온라인콘텐츠 유통시장에 진입하고 있다.

③ 소비부문

초고속 인터넷의 발달로 소비자가 메신저와 게시판 등에 콘텐츠 서비스에 대한 의견제시를 활발히 함으로써 생산자가 양질의 콘텐츠 서비스를 제공하고 있다. 즉 생산적 소비자인 프로슈머(Prosumer)가 확산되는 것이다. 디지털카메라, 캠코더 등 개인용 정보기기의 고도화와 커뮤니티 서비스의 확대는 소비자를 온라인콘텐츠 생산자로 전환시키고 있다.
이와 더불어 다수의 소비자가 온라인디지털 콘텐츠 서비스를 개인용 휴대 단말기를 통해 이용하고자 함에 따라 복합 기능 이동통신단말기가 확산되고 있으며, 맞춤형 온라인콘텐츠 등 소비자의 욕구가 다양화 되고 있다. [12]

3.2.2 모바일 콘텐츠의 산업 현황과 전망

3.2.2.1 모바일 콘텐츠의 산업 현황

모바일 콘텐츠 산업이 큰 관심을 모으는 이유 중 하나는 이 산업이 전체 IT 산업에 미치는 경제 유발효과 때문이다. 2004년 모바일 콘텐츠 시장규모는 정보 이용료를 기준으로 8,500억 원으로,이 중 약 70%에 해당되는 6,000억 원 정도가 모바일 엔터테인먼트 부문인 것으로 나타났다. IDC코리아에 의하면 한국의 모바일 콘텐츠 사업은 세계 시장을 선도하는 다양한 서비스를 차례로 생성하고 있다. 또한 2008년에는6조 원 규모의 시장을 형성할 것으로 기대되는 등 향후 시장 전망도 매우 밝은 편이다. 이동통신 서비스와 디지털 콘텐츠가 결합된 모바일 콘텐츠는 단문 메시징 서비스(SMS)를 시작으로 무선 인터넷과 결합하면서 본격적인 시장을 형성하고 있다. 2002년 상용화된 EV-DO를 중심으로 3G 서비스의 개막과 더불어 네트워크의 고도화 및 콘텐츠의 다양화, 애플리케이션 서비스의 등장, 유비쿼터스(ubiquitous) 환경으로의 진입 등 가치사슬이 형성되면서 모바일 콘텐츠의 성장이 이루어지고 있다.

무선 인터넷 주이용 콘텐츠를 살펴본 결과, 벨소리가 가장 많았고, 게임, 음악듣기, e-mail, 금융, 동영상보기, 뉴스, 쇼핑/예매, 학습/전자책 순이었으며, 2004년 대비 2005년 증가율이 가장 높은 것은 음악 듣기였다. 국내 모바일 콘텐츠 서비스 시장은 과거 이 시장을 주도했던 단문 메시징 서비스(SMS)의 뒤를 이어, CDMA 1X 및 1X EV-DO 기술이 확산되면서 관련 콘텐츠가 본격적으로 다양화되기 시작하였다. 2003년의 경우, 1X에 대한 무선 사업자들의 설비 투자가 완료되었고, 1X 단말기의 보급이 일반화되었다. CDMA 1X EV-DO로의 전환이 빠르게 진행됨에 따라,

무선 데이터를 위한 인프라는 거의 확보된 상태이다. 이러한 인프라를 토대로, 멀티미디어 메시징 서비스(MMS), VOD(Video on Demand), MOD(Movie on Demand), mCommerce 등 다양한 서비스가 활성화되고 있다. 음성 서비스에 대한 ARPU의 경우, 요금 인하와 통화량 증가폭 감소 등이 주요 원인으로 작용해 상승폭이 감소하고 있다. 따라서 전체 ARPU의 증가를 위해서 사업자들은 무선 데이터에 대한 마케팅을 강화하고 성장률을 높이기 위한 다각적인 방안을 모색하고 있다.

무선 콘텐츠의 진화 내용을 살펴보면, 초기의 모바일 콘텐츠는 메일, 뉴스, 날씨 등의 텍스트 기반의 단순 정보성 문자 콘텐츠들이 주류를 이루었다. 2001년에는 벨소리, 그림, 그리고 채팅 등 현재 실질적인 매출을 거두고 있는 모바일 콘텐츠들이 부상하면서 무선 콘텐츠 비즈니스의 가능성을 증명하기 시작하였다. 2002년에는 모바일 게임이 급부상하면서 mCommerce의 기반 인프라가 확충되어 새로운 비즈니스 영역이 등장하고 서비스가 다각화되었다. 2003년에는 기존의 엔터테인먼트 위주의 서비스에서 나아가 정보성 콘텐츠의 개발과 보급이 주요 사업 전략으로 실행되었다. 현재는 모바일 게임과 벨소리, 통화 연결음 등의 디지털 음악이 킬러 애플리케이션으로서 국내 모바일 콘텐츠 시장을 선도하고 있다. 차세대 주요 콘텐츠로 전면 부상한 멀티미디어 서비스도 MMS, 3D, Flash, ePhoto 등 그 범위가 다양화되어 본격적인 멀티미디어 콘텐츠 시대가 도래하고 있다.

한국의 모바일 콘텐츠 시장은 중국의 서비스 프로바이더와 유사한 역할을 담당하는 마스터 콘텐츠 프로바이더라 불리는 콘텐츠 에그리게이터가 존재하며, 대기화면 이미지나 착신음, 게임, 정보, 엔터테이먼트 등의 콘텐츠를 송신하고 있다. 콘텐츠 송신 시에는 사실상 마스터 콘텐츠 프로바이더를 경유해야 하므로 마스터 콘텐츠 프로바이더는 콘텐츠 홀더 및 사용자에게 커다란 영향력을 미치고 있다.

3.2.2.2 한국 모바일 콘텐츠의 특징

첫째, 이동통신사의 수직계열화이다. 이동통신사는 콘텐츠의 경쟁력을 확보하고 안정적인 수익 모델을 개발하기 위해 수직계열화를 시도하고 있다. SK telecom은 자회사인 SK 텔레텍을 통해 무선 인터넷에 적합한 단말기를 구입하고 있고, 멜론 서비스를 개시하면서 80만 곡 이상의 음원을 확보하여 자체 벨소리, 통화 연결음, MOD 서비스를 실시하고 있다. 또한 연예기획사 인수, 기타 엔터테인먼트 협회와 접촉을 통해 콘텐츠 저작권, 저작 인접권을 확보하였다. LG Telecom이나 KTF도 이와 유사한 행태를 보인다.

둘째, 마케팅 차원이나 협상력 강화 측면에서 단말기 제조사가 콘텐츠 비즈니스에 참여하고 있다. 삼성전자는 애니콜 CF용 애니모션이 성공한 이후 독자적인 모바일 콘텐츠를 내세워 사업 참여를 고려하고 있다. 애니콜 브랜드를 통해 제공하는 MP3 음악뿐만 아니라 뮤직비디오, 음원, 영화 등 콘텐츠 제작을 아웃소싱하면서 콘텐츠 공급의 허브로 육성하고 있다. 현재까지는 마케팅적 접근이라는 성격이 크지만 이동통신사에 필적할 만한 사업자가 시장에 등장할 경우 콘텐츠 프로바이더 입장에서는 보다 다양한 시장 참여 루트를 개발할 수 있을 것이다.

셋째, 콘텐츠 기업의 모바일 시장 진입을 들 수 있다. 현재 콘텐츠 기업들은 음악, 게임 등을 차세대 수익 모델로 내세워 모바일 시장 진출을 추진하고 있다. 넥슨은 온라인 성공 게임인 '메이플스토리'를 모바일게임 시장에 성공적으로 런칭하였다. KBS 등 방송사는 June, Nate Air 등을 통해 방송 콘텐츠를 제공하고 있다. 음악기획사인 도레미 레코드, 튜브뮤직 등도 LG Telecom과 '뮤직온'을 통해 음원을 제공하고 있다. [8]

3.2.2.3 모바일 콘텐츠 산업 전망

모바일 콘텐츠 시장의 성장은 특정 콘텐츠가 갑자기 커다란 인기를 끌어 조성된 일시적인 유행이 아니다. 어려운 시장 상황 속에서 새로운 사업 모델을 개척하려는 이동통신사와 무선 인터넷 인프라와 하드웨어의 성장, 무선 인터넷 시장의 동향을 예측하고 민감하게 대응해 온 콘텐츠 제공업체 등 여러 요소들이 맞물려 이루어진 결과이다. 더불어 한국에서 발달된 온라인 엔터테인먼트 비즈니스 분야도 모바일 콘텐츠 시장의 급격한 성장에 밑거름이 되었다. 온라인 게임이나 아바타와 같은 브로드밴드 인터넷 부문에서 앞선 사업 경험은 모바일 콘텐츠 비즈니스의 사업에 일종의 모델이 되었을 것이다.

예를 들어 가장 큰 시장 규모의 성장을 기록한 모바일 게임 부문은 온라인 게임 포털들의 고속 성장에서 사업 경험을 참조할 수 있었다. 이를 통해 무선 인터넷 분야에서도 킬러 콘텐츠는 엔터테인먼트, 그 중에서도 게임이 될 것이라는 빠른 판단을 할 수 있었고, 이는 무선 인터넷 콘텐츠 시장 선점을 위한 원동력이 되었을 것이다. 또한 초기 게임의 포트폴리오 구성 등의 아이디어도 온라인 게임 포털들을 통해서 다수 얻을 수 있었을 것이다.

유무선 통합의 유비쿼터스 환경이 이루어지면서 게임을 위시한 한국 온라인 엔터테인먼트 산업의 잠재력은 더욱 더 커지고 있다. 현재 망 개방을 위한 논의에서 시장 내의 콘텐츠 프로바이더들이 NHN, Daum 등 온라인 거대 포털들의 진입을 가장 두려워하는 것도 같은 맥락이다. 한국의 모바일 콘텐츠 산업은 시장 내의 여러 주체들의 니즈가 맞물리고 탄탄한 온라인 콘텐츠 비즈니스에서의 경험과 노하우를 갖고 있으며, 새로운 인터넷 환경의 등장과 함께 그 성장 가능성은 더욱 더 커지고 있다. [8]

모바일 콘텐츠하면 휴대폰 벨소리와 같은 음악 콘텐츠가 떠오른다. 아직까지는 이동통신사들이 모바일 음악시장을 독점하고 있기 때문이다. 그러나 앞으로 이런 독주가 계속 되지는 않을 전망이다. 휴대폰 업체와 MP3 업체가 시장에 진입하면서 치열한 경쟁이 예상된다.

세계적으로 인정받고 있는 휴대폰 업체 삼성이 소리바다와 손잡고 모바일 음악 콘텐츠 시장에 뛰어들었고, 소니에릭슨은 유무선 연동 음악 서비스 'M-버즈'를 과거 발표한 바 있다. 애플은 MP3P 아이팟에 이어 자사의 아이튠에서 음악콘텐츠를 다운로드 받아 즐길 수 있는 휴대폰 아이폰을 내놓았으며, 마이크로소프트도 멀티미디어 서비스 '준'을 탑재한 휴대폰을 내놓았다.

현재까지 세계 모바일 콘텐츠 시장은 음악 콘텐츠가 차지하는 비중이 가장 크다. 그러나 앞으로 모바일 콘텐츠 시장은 음악을 비롯해 게임, 비디오, TV 등 다양한 콘텐츠들로 넘쳐 날 것으로 예상된다.

표 3.2 모바일 콘텐츠 시장 전망(아래 제목 없앰)

<세계 모바일 콘텐츠시장 전망(단위 :백만달러)>

구분	2006년	2007년	2008년	2009년	2010년	2011년
게임	2,413.64	3,369.74	4,414.18	5,499.01	6,426.81	7,225.98
음악	7,391.48	8,758.81	10,218.37	11,555.69	12,656.90	13,626.75
이미지	4,647.09	4,674.40	4,703.73	4,550.18	4,399.41	4,311.56
비디오	2,286.68	3,361.08	4,396.51	5,272.00	5,968.65	6,542.43
TV	175.57	333.17	636.72	1,035.60	1,432.47	1,811.83
성인물	1,255.41	1,586.76	1,891.56	2,149.20	2,349.17	2,517.99
도박	665.15	980.64	1,370.62	1,669.62	1,901.02	2,088.02
합계	18,835.02	23,064.6	27,631.69	31,731.3	35,134.43	38,124.56

* 출처: informa Telecom & Media(2006.12), "글로벌 모바일 엔터테인먼트 시장 2006-2011", Digitimes

영국의 리서치회사 인포마 텔레콤&미디어의 2006년 12월 발표한 '글로벌 모바일 엔터테인먼트 시장 2006-211' 보고서를 보면, 2011년까지 세계 모바일 콘텐츠 시장에서 게임, 이미지, 비디오, TV등의 콘텐츠들의 시장규모가 커질 것으로 예측하고 있다. 특히, TV, 게임, 비디오 등의 콘텐츠들은 적게는 3배에서 많게는 10배까지 시장규모가 증가할 것으로 내다보고 있다.

이 중 세계 모바일 게임시장은 향후 5년간 매년 30%씩 급성장 할 것으로 예상되며, 지역별로는 미국과 일본 그리고 한국이 모바일 게임시장에서 앞서 나갈 것으로 보인다. 특히, 야구나 축구 같은 스포츠 게임은 온라인, 콘솔게임에 이어 모바일에서도 인기 게임콘텐츠로 부상할 전망이다.

세계 모바일 영상시장의 향후 5년간의 성장세도 그 폭이 클 전망이다. 배경화면과 뉴스 알림 서비스부터 모바일 드라마 클립, 스포츠 생중계, 비디오 리플레이, 네비게이션과 추적 서비스 까지 다양한 분야로 확장될 전망이다.

지역별 성장전망에 대해 인포마 텔레콤&미디어는 현재는 아시아 태평양, 유럽, 북미시장 순으로 시장 비중이 크지만, 2009년에는 아시아 태평야지역의 비중이 줄고 북미지역의 비중이 증가 할 것으로 전망했다.

이와 같은 유렵, 북미 시장의 성장은 아시아 태평양 지역보다 뒤늦게 시장에 뛰어든 이들 지역이 대대적 투자를 시작하기 때문이다. 미국은 인터넷에 연결된 PC의 HDD를 무선 미디어 배달(delivery) 센터로 탈바꿈 시켜 주는 오브(Orb Network)나 무선 위치기반 서비스 제공사인 웨이브마켓, 모바일 엔터테인먼트 회사를 표방하는 미국의 폰바이츠 등은 뛰어난 기술력을 바탕으로 시장진입에 성공한바 있다. 이런 흐름은 2007년에도 계속 될 전망이다.

유럽은 범 유럽 이동통신업체인 보다폰과 소프트웨어 제조업체인 MS가 PC가 휴대전화 간의 메시징 서비스를 출시했으며, 핀란드의 노키아는 올 상반기 스마트폰을 이용해 모바일 게임을 찾고 구매하며 게임을 즐길 수 있는 '컨넥티드 모바일 게임'을 출시할 계획이다.

웹상에서 활용되고 있는 매쉬업 서비스가 휴대전화 서비스와 만나면서 콘텐츠 관련 기업 외에도 새롭게 구글, 야후 등의 인터넷 검색 기업들의 모바일 콘텐츠 시장 진입도 예상된다. 인터넷상에서 제공되고 있는 서로 다른 서비스와 기능을 합쳐 새롭게 서비스하거나 응용해서 만들어 내는 매쉬업 서비스가 모바일 응용 콘텐츠를 만들어내 휴대전화로 인터넷 서비스 제공이 가능해지고 있다.

구글은 삼성과 함께 만든 휴대전화 '구글폰'에 구글 아이콘을 설치래 클릭 한 번으로 모바일에도 '구글서치'에 접속 할 수 있게끔 했다. 또, 지도와 위치정보 등을 이용할 수 있는 '구글맵'과 이메일 서비스 'G메일'도 휴대전화에서 바로 이용가능하다. 야후 역시 '야후폰'에 '야후원서치', '야후메일', '야후메신저'등의 모바일 인터넷 서비스를 지원하고 있다. [13]

☑ 연습 문제

1. 모바일 멀티미디어를 정의하고 그 특성을 논하라.
2. 정보사회의 변화와 모바일 환경의 추세에 대해 설명하라.
3. 이동통신 서비스 환경의 발전에 대해 각 세대마다 간략하게 설명하라.
4. 모바일 콘텐츠의 활용분야에 대서 논하라.
5. 한국의 디지털 콘텐츠 산업을 다른 나라와 비교하여 설명하라.
6. 국내외 온라인 디지털 콘텐츠 산업의 특성을 논하라.

☑ 참고문헌

[1] http://mm.sookmyung.ac.kr/~sblim/, 모바일 2D/3D 콘텐츠 제작 교재 1장ppt

[2] http://blog.naver.com/hyacinthus?Redirect=Log&logNo=140004465419

[3] http://www.etnews.co.kr/news/detail.html?id=200403150038

[4] http://ko.wikipedia.org/wiki/%EC%9D%B4%EB%8F%99%ED%86%B5%EC%8B%A0

[5] http://20c.itfind.or.kr/20/5_1_5_1.html

[6] http://20c.itfind.or.kr/20/5_1_8_1.html

[7] http://blog.naver.com/okokokj?Redirect=Log&logNo=20026846304

[8] http://blog.naver.com/cjswl913/70020991712, 한국의 모바일 콘텐츠 시장의 현황과 전망, ETRI

[9] http://kin.naver.com/detail/detail.php?d1id=4&dir_id=41401&eid=EwpLOGYYFx8KD4nxs4B1K76InaNB4UXV&qb=uPC52cDPxNzF2cP3ILvqvvc=&pid=fKiVeloi5UssscgUUehsss--099980&sid=SMZcS10-xkgAAGh0WOg

[10] http://blog.naver.com/kh1057s/130019380335, 국내외 디지털 콘텐츠 산업의 현황과 전망, ETRI

[11] http://blog.naver.com/hongjig/150002313770 , 디지털 콘텐츠산업의 한류

[12] http://blog.naver.com/kh1057s/130019380335, 국내외 디지털 콘텐츠 산업의 현황과 전망

[13] http://cafe.daum.net/brainkor/ILoT/99?docid=zWfD|ILoT|99|20070625193847&q=%B8%F0%B9%D9%C0%CF%20%C4%DC%C5%D9%C3%F7%20%C0%FC%B8%C1&srchid=CCBzWfD|ILoT|99|20070625193847

제4장

이동 무선 전파

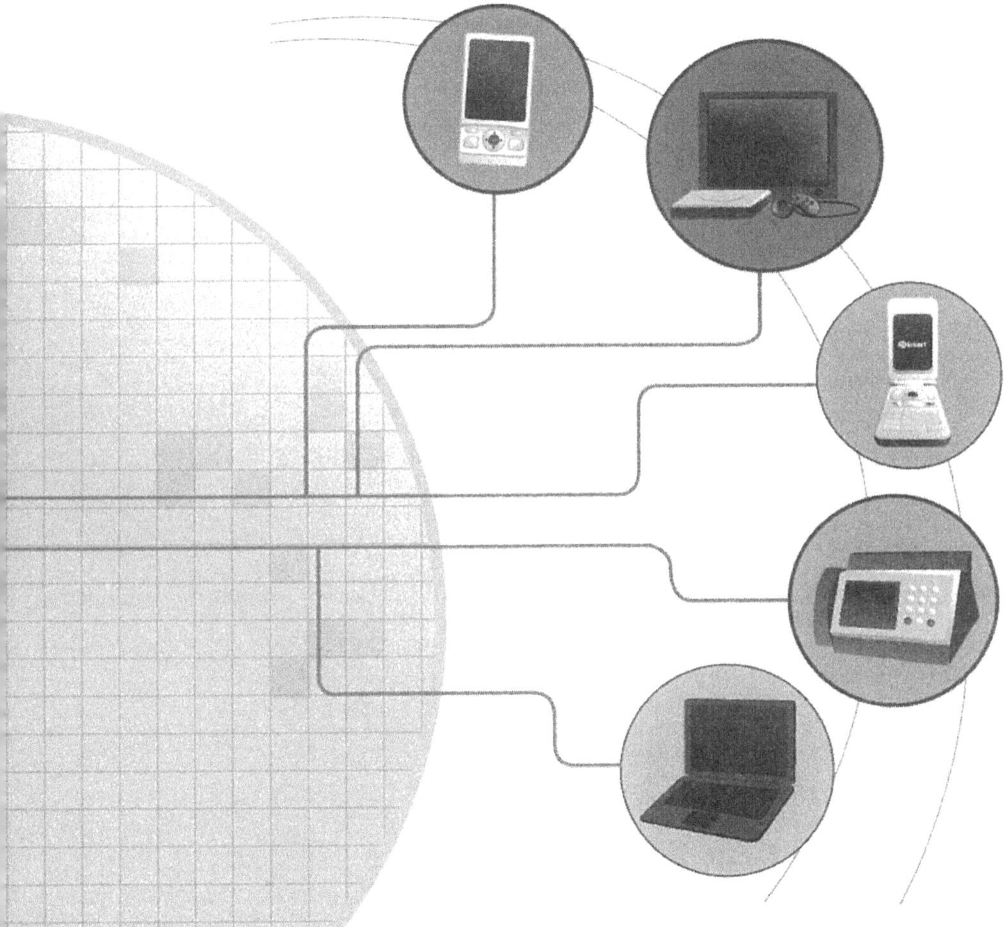

4.1 전파

4.2 주파수

4.3 페이딩

4.4 다중경로 지연 확산

제4장

이동 무선 전파

4.1 전파

전파의 사전적 뜻은 전파법 제 2조에 보면, "전파란 인공적 매개물이 없이 공간에 전파하는 3,000GHz 보다 낮은 주파수의 전자파" 라고 정의되어 있고 넓은 의미의 전파의 뜻은 "무선통신에 사용되는 무선 주파수를 포함하여 적외선, 가시광선, 자외선, X선, 우주선 등을 총칭하는 것"이라고 할 수 있다.

오늘날 이동통신, 방송 등에서 활발하게 이용하고 있는 전파, 이 전파의 존재를 최초로 예언한 사람은 영국의 맥스웰이다. 그는 전류에서 발생하는 전계는 시간적으로 변하면서 자계를 낳고 그것은 또 전계를 낳아 그 변화가 차례차례로 전해 가서 파도와 같은 파동이 발생한다는 "맥스웰 방정식"이론을 발표하였고, 1871년 이 파동이 바로 전파라고 발표하였다.[1]

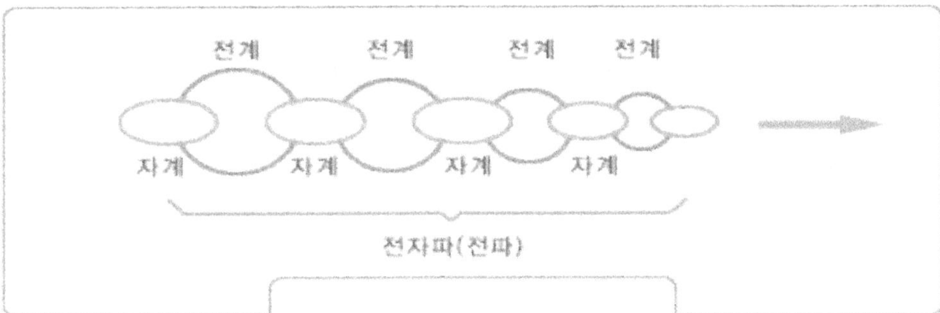

그림 4.1 전파의 복사 모양

4.1.1 전파의 발생원리

교류 전원에 전선을 연결하면 전원에서는 항상 전기적인 힘을 발생시키며 그 힘이 전선을 따라가며 전류를 흐르게 한다. 이것을 전도전류라 하고 전도전류 주위에는 전계와 자계가 생기게 된다. 전계는 전선에 있는 양전자에서 음전자로 향하는 힘으로 전선 주위에서 사방으로 퍼지며 자계(전자들이 이동하면서 생기는 주위의 전기적인 힘)는 전계가 있는 곳에서 항상 전계와 직각을 이루면서 존재한다. 전선을 따라 흐르는 전류는 전선이 끊어진 부분에서 전기적 힘이 어디론가 사라지게 되는데 이 때 없어지는 힘은 공간상으로 퍼지게 되며 이것이 바로 전파가 되는 것이다.[2]

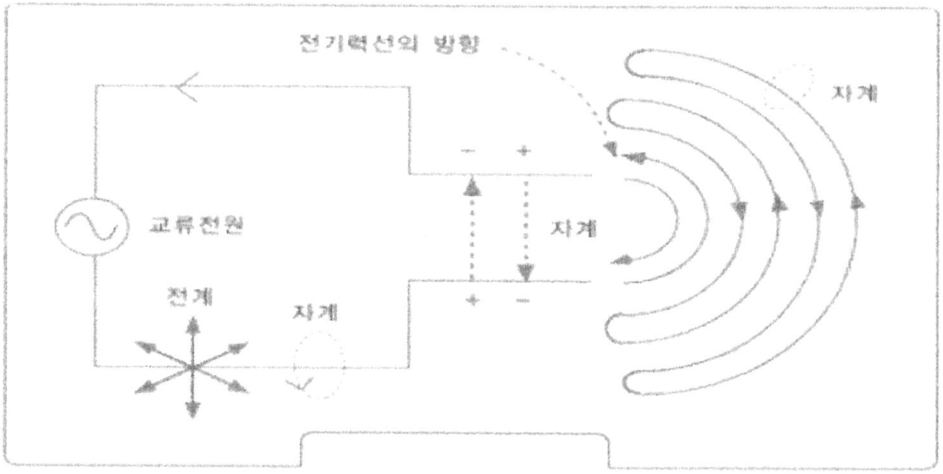

그림 4.2 전파의 발생 원리

4.1.2 전파의 진행 속도

$$Vp = 주파수(f) \times 파장(\lambda)$$

자유공간 내에서 전자파의 전파속도는 빛의 속도와 같기 때문에 주파수와 파장을 곱하는 전파 속도는 다음과 같은 식이 성립한다.

$$Vp = f \times \lambda = C(광속) = 3 \times 10^8 m/sec$$

즉, 전파의 파장은 주파수에 반비례하기 때문에 주파수가 높은 전파는 파장이 짧고, 주파수가 낮은 전파는 파장이 길다.

4.1.3 전파의 발생

전파에는 다음과 같은 용어를 사용한다.

- 파장 : 마루에서 마루까지의 거리 또는 골에서 골까지의 거리

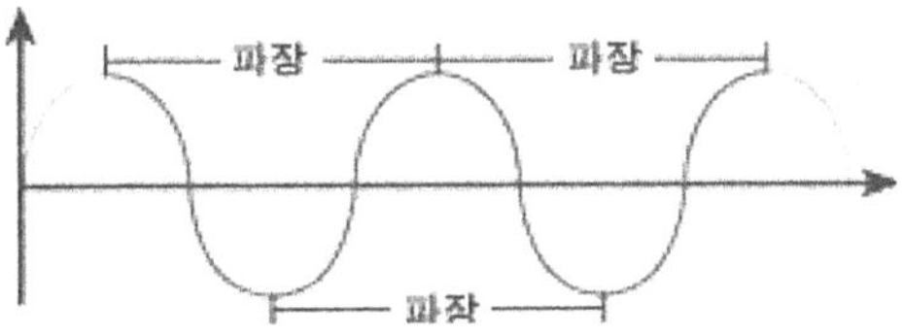

- 마루 : 파동이 진행하면서 그 위치가 변할 때 가장 높은 곳

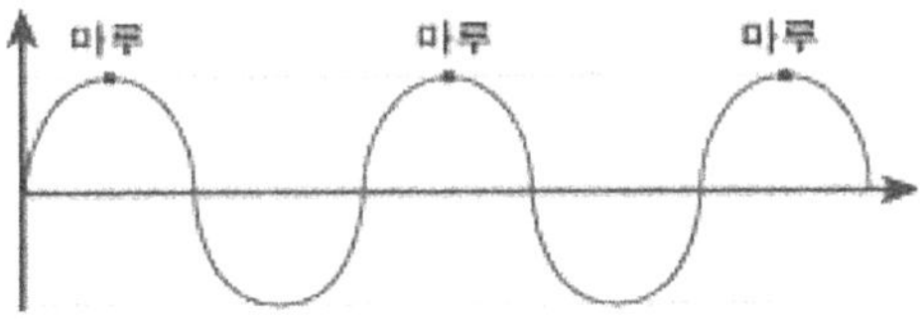

- 골 : 변화하는 위치가 가장 낮은 곳

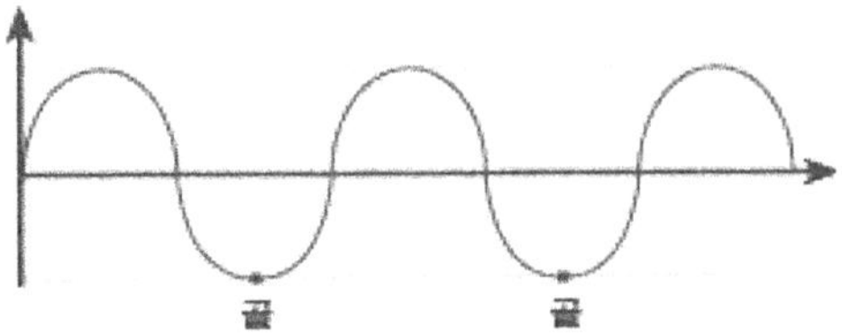

- 진폭 : 마루의 높이나 골의 깊이

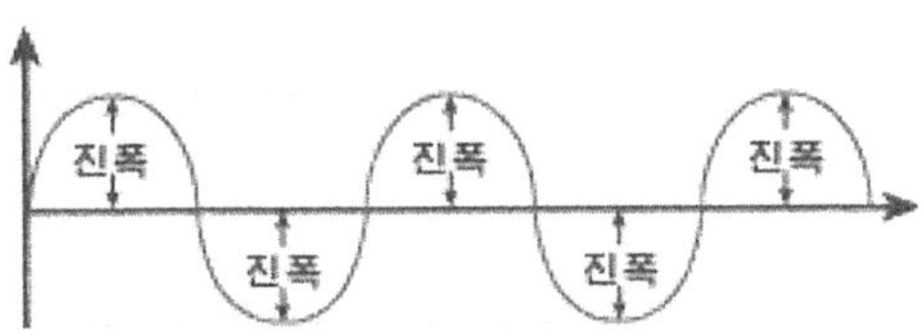

- 주기 : 한 번의 진동에 소요되는 시간 즉, 마루에서 마루 또는 골에서 골까지 이르는데 소요되는 시간[3]

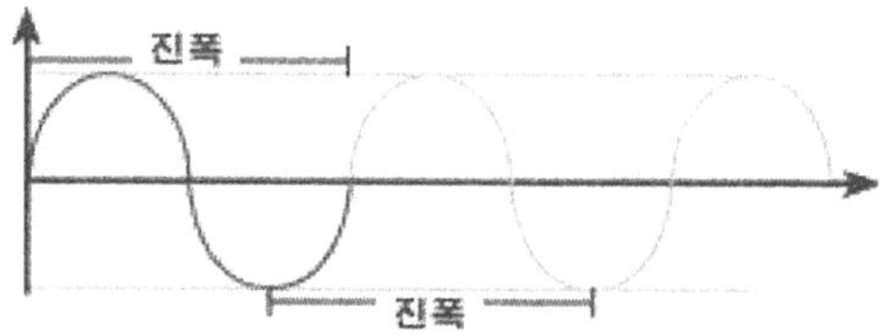

4.1.4 전파의 파동

전파는 인공적인 매개체 없이 진동을 하면서 공기 속을 퍼져 나가는데, 이러한 움직임을 파동이라고 한다. 자연계에서 존재하는 파동은 파동의 방향과 공기 입자의 진행 방향이 일치하는 종파(Longitudinal Wave)와 공기 입자의 진행방향과 파동이 직각을 이루며 진행하는 횡파(Transverse Wave)로 분류하는데, 사람의 음성, 소리는 종파에 속하며 전자파는 횡파에 속한다.

종파

- 공기입자(매질)의 입자와 파동의 진행방향이 평행 -> 용수철을 잡고 앞뒤로 흔들었을 때의 흔들림
- 매초에 음원에서 340m의 속도로 전달 진공 속에서는 소리가 전달되지 않음
- 진동수가 적으면 낮은 소리, 진동수가 많으면 높은 소리

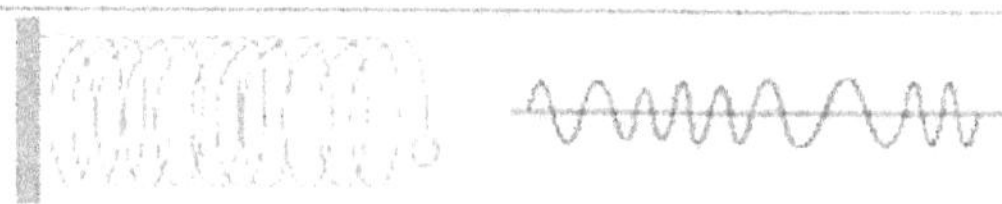

횡파

- 공기입자(매질)의 입자와 파동의 진행방향이 직각-> 용수철을 잡고 위,아래로 흔들었을 때의 흔들림
- 매초에 3*108m 진공속에서도 전달이 잘됨

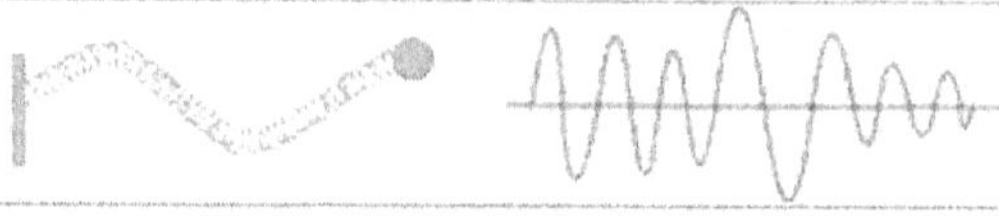

그림 4.3 종파와 횡파

4.1.5 전파의 성질

전파는 빛과 마찬가지로 직진, 반사, 굴절, 회절, 간섭, 감쇠, 편파 등의 성질을 가지고 있다. 동일한 매개체를 통과할 경우에는 전파는 직진하는 성질이 있으며 서로 다른 성질의 매개체를 통과할 경우에는 그 경계면에서 빛과 같이 굴절, 반사하거나 회절, 간섭이 일어난다.

① 전파의 직진
사전적인 의미로는 하나의 점에서 또 다른 점으로 최단거리를 이동하는 것이라 할 수 있다. 전파는 빛과 유사한 성질을 갖고 있으며, 이러한 직진성은 전파에 국한하지 않고 파동 전반에 공통적으로 나타나는 성질이다. 그러나 실질적인 예 인 휴대폰의 경우 많은 경로의 전파가 휴대폰의 안테나를 통해 도착되데, 이때 휴대폰은 통화하기에 유리한 가장 강한 전파를 잡을 수 있는 메커니즘을 가동하여 통화 로를 설정하게 된다.

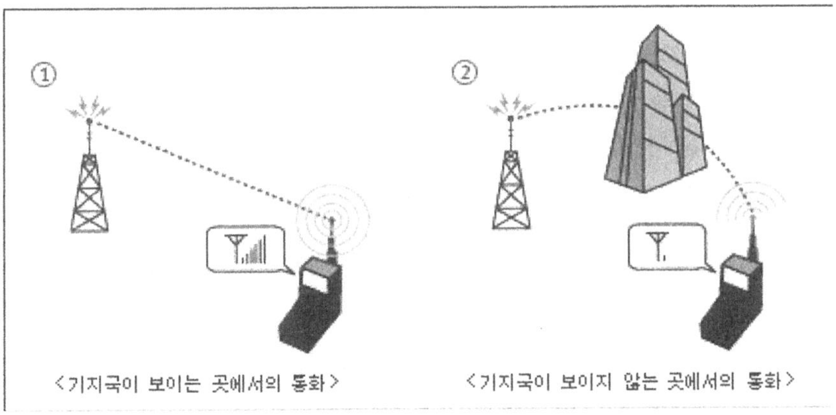

그림 4.4 전파의 직진

② 전파의 반사 및 굴절
빛이 물속을 통과할 때처럼 전파 또한 다른 물질로 구성된 매개체를 통과할 경우에는 그 물질의 경계면에서 일부는 반사되고 일부는 진행방향이 변하여 투과되면서 굴절된다.

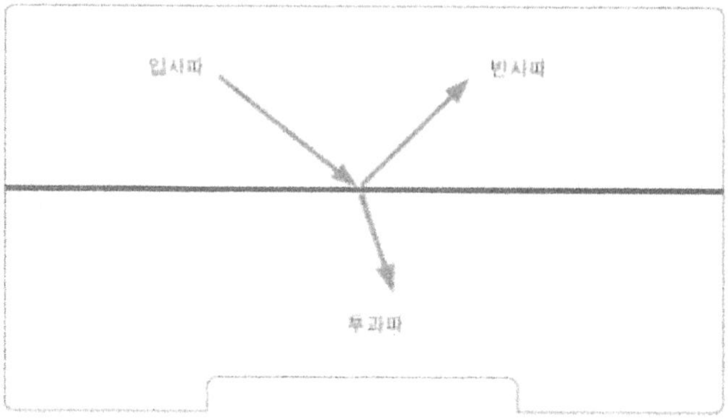

그림 4.5 전파의 반사 및 굴절

우리가 사용하고 있는 단파방송, FM 전파(88MHz ~ 108 MHz)는 그 파장이 짧아서 전파의 직진성과 지구 상층부 전리층의 반사파를 이용하여 원거리까지 전파한다.

③ 전파의 회절

전자파는 빛과 마찬가지로 전파 경로 상에 산악 또는 건물 등과 같은 장애물이 있는 경우, 그 뒤쪽에서 전파의 일부가 휘어져 수신되는 현상이 발생하는데 이런 현상을 전파의 회절이라고 한다. 전파의 회절은 그림과 같이 주파수가 낮을수록 즉, 파장이 길수록 현저하게 나타난다.

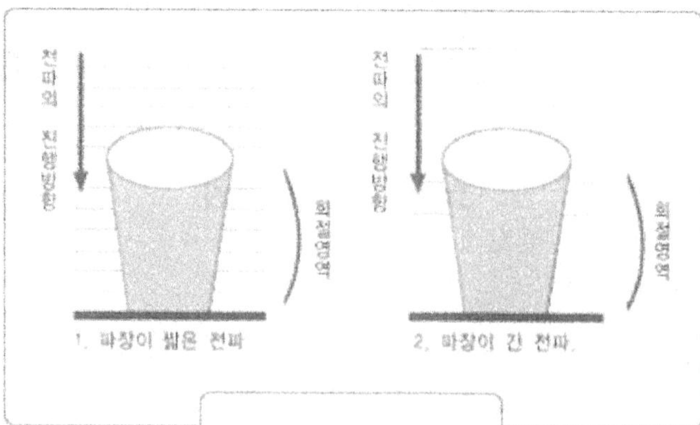

그림 4.6 전파의 회절

④ 전파의 간섭

간섭의 종류에는 3가지가 있다.

1) 시간차에 의한 간섭

동일 기지국에서 방사된 동일한 주파수가 여러 경로를 거치면서 전파의 도달시간에 차이가 생겨 발생하는 간섭

2) 인접채널 간섭

서로 다른 기지국으로부터 방사되는 동일한 주파수로 인해 일어나는 간섭

3) 동일 채널 간섭

여러 단말기가 동시에 통화시도를 하면 같은 채널을 사용하게 되는데, 이 때 반대쪽에서 일어나는 간섭

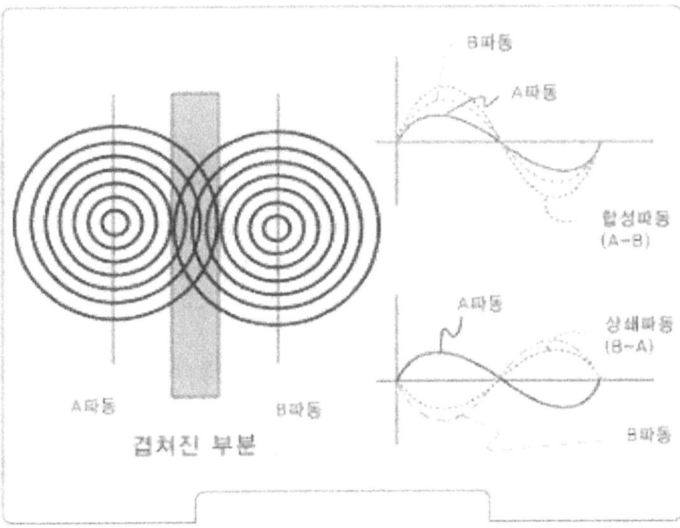

그림 4.7 전파의 간섭

⑤ 전파 손실

신호가 송신기로부터 수신기까지 전송되면서 받게 되는 모든 손실을 의미하고 이 손실을 계산하는 데 사용되는 모델은 다음과 같다.[4]

1) 자유공간 모델

송신기와 수신기 사이에 장애물이 존재하지 않고 가시선(LOS : Line Of

Sight)을 따라서 전파가 전파되는 모델이고 자유공간에서 전파가 전송될 때 전파의 전력을 기준으로 모델링한다. 이 모델링 기법은 자유공간을 통해 전송되는 위성 및 우주 통신 시스템에 이용된다.

자유공간 상에서의 경로손실은 다음과 같다.

$$L_p = \left(\frac{\lambda}{4\pi d}\right)^2$$

$$L_p = -32.4 - 20\log(f) - 20\log(d)$$

[d : 송수신기 사이의 거리 / λ : 신호의 파장] [f : 수신 주파수]

→ 곡선의 기울기 : -20 dB/decade

2) Lee 모델

전파가 자유공간을 통해 직접 전파되지 않고 빌딩, 나무, 언덕 등으로 인해 회절과 반사를 반복하여 수신점에 도달하는 경우 경로 손실이 발생하는 모델이며 육상의 Macro cell에 적용된다. 이 방법으로 두 가지 예측 모델이 있다.

- 지역-지역 경로손실 예측 모델 : 특정 지형에 관계없이 일반적인 평탄한 지형에서의 전파경로에 대한 손실
- 점-점 경로손실 예측 모델 : 지역-지역 경로손실 예측 모델을 보정

3) Hata 모델

전파가 자유공간을 통해 직접 전파되지 않고 빌딩, 나무, 언덕 등으로 인해 회절과 반사를 반복하여 수신점에 도달하는 경우 경로 손실이 발생하는 모델이며 도심지역 전파 경로 손실 표준화 공식을 제공한다. 다른 환경으로의 응용이 가능하도록 수정 공식을 도입해서 사용하고 육상의 Macro cell / 도시환경의 Macro Cell에 적용된다.

파라메타 종류는 다음과 같이 사용된다.

▷ a(hm)

도심지역 : $a(hm)=[1.1\log(f)-0.7]h_m-[1.56\log(f)-0.8]$

밀집지역 : $a(hm)=3.2[\log(11.75h_m)]^2-4.97$

▷ K_0

도시지역 : $K_0=0$

밀집지역 : $K_0=3$

▷ K_1

150MHz ≤ f ≤ 1000MHz : $K_1=69.55$

1500MHz ≤ f ≤ 2000MHz : $K_1=46.3$

▷ K_2

150MHz ≤ f ≤ 1000MHz : $K_1=26.16$

1500MHz ≤ f ≤ 2000MHz : $K_1=33.9$

전파모델 비교는 다음과 같이 할 수 있다.

▷ 전파모델의 일반 방정식

$L_p = -L_0 - r\log(d)$ [r : 기울기]

* 기울기 : 신호전력이 거리에 따라 얼마나 심하게 감소하는 지를 보여 주는 계수
* 기지국 안테나 높이 : 30m
  자유공간 모델 : -20 dB/decade
  Lee 모델 : -38.4 dB/decade
  Hata 모델 : -38.4 dB/decade
* 안테나 높이 : 30m, 송신 주파수 : 881.5 MHz, Hata 모델의 안테나 높이 : 1.5m

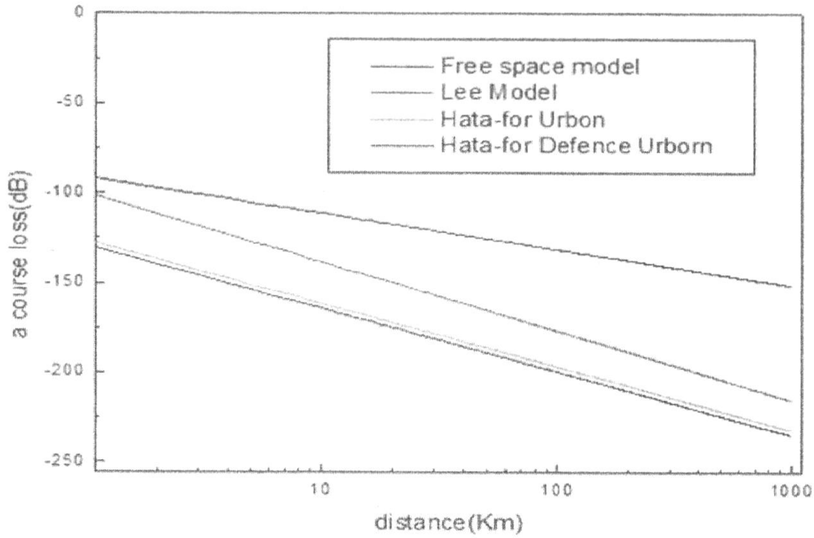

그림 4.8 전파예측 모델의 거리에 따른 경로손실 비교

4.2 주파수

주파수는 1초 동안에 진동한 횟수, 즉 초당 진동수이다.

주파수의 단위는 "Hz" 헤르츠이며 기호로는 'f'를 사용합니다. 만약 1초 동안 2회 진동하면 2Hz, 1000회를 진동하면 1000Hz(1KHz)가 된다.

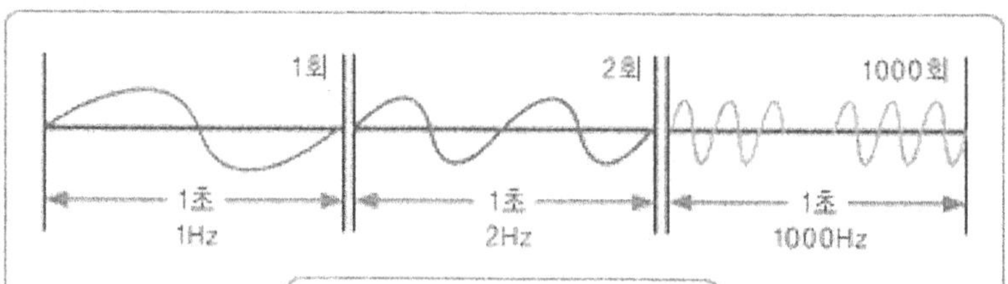

주파수의 개념

파장이란 전파가 한번 진동할 때 진행하는 거리를 말하며 기호로는 'λ' 로 씁니다.

예) 이동전화 800MHz = 1초에 8억 번 진동

무선호출 320Mhz = 1초에 3억2천 번 진동

4.2.1 주파수 대역과 대역폭

GBS가 50~60MHz를 이용해 방송을 한다고 가정할 때, 주파수 대역(Band)은 50~60MHz 이며 주파수 대역폭 (Bandwidth / 두 주파수 간의 간격)은 10MHz이다

4.2.2 주파수와 안테나의 관계

① 안테나의 역할

수신 안테나 : 공간을 진행하고 있는 전파를 감지해 효율적으로 흡수하는 기능

송신 안테나 : 장비(기지국)에서 발생시킨 전력을 전파로 변환 공간에 효율적으로 복사하는 기능

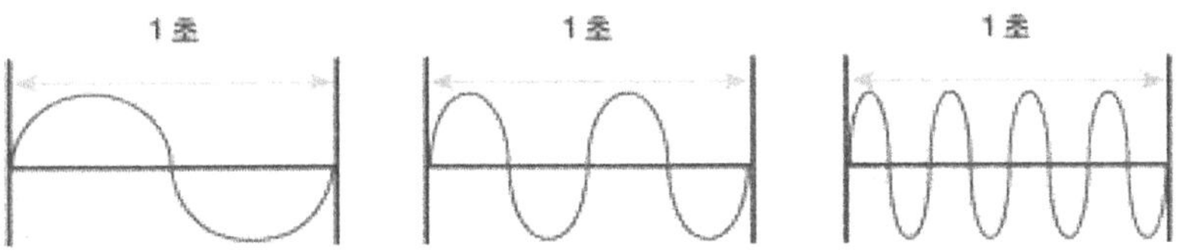

<1초에 1번 진동 = 1Hz> <1초에 2번 진동 = 2Hz> <1초에 4번 진동 = 4Hz>

② 주파수와 안테나의 관계

파장 (λ) = 전파의 속도 (C) ÷ 주파수 (f)

즉, (= C/f (주파수가 높을수록 안테나의 짧아진다.)

그러므로 반파장 안테나를 사용하여, 800 MHz 이동전화의 안테나 길이를 구하면 다음과 같다.

$$\lambda = \frac{C}{f} \longrightarrow \lambda = \frac{C}{2f} \longrightarrow \lambda = \frac{3 \times 10^{8}\ [m/sec]}{2 \times 800 \times 10^{6}\ [Hz]} \longrightarrow \lambda = 0.1875\ [m]$$

4.2.3 주파수 대역별 이용분야

가청 주파수 ⇒ 수 [Hz] ~ 20,000 [Hz]

음성 주파수 ⇒ 300 [Hz] ~ 3,400 [Hz]

명칭	초장파	장파	중파	단파	초단파	극초단파	초극초단파	밀리미터파	서브밀리파
주파수대역	3~30 KHz	30~300 KHz	300~3000 KHz	3~30 MHz	30~300 MHz	300~3000 MHz	3~30 GHz	30~300 GHz	300~3000 GHz
이용분야	해상통신	무선전화국	국제단파통신	아마추어무선	FM, TV, 무선호출	이동전화, PCS, 이리듐	인공위성	우주통신	전파천문학

그림 4.9 주파수 대역별 이용 분야[5]

4.3 페이딩

수신되는 전파가 지나온 매질의 변화에 따라 그 수신전파의 강도가 급격하게 변동되는 현상을 의미한다.

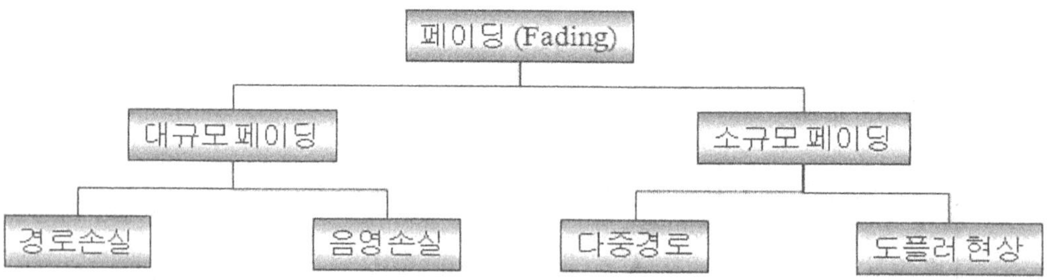

그림 4.10 페이딩의 종류

4.3.1 대규모 페이딩 (Large scale fading)

① 경로손실 (Path Loss)

송수신측간의 거리와 사용 주파수에 따라 기본적으로 발생하는 손실을 의미하고 이동국은 기지국에서 멀어짐에 따라 평균 수신 전력이 감소한다.

* 느린 페이딩 (Slow Fading) :

수신 전력의 감소 주기는 반송파의 수 파장 동안 발생되고 평균전력과 표준편차를 갖는 대수-정규분포로 모델링한다.

② 음영손실 (Shadow Loss)

비교적 긴 범위의 전파경로 상에서 건물, 언덕, 나무 등과 같은 장애물에 의해 신호의 평균 레벨이 변화하는 손실이다.

* 느린 페이딩 (Slow Fading):

수신 전력의 감소 주기는 여러 파장 동안 발생하는 평균 동안 발생 대수-정규 확률 분포로 모델링한다.

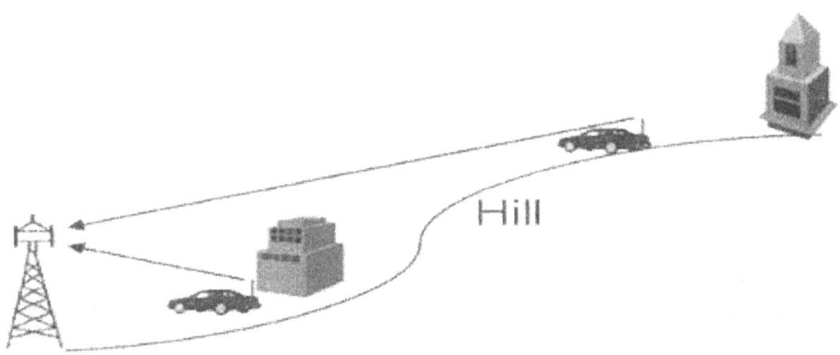

그림 4.11 음영 손실

4.3.2 소규모 페이딩 (Small scale fading)

① 다중경로 페이딩 (Multipath Fading)

수신 측에 이르는 여러 전파경로로 인해 생기는 왜곡 현상이다. 서로 다른 경로를 통한 후 수신된 신호는 도착하는 시간이 다소 차이가 있으며 각각의 크기 및 위상이 차이가 존재한다.

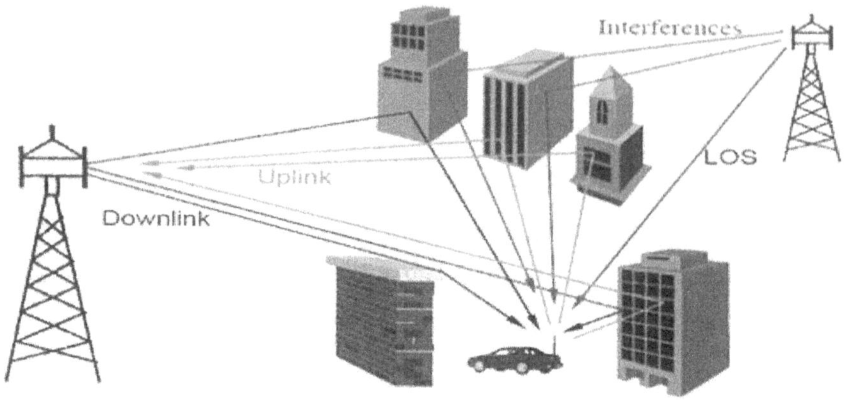

그림 4.12 다중 경로 페이딩

② 도플러 (Doppler) 현상에 의한 페이딩

이동체가 수신 측으로 빠르게 이동하거나, 반대로 멀어지면서 생기는 수신전파의 신호 대역폭 변화가 발생하여 반사파들은 다른 시간, 다른 크기, 다른 위상으로 수신된다.

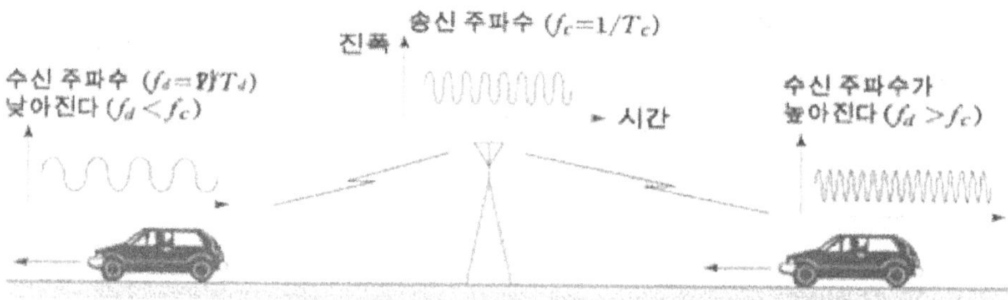

그림 4.13 도플러 현상에 의한 페이딩

* 수신된 신호 : $r(t) = \sum_{n=1}^{N} R_n \cos(2\pi ft - 2\pi f_{D,n} t)$

[N : 반사파 개수 / R_n : 반사경로의 크기 / f : 반송 주파수 / $f_{D,n}$: 각 반사파의 주파수 천이]

신호가 이동국의 이동방향과 평행하게 전송될 때

* 도플러 주파수 천이 : $f_{D,n} = \frac{v}{\lambda}$ [v : 이동체의 속도]

* 수신된 신호의 동상성분과 직교위상 성분에 의한 표현식

$$r(t) = R_I(t)\cos(2\pi ft) + R_Q(t)\sin(2\pi ft)$$

* 동상성분 : $R_I(t) = \sum_{n=1}^{N} R_n \cos 2\pi f_{D,n} t$

* 직교위상 성분 : $R_Q(t) = \sum_{n=1}^{N} R_n \sin 2\pi f_{D,n} t$

* 신호의 포락선 : $R(t) = \sqrt{R_I^2(t) + R_Q^2(t)}$ -> 레일리(Rayleigh) 분포를 가짐

* 확률밀도함수 : $p(R) = \frac{R}{\sigma} e^{\frac{R^2}{2\sigma^2}}, 0 \le R$

기지국이 일정한 포락선을 갖는 무 변조된 반송파를 전송될 때는 레일리 분포에 따른 포락선 변화포락선의 변화에 따른 점유 대역폭은 이동 국이 움직일 때 발생하는 최대 도플러 주파수 천이에 의해 결정된다.

기지국에서 전송한 전자장이 서로 합쳐져서 주위에 정재파 형성될 때 이동국이 이 영역을 이동함에 따라, 수신 신호의 진폭이 주기적으로 작아지는 페이드가 발생된다. 그리고 수신기가 이 영역을 이동하면 수신된 크기와 위상의 변화율은 반송주파수와 수신기의 이동속도에 영향을 받는다.
정재파 패턴은 크기가 동일 위상차가 180인 두 개의 신호를 합할 때 발생

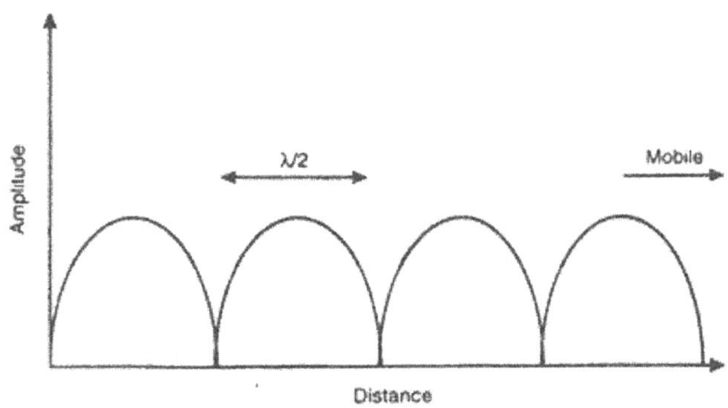

<반송 주파수-페이드 사이의 간격>

그림 4.14 반송 주파수와 페이드 사이의 간격

4.4 다중경로 지연 확산

송신기에서 발생한 신호가 수신기에 직·간접적으로 도달할 때 발생되며 직접 경로와 반사 경로 사이의 경로차로 인해 수신기에 도착하는 시간이 차이가 난다.

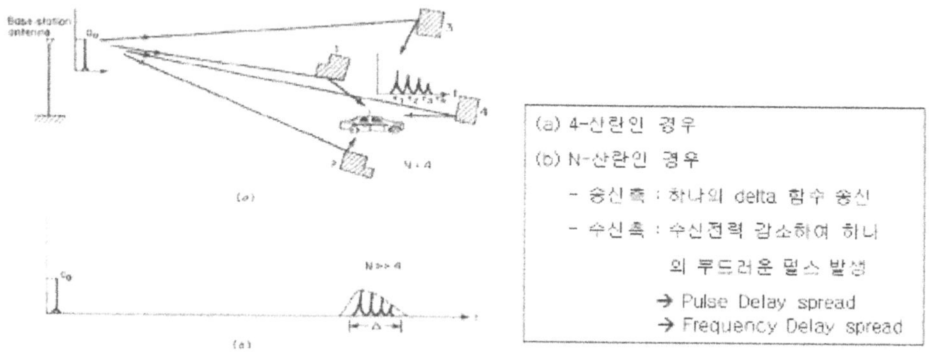

$\frac{\tau}{T}(\tau : delayspread\,/\,T :$ 심볼시간$)$

그림 4.15 다중 경로 지연

① Time domain :

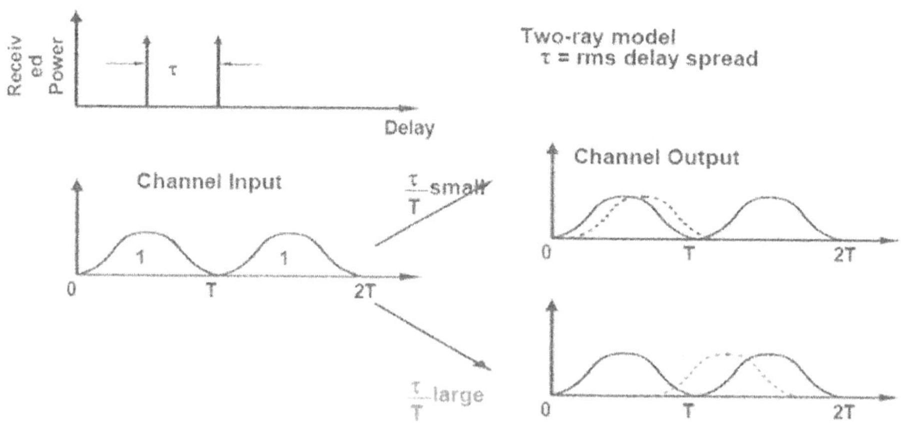

그림 4.16 time domain 측면

* Small 일 경우 심볼 간 간섭 무시 가능
* Large 일 경우 심볼 간 over-lapping 발생 (Intersymbol Interference : ISI)

② Frequency domain :

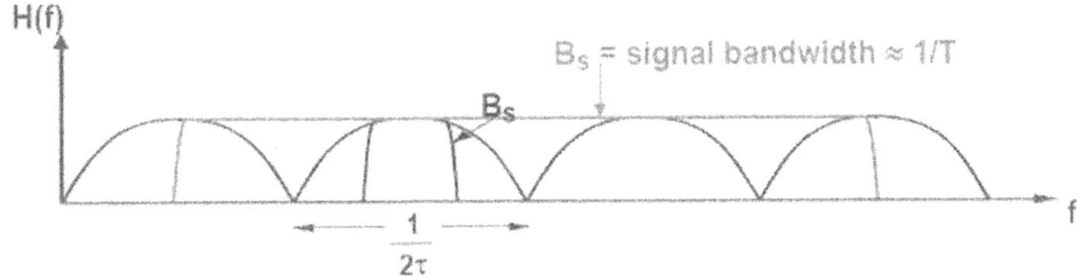

그림 4.17 frequency domain 측면

* Small : flat fading일 경우
  상관대역폭(B_c) 〉 신호대역폭(B_d) : 신호대역폭 내에서 페이지 특성 변하지 않음
* Large : frequency-selective fading일 경우
  상관대역폭(B_c) 〈 신호대역폭(B_d) : 신호대역폭 내에서 페이지 특성 변함
* 간단한 모델일 경우
  동일한 크기 A를 갖는 두 개의 다중경로가 존재
  그 중 하나의 다중경로는 다른 것과 비교하여 τ만큼 지연
* 시간차가 τ인 두 개의 다중경로 성분은 다음과 같이 나타낼 수 있다.

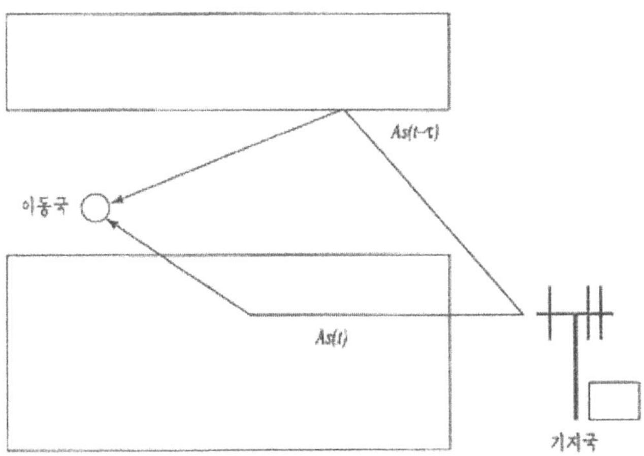

그림 4.18 시간차가 τ 인 두 개의 다중경로

* 수신된 신호 2개의 신호는 다음과 같다.

$$R(f) = AS(f) + AS(f)e^{-j2\pi f\tau}$$
$$R(f) = AS(f)[1 + e^{-j2\pi f\tau}] = AS(f)H(f)$$

* r(t)의 스펙트럼 : $r(t) = As(t) + As(t-\tau)$

* H(f) :

$$H(f) = 1 + e^{-j2\pi f\tau} = e^{-j2\pi f(\tau/2)}[e^{j2\pi f(\tau/2)} + e^{-j2\pi f(\tau/2)}$$
$$= 2e^{-j2\pi f(\tau/2)}\cos(2\pi f(\tau/2))$$

-> 원래 신호 AS(f)를 변형시킨 채널의 전달함수

* | H(f) | : $|H(f)| = 2\cos(2\pi f(\tau/2))$ -> 전달함수의 크기

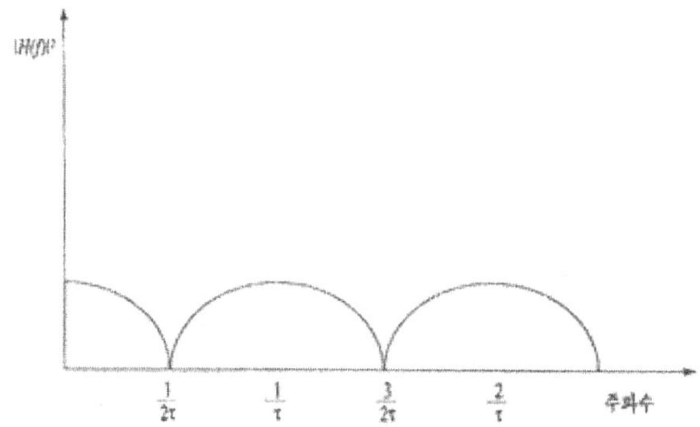

주파수 선택적 페이딩은 전달함수의 크기가 영으로 되는 것을 보면 명확히 알 수 있는데, 이는 다중경로 지연 때문에 발생된 것이다.

☑ 연습문제

1. 전파란 무엇인가?
2. 각 단어가 뜻하는 것은 무엇인가?
   (1)파장 (2)마루 (3)진폭 (4)주기
3. 주기와 주파수의 관계는 무엇인가?
4. 주기의 단위는 무엇인가?
5. 전파의 성질에 대하여 설명하여라.
6. 주파수란 무엇인가?
7. 도플러 현상 페이딩에 대하여 설명하여라.

☑ 참고문헌

[1] SK텔레콤
[2] KTF
[3] SK텔레콤
[4] KTF
[5] SK텔레콤

제5장

이동통신 기술과 모바일 정보기기

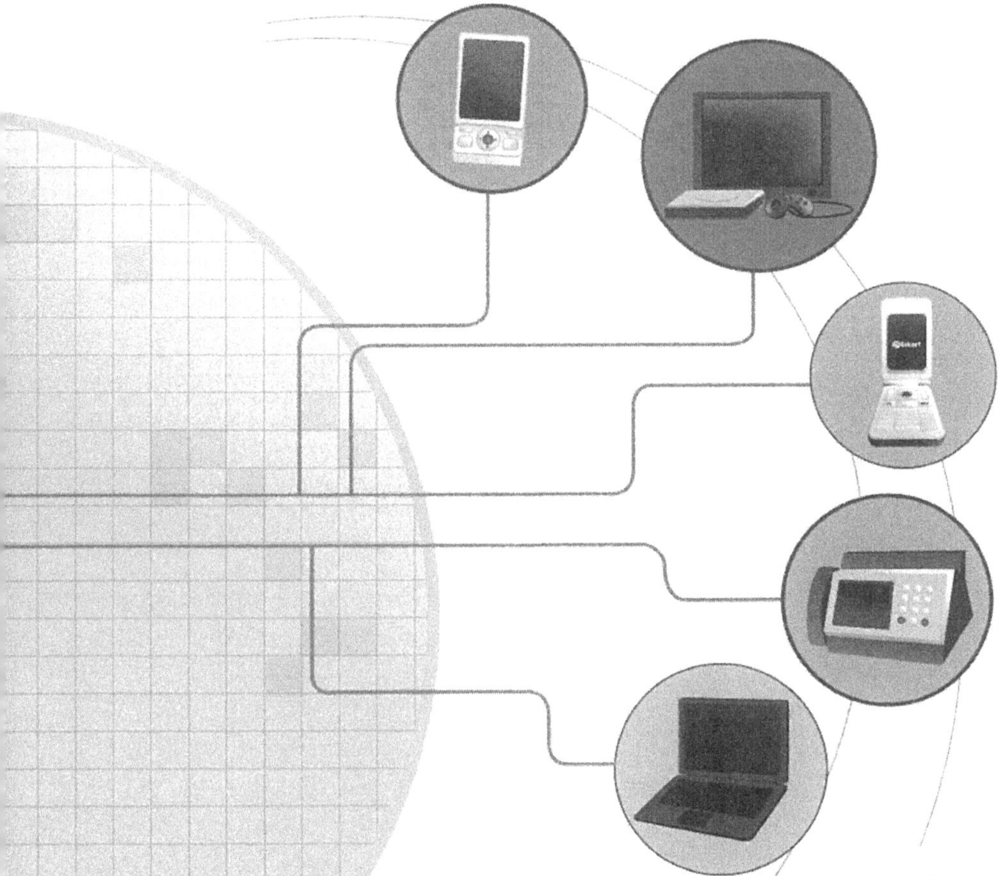

제5장 이동통신 기술과 모바일 정보기기

5.1 이동통신 기술

5.1.1 이동통신 기술의 발전

지난 10년 간 디지털에 바탕을 둔 정보통신기술 발전은 획기적인 것이었다. 우리는 휴대전화와 인터넷이 펼쳐 보여주는 정보 혁신의 시대에 살고 있으며, 휴대전화와 인터넷의 결합인 이동무선 인터넷서비스가 이미 젊은 세대를 중심으로 점점 그 활용범위를 넓히고 있다. 음성과 이동무선 인터넷 서비스를 편리하게 제공해줄 차세대 이동통신 시스템인 IMT-2000과 이동 멀티미디어 서비스가 다시 한 번 우리의 삶을 새롭게 변모시킬 것으로 예상된다.

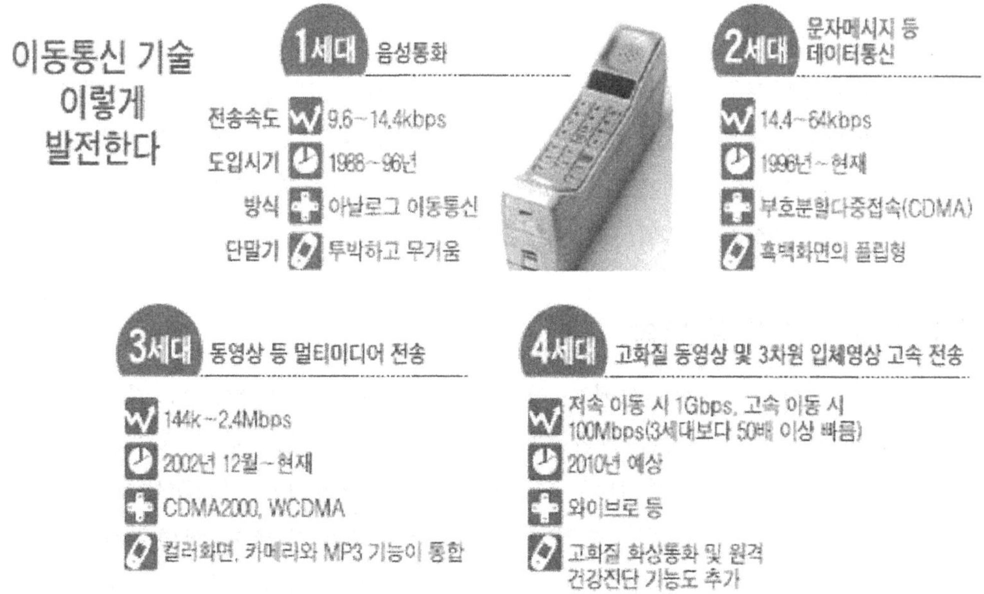

그림 5.1 이동통신 기술 발전사

현재 통용되는 현대적인 의미의 이동통신은 세계적으로 80년대 초부터 서비스가 시작된 아날로그 셀룰러 이동통신시스템이다.

세계적으로는 1999년을 기점으로 인터넷으로 대표되는 데이터서비스의 소통 량이 기존의 음성서비스 소통 량을 추월하였으며 앞으로는 데이터서비스 소통 량은 기하급수적으로 증가를 할 것이다. 더군다나 인터넷상의 음성통화가 그 이용도를 넓히고 있는 것을 보면, 앞으로 멀티미디어 데이터서비스 소통 량과 음성서비스 소통 량과의 격차는 더욱 벌어질 것이 명백하다. 휴대전화로 대표되는 이동전화서비스에서도 아직은 음성통화 소통이 중심이지만, 우리 주위에서 SMS(Short Message Service)나 단순한 채팅, 게임 그리고 증권정보서비스 등과 같은 데이터서비스가 젊은 층과 비지니스 층을 중심으로 하루가 다르게 급격히 확산되고 있다.

우리나라 이동전화서비스 발전추세를 보면 시작은 지난 1984년부터 이루어졌지만 초기에는 완만한 증가추세를 보이다가 휴대단말기 보급이 시작된 1987년부터, 특히 `서울올림픽개최에 따른 대대적인 사회 인프라 구축과 경제 발전에 따라 매년 100% 이상 가입자가 폭증하였다. 1996년 CDMA 이동통신 시스템 개발과 상용화를 시발로 시장이 경쟁구도로 변하고 1997년 말에는 PCS서비스가 상용화되는 과정을 거친 후 드디어는 1999년 9월에는 휴대전화 가입자가 기존의 일반 유선전화 가입자를 추월했다.

이러한 휴대전화 보급과 이용의 확산은 제1사업자인 SK텔레콤 주식 가격이 우리나라 증권시장에서 제일 높은 것으로 보아도 잘 알 수 있다. 인터넷과 휴대전화를 합치는 이동멀티미디어 서비스를 제공하는 IMT-2000시스템이야말로 디지털화로 대표되는 현대 정보통신서비스의 대미를 장식할 것이다.

5.1.2 이동통신 환경 변화

세계 이동통신시장은 음성중심에서 데이터중심의 시장으로 빠르게 변화하고 있으며, 음성통신에 있어서도 무선통신의 수요는 빠르게 증가하는 반면 유선통신 서비스의 시장은 정체되고 있는 상황이다. 즉, 고품질의 음성통신을 보장하면서 초고속 광대역 데이터통신에 대한 수요가 증가하고 있으며, 이와 더불어 모바일화가 가능한 통신수단에 대한 연구가 급속히 진전되고 있다. 이 같은 변화 가운데 3세대 이동통신서비스와 관련하여 세계적으로 사업자 재편과 유·무선 서비스 융합 그리고 통화 대체, 음성과 데이터 통신의 동시제공 및 역무간 경계 소멸이 가속화되고 있다. 또한, 글로벌 네트워크화의 진전에 따라 통신시장의 개방이 이루어지고 있고 규제완화와 더불어 사업자 인수 합병이 증가하는 추세를 보이고 있다. 이처럼 정보통신 패러다임의 변화로 가치사슬이 파괴되고 있고, 콘텐츠/서비스를 중심으로 한 경쟁체제로 변모하고 있다.

현재 이동통신 산업은 가치사슬의 변화가 이미 진행 중이며, 이에 따라 가치사슬을 구성하는 업체들 간의 역할에도 많은 변화가 오고 있다. 특히, 네트워크 운영업체, 네트워크 공급업체, 기기 제조업체들과 같은 현재의 사업자들뿐만 아니라 자체적인 주파수 사업권, 애플리케이션 개발 및 제공, 기술 개발, 콘텐츠 제공, 포털 사업 등의 기능이 없는 새로운 개념의 가상 사업자(Mobile Virtual Network Operator : MVNO)들의 시장합류가 빠르게 진행되고 있다. 이처럼 무선과 인터넷의 통합으로 발생한 새로운 가치 웹(Value Web)은 가치사슬 전반에 걸쳐 다양한 기술과 산업이 연관된 집중과 통합에 따라 발생하고 있으며, 전략적 제휴와 인수합병을 통한 수평적 통합의 결과이다. 이러한 복잡한 가치 웹의 등장은 기존 사업자들에게는 강력한 도전이 될 것이며, 많은 이동통신 사업자들은 가치 웹을 구성하는 업체들 간의 수평적 통합을 통해 애플리케이션 서비스 제공업체, 개발자, 콘텐츠 제공업체들과의 관계형성을 추진하고 있다.

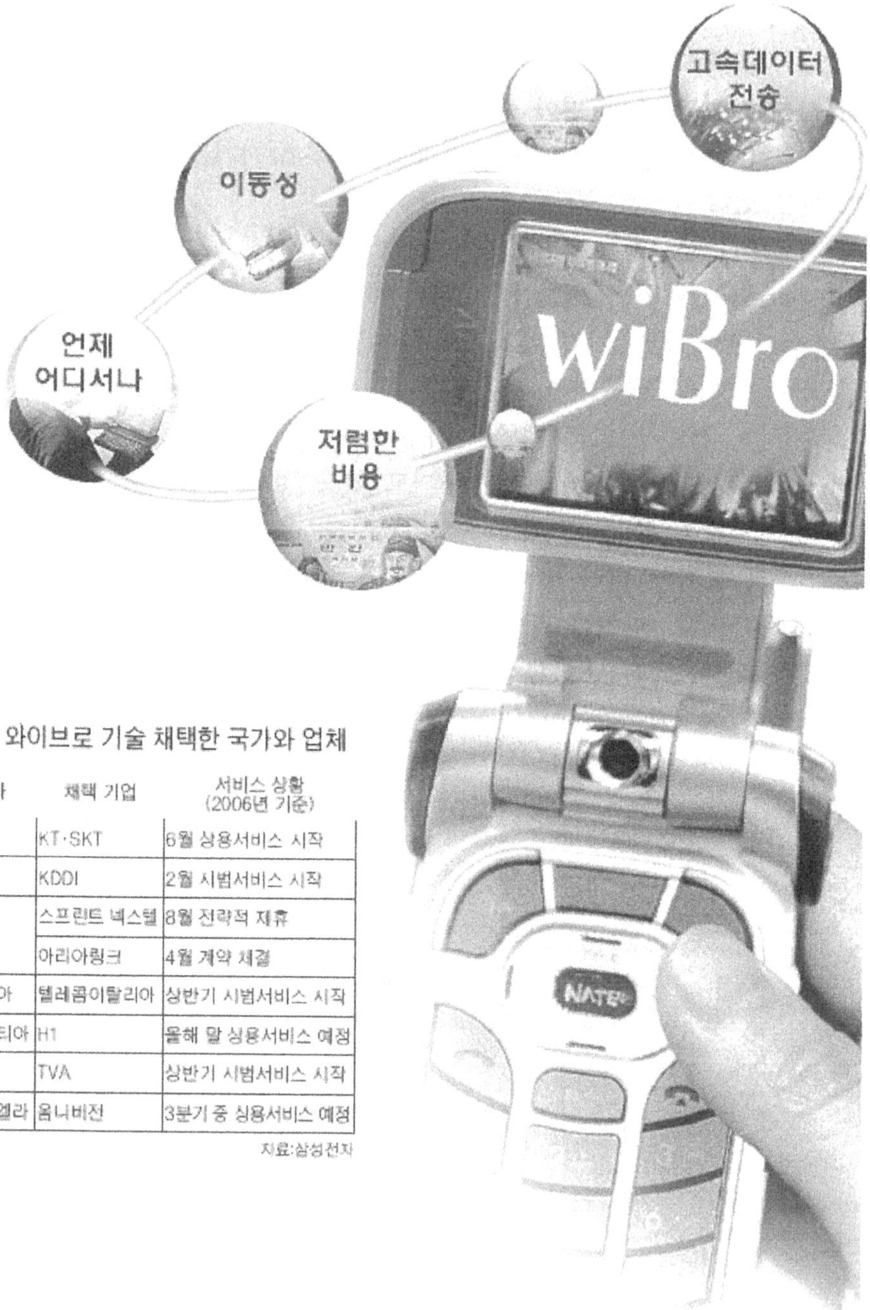

삼성 와이브로 기술 채택한 국가와 업체

국가	채택 기업	서비스 상황 (2006년 기준)
한국	KT·SKT	6월 상용서비스 시작
일본	KDDI	2월 시범서비스 시작
미국	스프린트 넥스텔	8월 전략적 제휴
	아리아링크	4월 계약 체결
이탈리아	텔레콤이탈리아	상반기 시범서비스 시작
크로아티아	H1	올해 말 상용서비스 예정
브라질	TVA	상반기 시범서비스 시작
베네수엘라	옴니비전	3분기 중 상용서비스 예정

자료:삼성전자

그림 5.2 와이브로 기술

5.2 무선 인터넷 서비스의 발전

무선인터넷이란 전화선이나 전용선 등의 유선을 컴퓨터에 연결하여 사용하고 있는 유선인터넷과 대별되는 것으로서 선이 없이 무선단말기나 무선모뎀 등을 이용하여 인터넷서비스를 사용하는 것이다.

시장조사 전문 기관인 가트너 그룹에 따르면 2002년에는 무선 인터넷을 이용하는 단말기가 6억 개를 넘어설 것이라고 한다. 이에 대한 관심에도 불구하고 아직 무선 인터넷에 관한 전반적이고 체계적인 정보가 거의 없는 실정이다.

따라서 국내외의 무선인터넷 시장정보를 기술하여 향후의 무선인터넷 서비스를 활성화 하고자 한다.

ARC 그룹에 따르면 세계 무선통신가입자는 1999년 428백만 명에서 2004년 1,235백만 명으로 증가될 것이며, 미국과 서부유럽이 각각 70% 이상의 보급률과 일본은 80%를 넘을 것으로 전망되며, 아시아/태평양지역과 기타지역은 2002년에 고성장 하여 2004년에는 61% 까지 성장, 세계 전체 가입자의 51%를 차지할 것으로 전망된다.

무선통신 전체 가입자중 무선데이터통신가입자가 차지하는 비중은 1999년에 7%에 불과하지만, 2004년에는 61%에 이를 것으로 분석되며 전 세계 무선데이터통신 이용자의 비중은 1999년 31.7백만 명에서 2004년에 750백만 명으로 세계 전체 무선통신가입자의 61%에 이를 것으로 전망하며, 일본과 서유럽에서는 79%로 고성장을 예측한다.

표 5.1 무선 인터넷 사용빈도

일일 이동통신을 통한 무선인터넷 사용빈도			
사용시간	최소하루10분이상	하루10분이상	사용안함
빈도수(%)	29.6	32.7	37.7

무선인터넷서비스 사용빈도					
서비스목록	뉴스	전자우편	정보검색	오락정보	증권정보
사용빈도(%)	28.6	15.0	13.4	13.0	9.0

모티즌이 선호하는 무선인터넷서비스							
서비스목록	쇼핑	채팅	정보검색	뱅킹	증권정보	전자우편	게임
선호도(%)	19.7	17.1	15.6	11.5	10.8	10.6	7.6

1999년 무선데이터서비스 관련 인프라 및 소프트웨어 역량을 확보한 이동전화 사업자들의 본격적인 마케팅활동 전개에 힘입어 연말부터 무선데이터시장은 급격히 형성되기 시작되어 1999년 시장규모는 이동전화가입자의 1% 정도인 20만 명 내외를 형성한 것으로 추정되었다.

국내의 무선통신 가입자는 2,500만 명이 넘어서고 있으며, 무선통신 보급률이 인구대비 50%이다.

2000년에의 무선데이터 가입자 수는 이동전화를 통한 주식매매, 은행거래 등이 확산될 것으로 보이며, 특히 고속 데이터전송에 의한 무선인터넷이 각광 받게 될 것으로 예상되며 사업자들의 경쟁이 활발해져 서비스 요금인하가 가속될 경우 무선데이터서비스 사용자는 2000년 말까지 300만 명 이상까지 확대될 전망이다.

국내의 경우도 마찬가지로 지난 6월 LG텔레콤의 음성 서비스인 ez채널방송 이용자 1,945명을 대상으로 LG텔레콤이 조사한 바에 따르면 전체 응답자의 62.3%가 매일 무선 인터넷을 사용하는 것으로 나타났다.

표 5.2 무선 인터넷 표준 기술 그룹 현황

무선인터넷 접속표준기술 그룹 현황			
	WAP	ME	W3C
국외	폰닷컴,에릭슨,모토롤라,Nokia, AT&T, 벨사우스,IBM 등 200여 업체	마이크로소프트, 퀄컴☞와이어리스날리지	MIT, INRIA,게이오대학 등 300개 업체/학계☞i-mode
국내	SK텔레콤 LG텔레콤 신세기텔레콤	한솔엠닷컴 한통프리텔	-

이미 무선 인터넷은 대세가 아닌 현실이 되었다

5.2.1 무선인터넷 서비스 동향

현재 이동전화로 무선인터넷 사이트에 접속해 증권거래, 은행서비스를 이용할 수 있는 것은 기본이고 온라인 게임을 할 수 있다.

실제로 고객이 이동전화로 무선 인터넷에 접속하면 계좌조회 및 이체를 자유롭게 할 수 있고 온라인 게임에 이동전화로 접속하면 전 세계의 회원과 네트워크 게임을 즐길 수 있다.

무선 인터넷의 응용 분야 다음과 같이 크게 4개의 부류로 나눌 수 있다.

첫째, 커뮤니케이션으로 음성통화 외에 다른 사람과 데이터를 송수신해 의사를 소통할 수 있는 서비스로서 전자우편, SMS(Short Message Service), 팩스, UMS (Unified Messaging System) 등이 있다.

둘째, 부가가치 서비스로 효용가치가 있는 정보를 푸시 또는 직접 액세스 형태로 제공하는 서비스로써 정보 검색, 날씨, 여행, 구인/구직, 주요 기사 등은 물론 개인 정보 관리, 게임, 동호회, 퀴즈, 경품 등이 이에 속한다.

셋째, E-커머스로 용역이나 재화 구입 등에 발생하는 통화 거래 서비스로 뱅킹, 재정, 주식거래, 쇼핑, 티켓팅, 복권, 경매, 공동 구매, 이미지 서비스 등이 이에 해당한다.

넷째, 로케이션으로 특정 지역의 정보를 제공, 자신의 이동전화를 기준으로 주변의 은행, 식당, 주유소, 의료기관 등의 위치와 전화번호를 알려주는 서비스 이다.

각 응용 분야별 시장 규모를 알아보자.

ARC의 연구보고서에 따르면 현재 시장 규모가 가장 큰 분야는 위치정보서비스 이며, 이는 2004년까지 변하지 않을 것으로 예상된다.

과거에는 이동통신 사업자들을 중심으로 SMS(Short Message Service)에만 국한된 무선데이터서비스를 제공해 왔으나, 최근에는 소프트웨어업체와 유선통신 사업자들과 콘텐츠 사업자들이 가세함으로써 본격적인 무선인터넷시대가 열리게 되었다.

전 세계 가입자 수는 1999년 현재 4억 명(PC소유자는 1억8천만 명)이며, 2004년에는 유선전화가입자를 초과하는 10억 명이 되었고 이동전화의 확산요인은 가격인하, 규제완화, 기술혁신, 신 시장 개척 등이며 일본NTT Docomo는 2010년 사업목표인 3억6천만가입자 중 사람은 1/3에 불과, 나머지는 자동차, 휴대PC, 애완동물 등의 활용으로 예상된다.

따라서 국내외의 무선인터넷 시장정보를 기술하여 향후의 무선인터넷 서비스를 활성화 하고자 한다.

유럽의 현황은 고가의 PC와 전화비용으로 인해 이동전화 이용하는 것을 선호하며 유럽인구의 1/4이 이동전화 보유에 비해 PC를 통한 인터넷이용자는 1/10수준이다. 특히 핀란드는 가입자가 약 300만 명 이상으로 전체인구의 63%인 대부분의 경제활동 인구가 이동전화를 이용하고 있다.

유럽의 이동전화 활성화 이유는 인구밀도가 낮아 무선통신 비용효과 높으며 많은 국민이 두 채 이상의 집을 소유하여 이동전화 선호하며 이동통신서비스 업체 간의 경쟁과 규모의 경제가 크게 작용 되었다.

일본의 현황은 가입자가 전체인구의 37%이며 특히 이동 데이터 통신부문에서 신기술 개발로 무선인터넷사업에서 유럽의 독주 저지하고 있다. 특히 NTT Docomo의 i-mode는 일본인들 스스로 는 새 시대 혁신의 상징으로 여기고 있다.

i-mode는 24시간 무선인터넷 서비스하며 포털 사이트로 정의 2000년 1천만 명 이상으로 일본최대의 ISP로 부상되고 있다.

미국의 현황은 가입자가 약 8천만 명으로 인구 대비 26%의 수준이며 기술현황은 유럽과 일본에 비해 5~6년 정도 뒤쳐져 있으며, 문제점으로 국가표준 부재, 발신자와 수신자 모두에게 통화비용 청구, 무선전화서비스에 대한 별인식번호 없으며, 고가로 인식되고 있다.

국내 이동통신 사업자들은 무선데이터통신의 주류를 이루게 될 무선인터넷 역량을 조기에 강화하기 위해 콘텐츠 및 솔루션 기업 등 인터넷 관련 업체들과의 전략적 제휴를 적극 추진하고 있으며 사업자들은 인터넷 클럽을 결성하는 등 무선인터넷 소프트웨어 역량을 강화하고 있다.

또한 이동통신 사업자는 단순한 망사업자에서 탈피하여 포털 서비스와 웹 호스팅을 제공하는 종합 무선인터넷 사업자를 지향하고 있으며 무선인터넷 솔루션관련 기술개발 및 제휴를 통한 연구개발에 몰두하고 있다.

국내의 이동전화 가입자는 2,500만 명으로 인구대비 50%를 차지하고 있으며 국내 무선인터넷 서비스를 위해 이동통신 회사, 단말기 제조사, 솔루션 개발사 및 콘텐츠 제공회사 각자의 프로토콜 기준을 가지고 서비스를 진행하고 있다.

국내 무선인터넷 서비스 시장의 특징은 전송속도가 유선모뎀을 능가하며 IS-95C 기반 고속무선데이터 서비스가 시행될 예정이다.

국내시장에서의 표준경쟁은 WAP과 ME로 양분되는 현상이며 전송속도 개선, 가정과 사무실의 변화, PAN(Personal Area Network)의 탄생 등으로 그 시장이 크게 확대될 전망이다.

한편, 현재는 적은 부분을 차지하고 있는 위치 정보를 이용한 서비스가 가장 크게 성장하고, 전자상거래와 무선 뱅킹 부분이 주요 서비스로 자리 잡을 것으로 예측된다. 이 중 대표적인 응용 분야의 특징과 이를 구현하기 위한 기본 사항을 기술한다.

① 개인정보관리와 커뮤니티

개인정보관리는 가장 기본적인 서비스로서 무선인터넷에서는 언제 어디서든 장소의 제약 없이 자신의 주소록이나 일정 등을 확인할 수 있고, 입력과 수정이 가능하다는 면에서 기존의 유선방식보다는 훨씬 편리하다.

그리고 단말기가 이동전화라는 점을 이용해 원하는 시간대에 알람을 보낼 수도 있다.

하지만 무선 인터넷에서 가장 큰 문제는 입력 방법으로 일반 키보드로 입력하는 것과는 비교할 수 없을 정도로 불편하다.

따라서 유 무선을 동시에 지원하는 개인정보관리 시스템이 훨씬 더 효과적이라고 할 수 있다.

커뮤니티는 개인 홈페이지를 만들거나, 토론실, 게시판을 운영할 수 있고, 동호회나 소모임을 만들어 무선에서 정보를 주고받을 수 있다. 또한 속도, 화면 크기, 입력 방법, 비용 측면에서 차이가 나므로 개인의 기호와 성향을 데이터베이스화하고 분석해 개인이 필요로 할 것으로 예측되는 서비스를 적시에 공급하는 것이 필요하다

② 메시징 서비스

현재 무선 인터넷과 관련된 주요 메시징 서비스는

첫째 무선 웹 메일로써 기존에 유선으로 제공되던 웹 메일 서비스를 이용할 수 있도록 UI(User Interface) 등을 알맞게 제공하고 있으며,

둘째 UMS(Unified Messaging Service)는 여러 형태의 메시지를 저장해 사용자가 언제 어디서나 메일, 팩스, 문자 메시지 등을 주고받을 수 있도록 하며,

마지막으로 알림 서비스(Push, Notification Service)는 메일 도착 알림, 일정 알림, 주식 시세 알림 등으로 콘텐츠와 관련해 사용자에게 능동적인 서비스를 제공할 수 있다.

③ GPS와 GIS서비스

GIS(Geographic Information System)는 지리적으로 참조 가능한 모든 형태의 정보를 효과적으로 표현할 수 있도록 공간 정보와 관련된 속성 정보를 통합, 데이터베이스로 관리하여 최적 입지, 최단 경로, 변이예측 등의 의사결정을 지원하는 시스템이다.

GIS 서비스는 자신의 위치 정보를 상대에게 알려주는 서비스와 자신의 위치를 중심으로 원하는 대상물 중 가장 가까운 것을 찾는 서비스가 있다.

이런 정보서비스는 주로 WML, HDML, HTML 브라우저에 의해 이뤄진다.

이런 휴대폰 브라우저에서 정보를 가져오기 위해서는 먼저 서버에 원하는 내용을 요청해야 한다.

이때 바로 자신의 주위 기지국 정보나 경우에 따라서는 위도, 경도 정보를 함께 보낸다.

서버는 이 요청 헤더의 위치 정보와 자신의 GIS용 DB(Data Base)를 비교해 가장 가까운 대상물을 찾게 되는 것이다.

그리고 그 결과로 움직이는 그림이 아닌 대상물의 이름과 주소, 전화번호를 보여준다.

하지만 이 문제는 기술적인 문제가 아닌 마케팅 가격에 따른 것으로 곧 해결될 것으로 보인다.

일본의 GIS서비스에서는 자신의 위치가 지도에 표시되고, 찾는 대상도 나타난다고 한다. 또한 건물의 대체적인 모습까지 확인할 수 있다고 한다. 이외에도 회사에서 운송 직원이나 영업 직원의 위치를 알게 해주는 서비스나 아이가 제대로 학원에 가 있는지 등을 알 수 있는 응용 서비스가 인기를 얻고 있다.

④ 게임서비스

지하철이나 버스에서의 따분한 시간을 즐기거나 동창이나 친구의 모임에서의 놀이 등이 무선인터넷 게임에서 해결될 것이다.

현재의 서비스에는 다마고치의 휴대폰 버전, 카지노, 끝말잇기, 사다리, 퀴즈 등의 게임이 있으며 현재의 무선인터넷 게임에 기술적인 한계가 있기 때문에 레이싱이나 액션 게임과 같은 다이내믹한 게임을 제작하기에는 아직은 적합하지 않다.

이러한 게임의 특징은 실시간성이 필요 없는 턴 방식의 게임이거나 또는 혼자서 즐기는 네트워크 게임 또는 텍스트 위주라는 것이다.

자바기반의 가상머신(KVM)이나 C기반의 가상머신(GVM)이 포팅된 휴대폰과 다운로드가 가능한 게임 플랫폼 등의 보다 다이내믹하고 다양한 휴대폰용 게임 개발이 가능하다고 본다.

이러한 기술적인 발전은 콘텐츠의 확보에 총력을 기울이고 있는 이동통신업체와 좀 더 재미있는 게임을 개발하고자 하는 무선 인터넷 게임 제작자에게 많은 기회를 부여할 것이다.

또한 사용자는 더 고품질의 엔터테인먼트 콘텐츠 서비스를 만나게 될 것이다

5.2.2 무선인터넷 응용프로토콜

기존 유선 인터넷 환경은 데스크 탑 이상의 컴퓨터와 높은 대역을 제공할 수 있는 네트워크를 기반으로 하지만, 무선인터넷 환경은 휴대 단말의 크기, 컴퓨팅 능력, 제한된 입출력 장치로 인한 제약만이 아니라 무선망의 낮은 대역폭, 데이터 전송 지연과 불안정한 접속 등 다양한 문제점 들이 있다.

따라서 유선 인터넷의 표준을 그대로 사용하는데 한계가 있으므로, 기존 표준을 가능하면 따르면서도 무선 환경에 적합한 프로토콜을 만들려는 움직임이 일어나게 되었다.

지난 95년 스웨덴의 에릭슨(Ericsson)의 시작으로 폰닷컴(당시 Unwired Planet)이 HDML(Handheld Device Markup Language) 마크업 언어와 HDTP(Handheld Device Transport Protocol)라는 프로토콜을 97년에 발표했다.

같은 해 노키아가 인터넷 서버와 무선 사용자 사이에 통신을 가능하게 하는 SMS(Short Message Service)와 HDML과 같은 TTML(Tagged Text Markup Language)을 발표하여 혼란이 제기되었다.

따라서 폰닷컴, 에릭슨, 모토로라, 노키아가 모여 서로의 기술을 공개하고 협의하는 조직인 WAP 포럼을 만들어 표준화된 응용프로토콜을 진행하고 있다.

무선인터넷에서 사용하는 브라우저와 관련하여 크게 3가지 인터넷 프로토콜이 존재하며 유럽을 중심으로 만들어진 WAP(Wireless Application Protocol), 일본의 'i-mode'로 유명한 W3C(World Wide Web Consortium), 마이크로소프트가 뒤늦게

도전장을 던진 ME(Mobile Explorer) 등이 있다.

그 중에서 WAP은 에릭슨, 모토롤러, 노키아, 폰닷컴 등 유력한 이동통신 업체들을 중심으로 AT&T, 벨사우스, IBM을 포함하여 200여 개의 통신 및 관련 업체들이 모여 그의 응용개발을 활발히 전개하고 있어 산업표준이 될 가능성이 높다.

WAP은 기존의 인터넷 표준을 기반으로 무선통신망 및 이동단말 환경에서 최적의 기능을 수행하도록 설계된 무선인터넷 응용 프로토콜이다

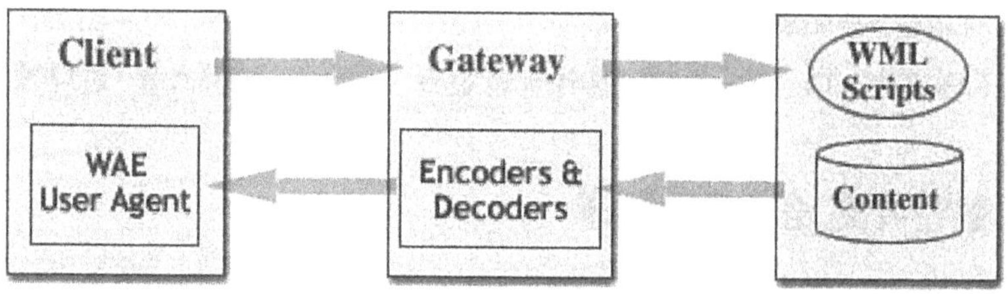

그림 5.3 WAP 모델

① WAP

WAP은 무선데이터서비스 사용자들이 쉽고 간편하게 인터넷에 접속할 수 있도록 고안된 표준규격으로 인터넷상의 정보를 빠르게 검색 표시하게 하기 위해 이동전화망과 인터넷 망 사이에 게이트웨이를 두어 서비스 한다.

WAP은 97년 에릭슨, 노키아, 모토로라, 폰닷컴(구 UP) 등이 주축이 되어 결성한 WAP 포럼에서 개발되었으며, 포럼에 참여하는 업체들이 세계 이동전화 가입자의 90%를 차지하고 있다는 점, 표준화 활동 및 관련 Application 개발이 가장 활발하게 이루어지고 있다는 점 등을 고려할 때 현 단계에서 사실상의 표준 가능성이 가장 높다.

WAP모델은 무선통신 환경의 문제점을 극복하기 위하여 유선망에서는 기존의 유선 프로토콜을 그대로 사용하고 무선망에서는 무선 환경에 적합하도록 설계된 프로토콜을 사용하는 연결 분리(Split Connection) 기법을 채택하고 있다.

그러므로 이러한 분리된 연결을 동적으로 연동하기 위하여 WAP Gateway가 필요하며 클라이언트는 항상 게이트웨이를 통하여 인터넷으로 연결한다.

	WWW	HDTP	WAP
응용계층	HTML Script	HDML	WAE(무선응용환경) : WML
세션계층	HTTP		WSP(무선세션프로토콜)
트랜잭션계층	TCP	HDTP	WTP(무선트랜잭션프로토콜)
보안계층	TLS-SSL		WTLS(무선전송계층보안)
전송계층	IP	UDP/IP	WDS(무선데이타그램)
네트워크계층	Wire	무선 Bearers	무선 Bearers

그림 5.4 WAP 계층

WAP Gateway는 이동 클라이언트로부터 전달되는 인코딩된 요구 메시지를 HTTP 요구 메시지로 전환하고 웹 서버로부터 수신된 응답 메시지를 인코딩된 응답 메시지로 변환하여 클라이언트로 전달된다.

또한 게이트웨이에서는 텍스트 WML 문서를 바이너리 WML 문서로 인코딩하는 기능과 WML Script를 바이너리 형식으로 변환하는 기능도 제공한다.

WAP 모델은 기존의 인터넷과 연동 모델로 클라이언트에서 인터넷 콘텐츠를 검색하기 위해서는 HTML 컨텐츠를 WML 콘텐츠로 변환하는 기능이 추가적으로 필요하다.

WAP 게이트웨이는 유선 인터넷에서 사용하는 HTTP와 모바일 인터넷에서 사용하는 WAP을 상호 변환해 주는 프록시 서버다. 이러한 프록시를 이용한 구조는 사용자에게 다양한 WAP 콘텐츠를 접할 수 있게 하고, 개발자에게는 무선 단말기의 종류와 상관없이 콘텐츠나 어플리케이션을 개발할 수 있게 한다.

또한 콘텐츠나 어플리케이션이 표준 웹 서버에 존재할 수 있고, CGI 스크립트와 같은 기존의 웹 기술을 그대로 이용할 수 있다.

하지만 모바일 인터넷은 유선에 비해 여러 면에서 제한된 환경이므로 다음의 몇 가지 사항을 필요로 하게 된다.

현재는 유선의 수많은 정보를 무선 단말기에서는 모두 받아들일 수 없는 상황이므로 웹 표준인 HTML보다는 작지만 무선 단말기를 위해 최적화한 프로토콜과 마크업 언어가 필요하며 기존의 인터넷 자원을 이용하기 위해서는 프로토콜 간의 변환이 필요한데 이러한 기능을 하는 것이 WAP 프록시이다.

다음으로는 네트워크의 속도를 들 수 있는데, 무선 통신이 비교적 지연 시간이 긴 좁은 대역을 가진 네트워크에서 이뤄지므로 WAP 프로토콜 스택 중 WSP (Wireless Session Protocol)와 WTP(Wireless Transaction Protocol), WDP(Wireless Datagram Protocol) 계층은 이러한 문제를 해결하는 역할을 한다.
즉, 지연을 고려한 연결지속(long-lived session)이나 신뢰/비신뢰(reliable / unreliable) 데이터 통신을 구현함으로써 안정적인 네트워킹을 지원하는 것이다.
이외에 모바일 인터넷에서는 무선 통신의 보안 문제나 각기 다른 종류의 전송 시스템을 지원하는 문제, 여러 서비스나 어플리케이션 간의 상호 동작을 원활하게 하는 문제 등을 해결해야 한다.

1) WAE (Wireless Application Environment)

WAE는 무선인터넷 서비스와 이동전화 서비스를 지원할 수 있는 개발환경으로서 어떠한 무선인터넷 플랫폼에서도 운영될 수 있는 환경을 만드는데 그 목적이 있으며, 이동전화 기술에 기반으로 한 일반적인 목적의 응용 개발환경을 제공한다.

현재 WAE 계층에서는 이동단말 장치에 적합한 콘텐츠와 사용자 인터페이스를 제공하는 WML, 이동 단말에서 수행되는 프로그램을 작성하기 위하여 WML Script, 전화 서비스와 관련된 응용 개발 인터페이스를 제공하기위한 WTA(Wireless Telephony Application) 및 WTAI(Wireless Telephony Application Interface)를 비롯한 다양한 서비스와 형식을 정의하고 있다.

2) WSP(Wireless Session Protocol)

현재 제한된 기능만을 제공하므로 WSP/B라고 하며 연결형(connection oriented) 세션 서비스와 비연결형(connectionless) 세션 서비스를 정의하고 있다.
이는 인터넷과 연동을 위하여 HTTP1.1에 상응하는 기능을 제공하고, 무선 구간에서 콘텐츠 전달의 최적화를 위하여 헤더 및 기능을 인코딩하는 작업을 수행한다.

WSP/B는 클라이언트의 요구가 없이도 서버가 콘텐츠를 전달할 수 있는 PUSH 기능과 세션이 유휴상태에 있을 경우 네트워크 리소스를 해제하거나 배터리를 절약하기 위하여 세션을 SUSPEND 및 RESUME하는 기능을 추가적으로 제공하고 있다.

3) WTP(Wireless Transaction Protocol)

WTP는 모바일 환경에서 구현되기에 적합하도록 구성된 간단한 트랜잭션

프로토콜로, 데이터그램 서비스 위에서 실행된다.

이는 클래스1, 클래스2, 클래스3로 나누어 차별화 된 서비스를 제공하며 메시지 지향의 서비스로 신뢰성 제공과 링크 오버헤드를 줄여 준다.

4) WTLS(Wireless Transport Layer Security)

WTLS는 공식적으로 SSL(Secured Socket Layer)로 알려진 산업 표준형 TLS(Transport Layer Security)에 기반을 둔 보안 프로토콜로서 무결성(data integrity), 기밀성(privacy), 인증(authentication) 및 부인봉쇄(denial of service protection) 기능을 가진다.

5) WDP(Wireless Datagram Protocol)

WDP는 종단간 전송을 위한 어드레싱을 제공하며 인터넷의 UDP와 같은 Multiplexing 기능을 담당한다.

6) Bearers

WAP 프로토콜은 다양한 전송 서비스(Bearer Service) 위에서 작동할 수 있도록 설계됐다.

이를 위해 WDP에서 각 전송 서비스마다 어떤 동작을 할 것인지를 정해 놓았으며, 갈수록 무선 시장이 커짐에 따라 지원 가능한 베어러 수는 증가하게 될 것이다.

② ME(Mobile Explorer)

1) ME의 특징

WAP과 W3C에 대응하여 마이크로소프트는 CDMA(Code Division Multiple Access) 관련 원천기술을 보유하고 있는 퀄컴사와의 제휴를 통해 와이어리스날리지 라는 합작회사를 설립하여 무선인터넷사업을 강화하고 있으며 휴대폰에서 인터넷을 검색할 수 있도록 윈도CE를 근간으로 한 이동통신용 웹브라우저를 개발 하였다.

마이크로소프트의 스팅거 프로젝트의 초기단계로 이의 전략은 OS에 무관한 현재의 ME에서 향후 Windows CE 기반의 스마트 폰을 목적으로 하고 있다.

ME는 현재의 인터넷 표준을 지원하는 브라우저로써, 소형 단말기(Phone, PDA) 등에 효율적으로 사용될 수 있는 MS의 소프트웨어이다.

이는 OS에 Independent하며, Size가 작아 이동전화기, PDA, 페이저 등의 소형기기에 최적화 하였으며 느린 CPU와 한정된 메모리를 고려하여 가벼운 API(Application Programming Interface)들을 사용 하였다.

ME는 인터넷 표준인 HTML 3.2의 Subset으로 이미 사용되고 있는 기존의 HTML 콘텐츠들을 사용할 수 있도록 제공함으로써, 호환성에서 앞서 있다.

또한 향후 인터넷 콘텐츠의 발전 방향을 XML로 보고 자사의 Windows CE와 ME 역시 같은 방향으로 발전시키고 있다.

2) ME의 기능

마이크로소프트의 ME는 IP 스택(웹 기반 프로토콜)을 그대로 사용하므로 게이트웨이가 필요 없다.

ME의 기능으로는 버전1에서 기존 HTML을 그대로 서비스 하고 Web server 직접 연결하며 북마크, Cookies, vCard 등이 지원된다. 또한 버전2에서는 HTML/WAP 동시 지원하며 SSL(Secure Socket Layer)을 통한 보안기능과 JScript, GIF 등이 지원된다.

WPAK(Wireless Product Adaptation Kit)는 ME를 무선 단말기에 탑재하기 위해 필요한 종합 환경을 제공한다.

WPAK는 ME의 모든 소스코드, API나 기타 포팅에 필요한 문서, Mobile Device의 OS와 통합하기 위한 테스트 환경, 유선 환경에서 실행할 수 있는 시뮬레이터, 테스트 환경, 그 밖의 각종 설명서 등이 지원된다.

③ 스팅거

1999년 말 한국통신프리텔과 한솔PCS가 마이크로소프트의 플랫폼(Platform)을 무선인터넷 전략으로 채택하면서 알려진 스팅거 프로젝트는 데이터와 음성통신이 결합된 통신단말기를 의미하며, 이 단말기의 주요 기능으로는 다음과 같은 것들이 있다.

1. 메시징 (E-mail, SMS(Short Message Service; 단문메시지), 호출)
2. 음성전화 (GUI를 통한 통화 관리, dialer, logging)
3. 개인정보 (연락처, 작업, 일정)
4. 업무용 정보 (인트라넷, 인터넷, BackOffice)
5. 위치추적 (근처 정보, 탐색)

이러한 스팅거의 장점은 정보에 대한 단절 없는 접근이 가능하고 기업 환경과의 통합이 용이하며 PDA, Phone, Pager가 하나의 단말기에 포함된다는 장점을 지니고 있다.

스팅거의 기능은 윈도CE를 기반으로 하므로, 현재의 윈도우 환경과 비슷한 형태로 많은 기능들을 제공한다.

이의 기능으로는 PIMS (Personal Information Management),Internet Explorer 탑재, 음성통신, Office S/W 제공, Game 등이 가능하다.

④ W3C(World Wide Web Consortium)

무선인터넷의 표준화를 위해 활발한 활동을 전개하고 있는 웹 언어 관련 표준화단체로 1994년 미국의 MIT, 유럽의 INRIA(Institut National de Recherche en Informatique et en Automatique), 일본의 게이오대학 등이 중심이 되어 창설, 전세계 300개 이상의 업체/학계가 참여 하여 하였으며 W3C에 관련된 기업으로는 일본의 액세스가 활발한 활동을 보인다.

액세스는 일본 최대 휴대전화사업자인 NTT Docomo의 휴대용 정보서비스 "i 모우드"에 무선인터넷 프로토콜을 제공한 바 있으며, 이를 계기로 일본을 중심으로 세력을 확산하고 있다.

cHTML은 인터넷 표준인 HTML 4.0의 Subset으로 일부기능을 추가하거나 삭제한 것으로 인터넷 어플리케이션 소프트웨어 개발 업체인 액세스가 개발하였다.

액세스는 후지쯔, 마쓰시다, 미쓰비시, NEC, 소니 등과 cHTML을 HTML의 서브셋으로 공동 개발해 지난 98년 4월에 인터넷 표준 기구인 W3C에 제안하였다.

cHTML은 적은 메모리, Low power CPU, 적은 디스플레이 화면에 최적화 되었다.

NTT docomo에서 서비스하는 I-mode는 HTML의 표준을 그대로 수용하여 콘텐츠를 쉽게 개발 및 유지보수가 가능하도록 하였으며 패킷 전송 양에 따라 요금을 부과함으로써 단기간에 많은 사용자를 확보하게 되었다.

5.3 이동통신 단말기

5.3.1 이동통신 단말기의 종류와 기능

이동통신 단말기란 음성 및 데이터통신을 지원하며, 휴대가 가능한 기기를 지칭한다. "소형 컴퓨터" 기능을 가지고 음성 통화, E-Mail, 방송 등 다양한 멀티미디어 서비스를 제공한다.

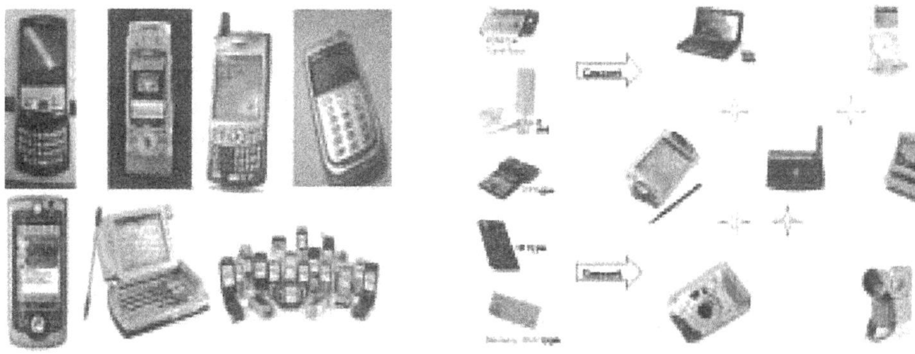

그림 5.5 이동통신 단말기의 종류

엔터테인먼트 중심에서 디자인, 휴대성, 사용자편의 중심으로 게임, 음악뿐만 아니라, 디지털 카메라, MP3 플레이어 DMB(Digital Multimedia Broadcasting)수신기, 네비게이션 등의 기능 중심으로 향후단말기는 다음과 같은 2종류의 기능적 발전이 예상된다.

① 인포테인먼트(Infotainment) 단말기 : 모바일 컴퓨팅에 적합한 고속프로세서 및 대용량 메모리를 내장한 컴퓨팅 단말기와 대다수 사용자가 선호하는 어플리케이션(application)을 탑재하고 기존 단말기에 익숙한 사용자들에게 다양한 엔터테인먼트 기능을 제공한다.

② 저가형 기본단말기 : 음성통화를 핵심으로 간단한 부가기능만을 제공한다.
향후 단말기의 형태는 노트북 계열과 핸드헬드 식이 주류가 될 것이다.

그림 5.6 향후 단말기의 형태

노트북 계열은 성능 및 디스플레이가 우수하나 크기 및 무게가 단점이다. 특징으로 Voice와 Data 서비스가 가능하다.

핸드헬드(Handheld) 계열은 휴대성이 우수하고 음성통화 단말기(휴대폰)와 PDA(Personal Digital Assistance)가 결합한 형태로 Voice와 Data 서비스가 가능하다.

5.3.2 국내 단말기 기술의 다양화

5.3.2.1 멀티미디어 기능 강화 단말기

멀티미디어 기능을 강화한 단말기의 종류들이 나와 있다.

① 디지털카메라 폰 : 단말융합(Convergence)시대의 개막, 디지털카메라 기능을 탑재한 디카폰, 캠코더 기능까지 확장가능하다.

② MP3 폰 : 삼성전자, LG전자 등이 MP3 플레이어 기능을 탑재한 단말기를 잇달아 출시, 팬택 계열과 모토로라도 MP3폰을 선보이며 경쟁에 뛰어든 상태이다.

③ 게임 폰 : 3D 게임이 가능한 단말기를 출시, 게임 폰 활성화의 걸림돌인 배터리 용량 확대가 승패의 관건이다.

④ 위성디지털멀티미디어 방송 폰(DMB폰) : 위성 DMB 상용 서비스 개시와 함께 2인치 이상 액정으로 동영상 전송가능하다.

5.3.2.2 DBDM 단말기

한대의 단말기로 두 종류 통신 서비스를 제공하는 DBDM(Dual Band Dual Mode)로 다음과 같은 단말기들이 있다.

① 월드폰 : 이동통신 방식의 양대 축인 CDMA와 GSM 방식에 관계없이 서비스를 이용할 수 있는 국제 로밍 폰인 일명 'World Phone' 으로 각광받고 있고 세계 월드폰 수요가 앞으로 2~3년간 연간 수백만 대가 될 것으로 전망된다.

② TRS + GSM 폰 : 주파수공용 통신(TRS)에 GSM을 합친 'TRS+GSM폰'도 새로운 시장을 형성할 전망, TRS 로밍뿐만 아니라 GSM방식 단말기 로밍까지 가능해 상당한 파급효과가 기대된다.

③ 이동전화/와이파이 폰 : WLAN과 기존의 WCDMA을 합친 와이파이 + WCDMA 폰도 인터넷 폰 시장이 활성화 되면서 새로운 시장을 형성할 전망이다.

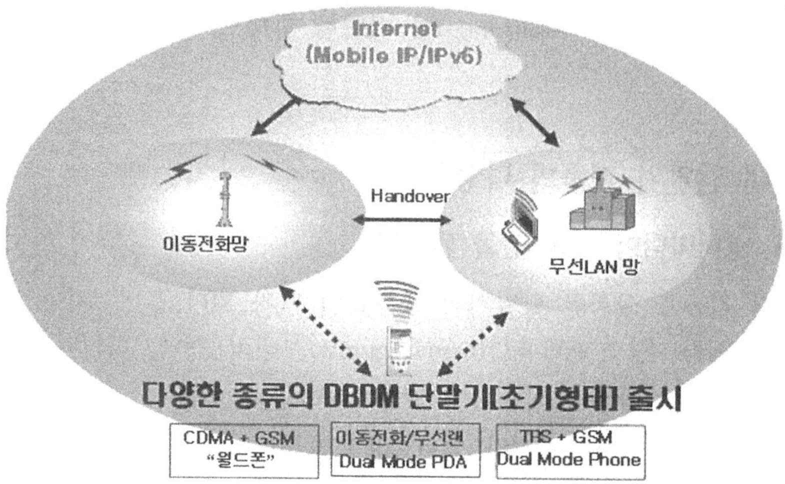

그림 5.7 DBDM 단말기

④ 휴대인터넷 WiBro 단말기

WiBro(Wireless and Broadband) 서비스는 저비용 고품질 이동인터넷 서비스를 제공하기 위해서는 LAN보다 cell 반경이 큰 1 Km정도를 지원하고, 중 · 저속의 이동성을 지원하면서 2.3GHz 대역을 사용하는 시분할 듀플렉스(TDD: Time Division Duplex) 방식의 고효율 시스템인 직교주파수분할 다중접속(OFDMA / TDD : Orthogonal Frequency Division Multiplexing Access)방식을 이용하여 소비자의 다양한 요구에 부합되는 카드 타입, 칩 내장 노트북,

PDA, 스마트폰 형태의 단말기를 개발하였다. 이 단말기는 유무선 통합 환경을 고려한 전용 단말기 개발(사용자 접근 및 이용이 편리한 유저 인터페이스를 제공)하여 유사서비스(WLAN, CDMA, DMB 등)와 언제든지 결합 할 수 있도록 다양한 기능과 성능을 지닌 단말 디자인을 초기부터 기획, 기술적 연계 및 자연스러운 재구성이 가능하도록 설계되었다.

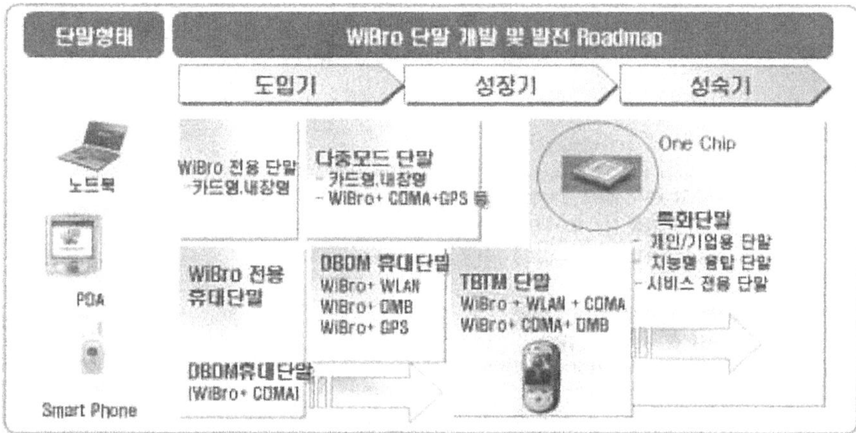

그림 5.8 와이브로 단말기 발전 로드맵

5.3.3 이동통신 단말기의 요소 기술

이동통신 단말기를 개발하는 데 필요한 다음과 같은 요소 기술들이 필요하다.

① 멀티모드/멀티밴드(Multi Mode / Multi Band)

- 유연한 개방형 인터페이스가 보장되는 개방형 단일 플랫폼을 요구
- Multi-Band : 2G/3G/4G
- Multi-Mode : Cellular/DMB/WLAN/HPi
- SDR 기술

그림 5.9 멀티모드/멀티밴드 기술

② SDR(Software Defined Radio) 기술

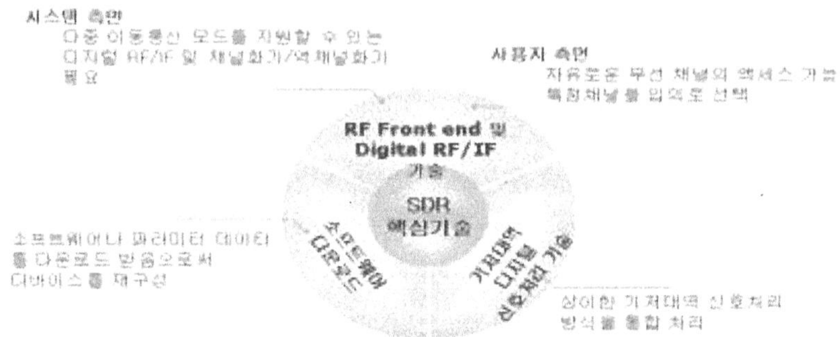

그림 5.10 SDR 기술

③ 고성능화(High Performance)

- 차세대 무선 시스템은 전송 속도(20Mbps~150Mbps)를 만족
- 기존의 허용 BER 10-3~10-6 에서 10-6~10-12의 BER 만족
- 전송 속도와 BER을 만족하기 위한 요소기술
- 요구사항
  - MIMO Multiplexing 기술
  - Smart Antenna 기술
  - 고효율 Modulation, Coding

그림 5.11 고성능 기술

④ Smart Antenna 기술

- 원하는 가입자의 방향으로 전파를 집중시키고 타 가입자의 간섭 신호는 저하시켜 송수신 함
- 무선신호의 집중된 전송을 통해 무선시스템의 신호품질을 높이면서 주파수 재 사용률을 증가시켜 시스템 용량을 높임

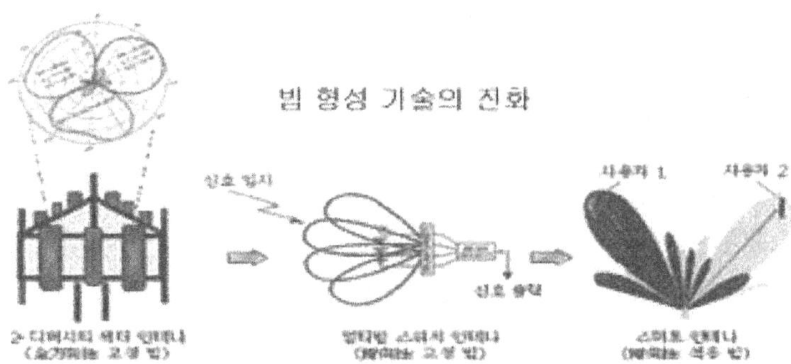

그림 5.12 스마트 안테나 기술

⑤ MIMO(Multiple Input Multiple Output) 기술

- 이동통신 환경에서 다수의 안테나를 사용하여 데이터를 송/수신하는 다중 안테나 신호처리
- 송신단에 N개의 안테나를 배열하고 수신단에도 N개의 안테나를 배열하여 다양한 기법을 사용하여 신호 전송 시, N배의 전송률 증가를 낼 수 있는 기술
  - STTD (Space-Time Transmit Diversity)
  - OTD (Orthogonal Transmit Diversity)
  - TSTD (Time Switched Transmit Diversity)
- OFDM 기술과 함께 사용 될 경우 고속의 전송률과 전송 데이터를 대용량화 할 수 있음(멀티미디어 서비스에 유리)

그림 5.13 MIMO 기술

⑥ 사용자 인터페이스(User Interface) 기술 - 디스플레이(Display)

- 기존 디스플레이의 문제점
  - 유리기판을 이용하여 제작
  - 무겁고, 깨지기 쉽고, 변형이 불가능
  - 휴대용 디스플레이 크기가 한정

- 차세대 디스플레이 요구사항
  - 유연한 기판 이용
  - 얇고, 가볍고, 깨지지 않으며 변형 가능
  - 내구성을 부여하고 휴대성을 증대
  - 전자종이, 입는 디스플레이(wearable display), 말 수 있는 디스플레이(rollable display) 등

그림 5.14 디스플레이 기술

⑦ 플렉서블 디스플레이(Flexible Display)

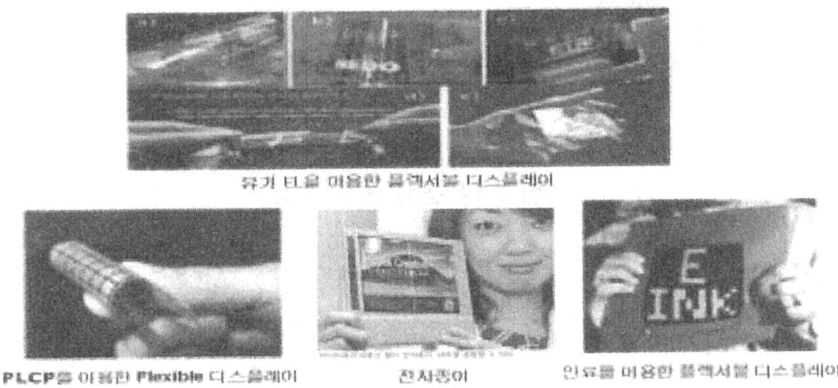

그림 5.15 플렉서블 디스플레이 기술

⑧ 착용식 디스플레이(Wearable Display)

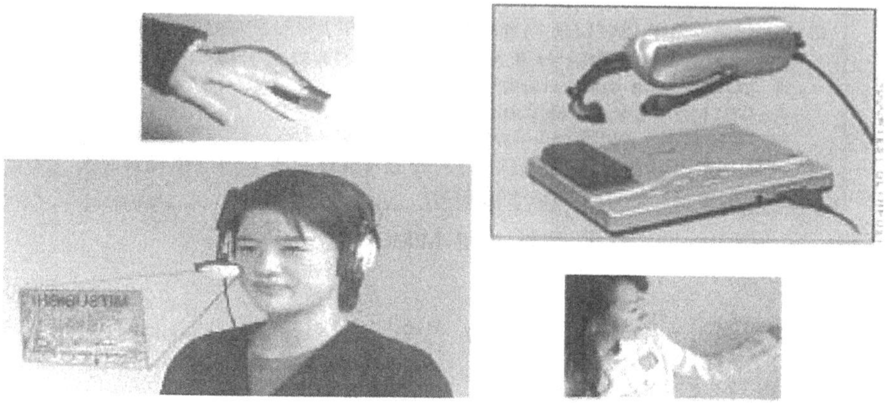

그림 5.16 착용식 디스플레이 기술

⑨ 생체인식

> ○ 개인의 소추된 특성을 검증하거나 신분을 인식하기 위해, 측정 가능한 물리적 특성 또는 개인의 특징을 인식 하는 기술

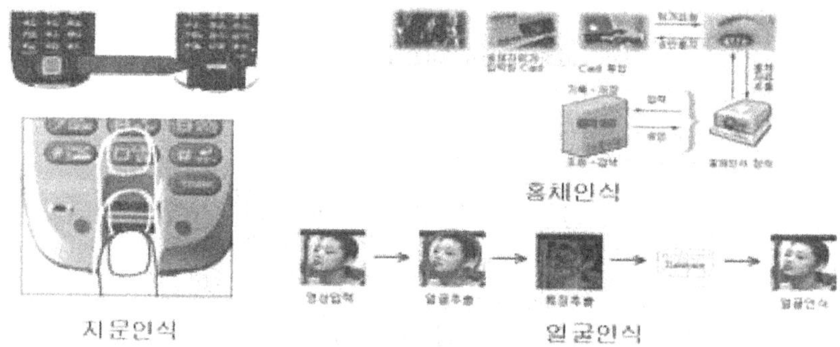

그림 5.17 생체 인식 기술

⑩ 음성인식

> ○ 사용자 음성의 음성학적인 패턴을 단어로 변환하는 과정을 통해 인식 하는 기술

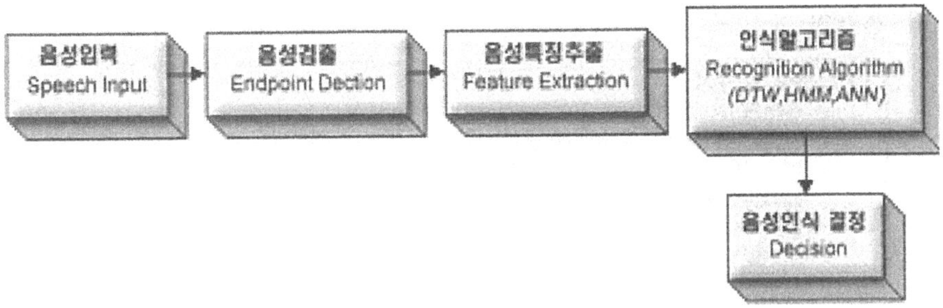

그림 5.18 생체 인식 기술

⑪ 입력장치 : 예) 블루투스 가상 키보드

- 빠르고 손쉬운 데이터 입력 및 휴대의 용이성
- 터치스크린, 키패드, 블루투스 가상 키보드 등

그림 5.19 블루투스 기술

⑫ 소형/경량화

- SoC (System-on-a-Chip)
  - 사용자가 요구하는 시스템 솔루션을 반도체 수준에서 제공하는 기술
  - 빠르게 증가하는 multimedia 기능을 만족하기 위해서는 수백만 게이트를 하나의 칩에 구현하는 SoC 기술이 필요
- MEMS(Micro Electro Mechanical System)
  - Duplexer, Switch, Antenna, RF Front-end Module
  - Size/Cost Reduction, Low IL/Power, Minimize RF Interference

그림 5.20 소형/경량화 기술

⑬ 저 전력화

- 저전력 설계기술
  - 광대역 RF 디바이스의 집적화(MMIC) 및 저전압화
  - H/W의 집적화(SoC) 및 저전압화
  - 멀티미디어 통신 프로토콜의 저전력화
  - 멀티미디어 시스템 S/W의 저전력화
  - 멀티미디어 응용 S/W의 저전력화
  - RF/HW/SW 결합에 의한 총체적 저전력화

- 차세대 배터리의 요구사항
  - 이동통신기기의 휴대 편리성을 제고하기 위한 소형, 경량화가 필요
  - 정보의 컬러화 및 동영상 요구에 의한 에너지 고밀도화 필요
- 배터리의 발전 방향
  - 고 용량화, 고속충전, 환경친화적인 전지
  - 젤 형태의 이동통신 기기 특성을 최대한 살릴 수 있는 전지
  - 충전이 필요 없는 소형 연료전지

그림 5.21 저전력 기술

⑭ 마이크로 연료전지를 착용한 단말기

그림 5.21 마이크로 연료전지 기술

5.4 모바일 정보저장 매체

15여 년 전에 우리 생활 속에 등장한 휴대전화는 2008년 현재 우리나라에서만 약 4473만명 이상이 등록되는 등 폭발적인 성장세를 보이고 있다. 양적인 팽창뿐 아니라 여러 가지 통신기능 이외에 정보 및 엔터테인먼트 기능을 포함하는 다목적 기기로서 중요한 역할을 하고 있다. 이러한 급격한 변화는 개인, 가정, 기업, 교육, 의료, 군사 등 거의 모든 분야에서 많은 기술적, 문화적 혁신을 가져올 것으로 예

상된다. 단순 문자 및 음성통신에서 시작하여 데이터 및 정지화상 전송, HDTV 급 고화질 정지 및 동화상, 고기능 데이터와 나아가서는 입체영상 및 입체음향에 이르기까지 점차 고품질화, 다양화, 대량화된 정보를 취급하게 될 것이다. 그림 5.22는 이러한 휴대전화의 진화를 그림으로 나타낸 것이다.

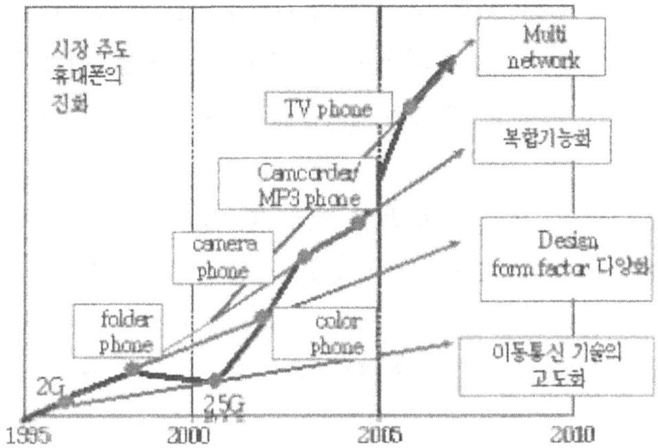

그림 5.22 휴대폰의 진화 형태

휴대전화뿐 아니라 차세대 PC로 기대되는 PDA 및 텔레매틱스, 디지털 TV 등에서도 정보와 통신 그리고 가전기기가 모두 융합하는 디지털 컨버전스 시대가 도래하고 있는 것이다.

카메라 폰, TV 폰 등의 등장으로 디지털 캠코더와의 역할구분이 모호해지는 것 등이 그 예로 볼 수 있다. 따라서 모바일 정보기기에서도 취급하는 정보의 양은 기하급수적으로 늘어나게 되고 이러한 정보의 홍수 속에서 사용자에게 유용한 정보를 검색하고, 기록 저장하는 일은 정보보안 문제와 함께 매우 중요한 역할로 떠오를 것이며 사용자의 수준을 결정짓는 도구가 될 수도 있는 것이다. 그러므로 데스크 탑 PC나 노트북 등 정보통신 기기의 전유물이었던 대용량 정보저장 장치는 가전기기 및 휴대용 기기에서도 그 가치의 중요성을 더해 갈 것이며, 이미 상당한 부분에서는 시장규모의 증대와 함께 기술개발 노력에 박차를 가하고 있다. 모바일 정보저장장치의 시장규모 또한 전체 정보저장장치 시장에서 차지하는 비율이 2000년 5%에서 2003년 12%, 2010년에는 25% 이상으로 확대될 것으로 전망된다.

현 시점에서는 휴대용 기기에서 반도체 비휘발성 메모리의 하나인 플래시 메모리가 경박단소(輕薄短小)의 특징을 장점으로 메모리 카드 및 USB 메모리 등의 형태로서 모바일 저장장치의 주류를 이루고 있다. 그러나 정보의 취급량이 점차 증가하면서 저장용량의 한계를 가지게 되고 특히 단위 MB 당 단가에서도 기존의 자기 및 광디스크 형에 비해 매우 비싼 단점을 가지고 있어 대용량화 할수록 문제점이 드러나게 될 것으로 보인다. 따라서 차세대의 모바일 정보저장장치로서 자기디스크 및 광디스크 등 저가격, 대용량, 고밀도 정보저장 기술이 강한 도전장을 던지고 있다.

일반적으로 정보저장장치는 비휘발성 반도체 메모리를 기반으로 한 메모리 카드형, 자기 메모리인 하드디스크를 기반으로 한 자기디스크 형, 그리고 CD/DVD를 기반으로 한 광 디스크 형으로 구분할 수 있으며 이 외에 아직 등장하지 않은 차세대 메모리로서 탐침형과 홀로그램 등 현재 연구 중인 여러 가지 형태의 신기술이 있다. 다음은 각 저장 장치의 특성을 나타낸다.

① 메모리 카드형 저장장치

반도체 메모리를 기반으로 한 메모리 카드는 경박단소의 장점을 바탕으로 휴대용 기기에 적용할 수 있는 면에서 매우 유리한 위치를 차지하고 있으며 비휘발성인 플래시 메모리의 경우 휴대전화를 비롯한 많은 부분에서 사용되고 있다. 비휘발성 메모리는 초기에 embedded system의 고속성, 비휘발성 특성을 위하여 개발되어 그 수요가 계속적으로 증가되어 왔는데, 최근에는 이동통신 단말기에 적용되는 SoC 기술에서 비휘발성 메모리가 그 핵심이 되고 있다. 그리고 그 용량이 점차 증가되면서 DRAM 등의 주 메모리 영역을 잠식하는 단계에 이르고 있다. 휴대용 기기의 카드형 메모리는 저가격, 저전력 소모의 특성을 요구하면서 단순한 시스템과 편리한 사용 등의 장점으로 고부가 가치를 창출하고 있다. 주요 응용분야는 MP3 플레이어를 비롯한 디지털 카메라/캠코더의 메모리 스틱, 메모리 카드 등이 있으며 이동성 및 호환성이 우수한 USB 메모리가 최근에 각광을 받고 있다. 이러한 목적의 비휘발성 반도체 메모리로서는 기술적으로 여러 가지 형태가 연구개발 중이나 현 시점에서 모바일 저장장치로 상품화한 것은 플래시 메모리뿐이다. 그러나 차세대의 비휘발성 반도체 메모리로서 자기디스크의 저장 원리를 반도체 메모리 형태로 적용한 MRAM(Magnetic RAM), 광디스크의 재기록 원리인 상변화 기록방식을 반도체 메모리 형으로 적용한 PRAM(Phase change RAM) 등이 상용화를 앞두고 연구 중에 있는데, 이러한 기술들에 대하여 살펴보기로 한다.

② 플래시 메모리

플래시 메모리는 1984년 일본 Toshiba 사에서 기존 비휘발성 메모리인 EEPROM을 개선한 NOR형을 처음 개발하였고 1987년에 NAND형이 개발되었다. 일반적으로 단일 칩 형태와 메모리 카드형으로 구분되는데 이동식으로는 메모리 카드로 저가격, 저 전력 소모의 NOR 형이 많이 사용되며 디지털 카메라 등 모바일 저장장치의 대부분을 차지하고 있다. 특히 USB 저장장치는 오디오, 비디오 파일의 저장, 재생뿐 아니라 이동식 저장장치로서 폭발적인 수요를 불러일으키고 있다. 2000년도에 세계 시장규모는 76억 달러, 2005년에는 100억 달러, 2010년에는 150억 달러 정도로 전망하고 있으며 새로운 수요처인 killer application의 발굴에 따라 이 수치는 더욱 증가할 수 있다. 가격도 초기 등장 시에 MB 당 20달러 정도이던 것이 2008년 현재는 MB 당 0.1달러까지 하락하였으며 기술의 발전 및 수요의 증가에 따라 더욱 하락할 여지가 있는 것으로 분석하고 있다. 그러나 플래시 메모리의 용량증가 및 가격의 하락에 비하여 이동식 정보기기에서 요구하는 정보저장 용량의 수요는 이를 더욱 웃돌 것으로 전망하는 분석도 있는데, 예를 들어 HDTV 급 고화질의 실시간 video mail이나, 캠코더 동영상의 녹화/재생, 대형 게임의 실행 등이 일반적으로 현실화될 경우에는 현재보다 개선된 대체기술이 요구되고 있다. 즉, 향후 5~10년 사이에 10GB 이상의 용량을 가지는 메모리 카드가 필요할 것이며 일반적으로 재생속도에 비해 기록속도가 크게 차이가 나는 단점이 개선되어야 할 것으로 보고 있다. 전문가들의 의견으로는 현재 개발 중인 MRAM이나 PRAM 등의 미래기술이 그 해결책이 될 것으로 기대하고 있다. 그림 5.23은 이러한 비휘발성 메모리의 주요 특성을 DRAM, SRAM과 비교한 것이다.

구분	Flash	DRAM	SRAM	MRAM	FRAM	FeRAM
비휘발성	O	X	X	O	O	O
기록시간	20 μs	50 ns	10 ns	10~50 ns	10 ns	100~130 ns
재생시간	20~110 ns	50 ns	10 ns	10~50 ns	20 ns	100~130 ns
Cell 면적	0.8	1	4	<1	0.8	1.3
기록횟수	10^{5}	10^{15}	10^{15}	10^{15}	10[illegible]	10[illegible]
소비전력	100mW	400mW	1100mW	10~400mW	2mW	2mW

그림 5.23 비휘발성 메모리의 특성

③ MRAM(Magnetic RAM)

DRAM보다 높은 집적도, SRAM 보다 빠른 동작속도, 하드디스크 수준의 저가격이면서 정보보존 기간이 반영구적인 비휘발성 등 꿈의 메모리로 기대를 모았던 자기메모리 MRAM은 기대만큼은 아니지만 많은 기술발전에 힘입어 조만간에 상품화를 앞두고 있다. MRAM은 자화반전 속도가 수 ns 수준으로 매우 빠르고 비휘발성이라는 장점으로 플래시 메모리 이후 반도체형 메모리시장을 장악할 가능성을 가지고 있다. 1980년대 처음으로 아이디어가 발표된 이후 1994년에 이르러 미국의 Honeywell 사에서 GMR(Giant Magneto Resistance) 스핀밸브 형태의 MRAM 소자가 처음 개발되었다. 초기에는 기록/재생 속도가 느리고 낮은 집적도 및 높은 전력소모 등의 단점이 있었으나, 내방사선(anti-radiation) 특성이 우수하고 저장된 정보의 안정성 등 장점이 인정되어 우주, 군사 분야에 제한적으로 이용되어 왔다. 그 이후 2000년도 ISSCC 학회에서 IBM은 GMR 대신에 TMR(Tunneling Magneto Resistance) 형식을 이용한 MRAM 소자를 소개하였는데, 재생속도 3ns, 기록속도 10ns, 소비전력 5mW의 놀라운 수치를 발표하였다. 이 기술은 GMR 소자가 가지고 있던 여러 가지 문제를 해결하여 일반 상용화로서의 가능성을 크게 높여준 계기가 되었다. 그러나 TMR을 이용한 MRAM에서도 기술적인 난제가 많이 존재하여 상용화는 2004년 이후에나 이루어질 전망이다. 가장 큰 문제는 고집적화로 갈수록 단위 소자 간에 전압강하가 발생하여 집적된 칩 내에서 MR 비가 일정하게 유지되지 않는다는 점이 알려져 있다. 이를 해결하기 위해서는 MR비가 높은 소재를 개발하거나 바이어스 전압에 의해 MR비가 크게 영향 받지 않는 소자구조를 개발할 필요가 있다(참조문헌 확인하여 붙일 것)(해석 : [5]백문철, 조경익, 꿈의 메모리 MRAM 기술개발 어디까지 왔나, Electronics 21, Feb., 2001 p.30). IBM에서는 2004년도에 250MB MRAM을 개발하여 상용화할 예정이며, Motorola에서는 2002년 6월에 발표한 1MB 급에 이어 2006년도에는 90nm급의 초미세 패턴기술을 적용한 수 GB 급 MRAM을 상용화할 계획이다. 이를 위하여 국제적인 업체들끼리의 기술적인 공조가 활발하게 이루어지고 있는데 IBM과 독일의 Infinion사, 그리고 Motorola, ST microelectronics 사와 Philips 간의 MRAM 기술공유 계약 체결 등이 그것이다.

④ PRAM(Phase change RAM)과 FeRAM(Ferroelectric RAM)

상변화 매체기술은 특정한 결정질 소재의 극소부위를 레이저로 가열, 냉각하여 비정질과 결정질의 가역적인 상변화를 일으키고 이 변환된 상태를 정보저장의 수단으로 이용하는 것으로서 CD-RW 및 DVD-RW/+RW/RAM 등 재 기록 광디스크에 사용되고 있다. 이것을 반도체 집적기술을 이용하여 전기적인 에너지로서 상변화를 일으키고 비휘발성 메모리로 개발하고자 하는 것이 PRAM이다. 상변환 물질은 GeSbTe 계의 IV-VI 반도체 소재이며 변환속도는 매체의 크기가 작아짐에 따라 크게 증가하여 수 ns 이내에 상변환이 일어나는 것으로 알려져 있다. 또한 기존의 반도체 CMOS 기술을 대부분 적용할 수 있으므로 고집적화, 저 전력소모 및 고속소자로서의 특징을 유지할 수 있다는 장점이 있다. 2003년 7월에 삼성전자에서는 NAND 형 플래시 메모리를 대체할 수 있는 PRAM을 개발한 결과를 발표하였으며 기록속도는 플래시 메모리의 1,000배로써 3V의 전압으로 구동된다고 하였다

현재의 기술로서는 고 집적도를 실현하기 위해서 상변환 소재의 신뢰도, 즉 반복기록 특성과 단열특성이 개선되어야 하며 Ovonyx 사의 원천특허에 대한 대비를 할 필요가 있다. FeRAM은 강유전체 박막을 캐패시터로 사용하는 메모리 소자로서 DRAM, SRAM과 같은 수준의 고속이면서 비휘발성을 가지는 차세대 메모리로서 가능성을 가지고 있다. 그러나 강유전체 소재의 안정적인

특성유지 및 셀 크기의 축소에 따른 고집적화의 한계, 소재의 미세 가공기술 문제 등으로 현재에는 기술적인 진보에 난항을 겪고 있는 것으로 알려져 있다. 국내에서는 Hynix 사에서 2003년 4MB급 메모리 모듈을 개발하였다.

⑤ 광디스크 저장장치

광디스크는 디스크 드라이브와 매체를 착탈식으로 분리할 수 있고 매체의 제작단가가 매우 저렴하다는 특징을 가지고 있으며, CD 및 DVD와 같이 표준 규격이 엄격히 정해져 있기 때문에 하나의 드라이브로 다수의 매체를 재생, 기록할 수 있는 장점을 가지고 있다. 또한 기록매체가 견고하여 내 충격성이 우수하며 온도변화 및 진동에도 가장 강하고 정보의 저장측면에서 반영구적인 것으로 알려져 있다. 반면에 비교적 느린 접속속도와 데이터 전송속도로 정보기기의 CPU를 보조하는 기능 및 고속 데이터 저장, 처리, 검색보다는 A/V 및 게임 등의 엔터테인먼트용의 저장매체로 많이 사용되어 왔다. 그러나 최근에는 비약적인 기술의 발전으로 조만 간에 자기디스크나 반도체 메모리 저장장치에 필적할 만한 고밀도 및 전송속도가 가능한 제품이 등장할 것으로 전망되어 대용량 정보저장뿐 아니라 모바일 저장장치 분야에서도 새로운 혁신을 가져올 것으로 기대되고 있다. 여기에서는 이러한 모바일용 광디스크 저장장치 기술에 대한 동향 및 장단점을 분석하고자 한다.

⑥ Dataplay

1999년 미국의 Dataplay 사에서는 DVD를 축소시킨 형태의 소형 광저장장치인 dataplay를 선보이고 2002년 국내의 MP3 업체인 아이리버사와 합작생산을 하였다. 이 기기는 등장 초기에 직경 32mm 디스크에 양면 500MB의 데이터를 저장할 수 있는 충분한 용량의 획기적인 기술로 기대되었으며 작은 사이즈로 인한 이동성과 자체 MP3 player 내장 등의 엔터테인먼트 기능, 데이터 정보의 기록, 저장기능을 갖추어 각광을 받을 것으로 예상되었었다. 그리고 단일기록형인 기록매체의 가격도 MB당 단가가 2센트에 불과해 플래시 메모리에 비해 크게 유리한 점 등이 부각되었다. 기술적으로는 부피를 줄이기 위해 swing arm 형식의 픽업구동장치를 채택하였으며 DVD와 같은 광학계를 사용하였다[3]. 그림 5.24는 dataplay의 장치 및 매체의 형태를 보인 것이다. 그러나 Dataplay 사는 실제 사용에 있어 쉽지 않은 사용 방법 및 자체적인 자금난을 이유로 2002년 9월에 생산을 중단하였다. 실패원인으로는 시장진입 시기를 맞추지 못한 점과 수요자의 사용 편리성을 고려하지 못한 점 등이 분석되었다.

즉, 가격은 저렴하지만 플래시 메모리에 비해 부피가 크고 사용이 불편한 점이 크게 작용한 것으로 해석되었다. 말하자면 현 수준에서는 이동성 기기에 500MB 용량의 대용량 정보를 필요로 하는 분야가 많지 않아 새로운 수요를 창출하지 못한 것으로 해석된다. 실제로 업무용이나 개인정보저장용으로는 플래시 메모리의 용량으로도 충분히 감당할 수 있으며 접속속도가 느리고 사용법이 불편한 것이 가장 큰 원인이었던 것이다.

그림 5.24 Dataplay 매체 형태

⑦ SFFO(Small Form Factor Optical)

Philips 사에서는 small form factor optical disk로서 직경 30mm 디스크에 1GB 기록용량을 저장할 수 있는 모바일 광디스크를 개발하여 상용화 직전에 있는 것으로 알려져 있다.

이것은 청색 레이저를 사용하는 BD(Blue-ray Disk)를 축소시킨 개념으로, Philips 사에서 자체적으로 개발한 초소형의 마이크로 플라스틱 렌즈를 장착함으로써 부피와 무게를 크게 줄였다. 디스크의 크기는 직경 30mm, 두께는 1mm 이내이며, 드라이브의 두께도 1세대의 7.5mm에서 2세대에서는 5.0mm

로 축소시켰다. 전체 크기는 1세대에서 PCMCIA 카드와 같았으나 2세대에서는 그 절반크기로 개발되었다. 용량은 단면 1GB로 개발하고 있으며 향후 2.4GB 및 4GB 급의 개발을 준비하고 있는 것으로 알려져 있다

그림 5.25는 이미 상품화 한 Philips 사의 제 2세대 SFFO 디스크를 보인 것이다.

그림 5.25 SFFO 매체 형태

국내에서 LG 전자는 광자기 기록방식의 small form factor disk drive PICO를 개발하고 있다[10]. 여기에서는 SIL(Solid Immersion Lens)을 장착하여 초미세 근접 장 광점을 형성시키고 활주 형 헤드방식의 디스크 드라이브를 적용한 것으로 알려져 있다. 광자기 기록방식은 데이터 전송속도가 빠르고 반복 기록횟수가 거의 무한대에 가까울 만큼 안정적이며, 외부의 강력한 자기장을 가하지 않는 한 정보의 보존이 반영구적인 기술이다. 반면에 광 픽업 헤드에 자기장을 가하기 위한 코일을 장착해야 하고 편광을 이용하여 기록비트를 검출하므로 광학계가 복잡해지는 단점이 있다. 그리고 SIL을 사용함에 따라 픽업 헤드와 디스크 매체가 매우 근접해야 하므로 착탈식을 유지하기 위해서는 외부 먼지나 오염물질 등의 방지를 위한 별도의 특별한 장치가 필요하게 된다. LG 전자에서는 자체적으로 개발한 ABS(Air Bearing System)와 자동 매체 세척장치 등을 적용하여 이러한 문제를 해결하고 있다.

저장장치의 전체적인 크기는 PCMCIA 카드 크기의 드라이브에 24mm 직경의 착탈식 디스크를 장착하는 방식을 개발하고 있는데 1세대를 거쳐 현재는 디스크 카트리지를 사용하고 있다. 용량도 Philips와 동일한 단면 1GB 급이며 레이저 광원은 파장 660nm 의 적색을 사용한다.

⑧ BUD(Blue UV disk)

광디스크를 이용한 모바일 저장장치에서는 당분간 BD의 규격을 따를 것으로 예상되는데 향후 2~5년 이내에 이 규격이 표준으로 될 것으로 예상하고 있다. 그리고 이 시점에서는 디스크 단면 기록용량이 5~10GB 정도에 이를 것이며 데이터 전송속도도 HDTV의 송출속도인 36Mbps 이상이 될 것으로 전망된다. 그 이후에는 레이저 파장의 감소 및 그에 따른 소재기술의 개선 등 계속적인 기술개발이 이루어질 것으로 보이며 규격 또한 새롭게 정해질 전망이다. 현재로서는 청색과 자외선의 중간인 375nm 급의 청자색 레이저가 적용되고 이에 따라 규격에 적합한 기술로서 다음과 같은 과제들이 개발되어야 할 것으로 보인다.

1) 먼저 현재의 405nm 청색레이저보다 더 짧은 375nm 급 자색레이저 기술의 개발이다. 파장이 8% 정도 감소할 경우 기록밀도는 약 20% 증가하게 된다.
2) 다층구조의 디스크 구조 및 소재를 개발하여 3차원 기록이 가능하도록 하는 기술이 개발되어야 한다.
3) 기록 및 재생속도를 개선하기 위한 신 개념의 상변환 및 광자기 매체의 박막기술 등이 현실화되어야 할 것으로 보인다. 예를 들면 상변환 초 해상(super-RENS) 및 자구확대 초 해상(RF/ZF MAMMOS) 등의 초 해상 기술이 그것이며
4) 고 정밀 초고속의 tracking/focusing 서보기술이 개발되어야 한다.
5) 레이저 파장이 짧아짐에 따라 신호가 약해지고 잡음이 증가하는 현상이 발생하므로 이에 대한 광학계의 구성도 개선되어야 한다.
6) 저장 데이터의 신호처리를 위한 데이터 코딩 및 디지털 신호처리 기술이 개선되어야 하며,
7) 다층구조 디스크의 마스터링 및 복제기술 등이 새롭게 개발되어야 할 것

으로 보고 있다

따라서 이러한 기술이 모두 현실화되어 BUD가 상품화되는 시기는 2009년 이후일 것으로 예상하는데 이 시기에는 광디스크에 의한 모바일 정보저장의 새로운 전기를 맞을 것으로 기대하고 있다. 그림 5.26은 현재와 미래의 모바일 광디스크 저장장치의 특성을 비교한 것이다.

구분	Dataplay (2002)	Philips SFFO(2004)	Blue-UV Disk(2007)
Capacity/side	0.25GB	1GB	5 or 10GB
Disk diameter	32mm	30mm	30mm
Storage layer	Phase change	Phase change	Phase change
Baseline technology	DVD	BD	BD
Laser wavelength	650(red)	405(blue)	375(near UV)
NA	0.6	0.85	0.85
Track pitch	740nm	320nm	246nm
Track density	34,324tpi	79,375tpi	103,188tpi
Bit density	83,820bpi	185,536bpi	319,371bpi
Areal density	2.88Gbit/in²	15Gbit/in²	33Gbit/in²
Raw data rate	9.9Mbps	36Mbps	36Mbps
Height	11mm	7.5 or 5.0mm	5.0mm
Ave access time	200ms	100ms	100ms
weight	50g	<40g	<40g

그림 5.26 모바일 광디스크 특성 비교

⑨ 자기디스크 저장장치

자기디스크는 초기에 자기테이프의 단점을 개선하기 위하여 개발된 것으로 모바일 기능을 가진 플로피디스크와 컴퓨터 본체에 장착하는 내장형 하드디스크로 구별되었다. 플로피디스크는 5.25인치, 3.5인치를 거쳐 현재에는 거의 사용되지 않고 있으며 상대적으로 하드디스크는 기록밀도 및 용량에서 비약적인 발전을 하여 현재에는 모든 저장장치 중 기록밀도 면에서 가장 유리한 위치를 점하고 있다. 그리고 자기 반전(magnetic switching) 속도가 수 ns 이내에서 이루어지는 만큼 매우 빠른 기록특성 및 데이터 전송속도를 그 특징으로 하고 있다.

하드디스크는 데스크탑 PC 용, 노트북 PC 용 및 이동식으로 각각 3.5인치, 2.5

인치 및 2인치 제품이 있으며, 1999년 IBM에서 모바일용으로 1인치 하드디스크인 마이크로드라이브를 선보인 바 있다. 여기에서는 모바일 자기디스크 장치인 마이크로드라이브를 중심으로 현재의 기술 및 차세대의 기술개발을 위한 연구동향을 살펴보기로 한다.

⑩ 마이크로드라이브

마이크로드라이브는 1999년 IBM Almaden 연구소에서 170MB, 340MB 및 1GB 급까지 상품화에 성공하여 많은 주목을 받았었으나 초기에 제시한 드라이브 가격이 지나치게 높아 시장에서는 큰 성공을 거두지 못하였다. 즉, 가격이 높으면 정보기기에 내장되기 보다는 옵션으로 판매되어야 하는데 이 경우 매출량이 늘어나기 어려우므로 결과적으로 가격하락을 가져올 수 없기 때문이다. 이에 따라 2002년도에 IBM의 생산시설을 모두 일본의 Hitachi로 이전하여 마이크로드라이브는 HGST(Hitachi Global Storage Technologies)의 상표로 생산된다. 현재에는 미국의 Cornice 사를 비롯한 일본의 Cannon, Casio, Fuji film, Kodak 사 등에서도 생산을 하고 있으며 중국의 GS 마이크로드라이브 사에서는 2003년 2월 2.4GB 급의 1인치 하드디스크인 Magicstor를 공개하고 4월부터 양산에 들어가 동년 10월 및 2004년 초에 3.6 및 4.7GB 용량의 모델을 출시할 예정이다.

그림 5.27은 미국의 Cornice Inc., 중국의 GS 마이크로드라이브 및 미국-일본의 HGST 사의 1인치 하드디스크 기술을 비교한 것이다. 흥미있는 것은 미국 Cornice 사의 제품에서는 기존의 Compact Flash II 형을 벗어나 탈착식이 아닌 독립적 인터페이스의 내장형 메커니즘을 구현한다는 사실이다. 반면에 다른 제품은 모두 Compact Flash II 형을 사용하고 있다. 그리고 후발업체들은 모두 착탈식이 아닌 내장형을 기획하고 있는 점이 주목을 받고 있는데 이는 디지털 카메라, 캠코더 등에 1인치 하드디스크가 옵션이 아닌 내장형으로 장착될 수 있도록 한 전략으로 풀이된다. 이러한 전략은 마이크로드라이브의 가격이 아직 충분히 낮지 않은 데에도 원인이 있다. GB 단위로 볼 때 마이크로드라이브는 170~200달러 정도로 약 310달러까지 추격해온 플래시 메모리에 비해 아직은 경쟁력이 있지만 대용량의 강점 및 지속적인 경쟁력을 유지하기 위해서는 새로운 전기를 마련할 필요가 있다.

구분	미국 Comice	중국 GS microdrive	Hitach Global Storage Technologies	
제품명	Comice personal storage	Magicstor	Microdrive	
Capacity	1.5GB	2.4GB	1GB/512MB/340MB	4GB/2GB
Interface	독립형 장치	Compact Flash II	Compact Flash II	Compact Flash II
Recording density	38.5Gbit/in²	30.5Gbit/in²	15.2Gbit/in²	60Gbit/in²
Data rate	50~100Mbps	52.4~99.6Mbps	38.8~59.9Mbps	미발표
Voltage	+3.3V	+3.3 or +5V	+3.3 or +5V	+3.3 or +5V
유형	경비 내장형	착탈식	착탈식	착탈식
Size	42.8×36.4×5mm³	42.8×36.4×5mm³	42.8×36.4×5mm³	42.8x36.4x5mm³
Weight	14g	16g	16g	미발표
양산시기	2003. 7	2003. 4	2000. 8	2003. 10

그림 5.27 1인치 하드디스크 특성 비교

현재의 마이크로드라이브는 PCMCIA 카드 규격의 디스크 드라이브에 Compact Flash II 규격인 착탈식의 카트리지로 구성되어 있는데 자기디스크의 특성 상 디스크매체와 자기헤드는 수십 nm의 미세간극을 유지하도록 되어 있어 광디스크와 같은 디스크 매체만의 착탈식은 불가능하다. 이에 따라 헤드가 부착된 디스크 매체를 카트리지로 하여 드라이브로부터 분리하는 시스템으로 되어 있다. 그러므로 헤드를 포함한 매체의 가격은 현재 170달러 정도에서 향후 100달러 이하로 크게 하락시키는 것이 쉽지 않을 것으로 보인다.

⑪ Advanced magnetic storage

자기디스크의 장점은 빠른 속도와 대용량에 있다. 이러한 관점에서 모바일 저장장치로서 장착되기 위해서는 착탈식의 저가격 저장장치보다는 내장형의 하드디스크로서 더 가치를 가질 수 있을 것으로 보인다. 이러한 면에서 보면 기록밀도의 증대 및 데이터 전송속도의 개선 등에 대한 연구방향이 주어지는 것은 당연하다 할 수 있다.

자기디스크 기록밀도의 증대는 초상자성 현상(superparamagnetism)의 한계로 200Gbit/in²를 넘지 못할 것이라는 예상이 있어 왔는데 최근의 기술발달은 이러한 한계를 극복할 수 있을 것으로 기대되고 있다. 초성자성 현상은 자기기록 마크의 입자크기가 너무 작아지게 되면 열적 안정성이 자기이방성 에너지

보다 낮아지게 되어 정보의 보존시간이 급격히 단축되는 현상을 말한다. 이를 극복하기 위한 기술 중의 하나로 등장한 일명 하이브리드 저장장치 기술은 강한 자기이방성 매체를 사용하면서 기록 시에 자기장과 함께 레이저를 이용하여 가열하게 되면 안정적인 정보저장이 가능하게 되는 원리이다. 이 기술은 기존 광자기디스크의 기록 원리와 유사하나 근접 장을 이용하여 초미세의 광점을 형성하고 디스크 매체와 헤드간의 거리를 수십 nm로 근접시키며, 재생 시에는 기존의 자기헤드를 사용한다. 이 기술은 이론적으로 Tbit/in2의 기록밀도가 가능하다고 알려져 있으나 구체적인 실험결과는 아직 발표되지 않고 있으며 실제 실현가능성 여부에 대해서도 미지수이다. 다른 기술로는 디스크 매체의 자기입자 대신 단일 자구를 가지는 매체 및 패턴을 가지는 매체 등으로 개발하는 기술 등이 연구 중에 있다. 그러나 이러한 기술들은 상용화와는 상당한 거리를 두고 있어 당분간은 자기디스크의 기록밀도 증가율은 지난 1990년대 수준을 유지하지는 못할 것으로 보고 있다. 그림 5.28은 일본 및 미국에서 발표한 자기디스크의 기록밀도 로드맵을 보이고 있다

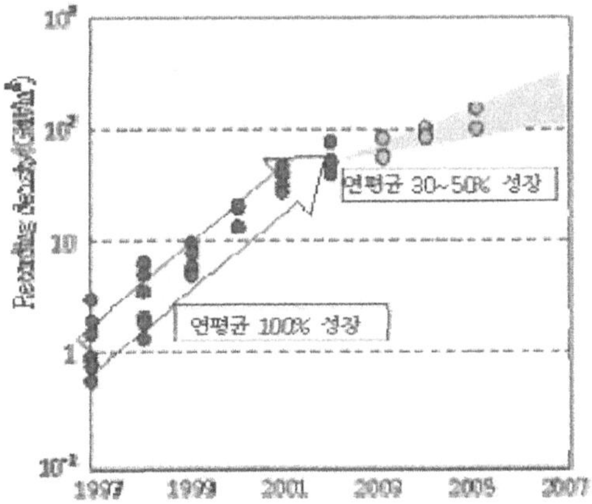

그림 5.28 자기디스크 기록 밀도 로드맵

⑫ 탐침 형 저장장치

나노기술의 발달로 원자 한 개씩을 이동시키고 변환시키는 기술이 가능하다고 알려진 뒤 이를 정보저장에 적용시키려는 시도가 있어 왔다. 특히 AFM

(원자간력 현미경)의 원리를 이용하여 근접 장 광 및 정전기력, 자기력 등을 이용한 시도가 있어 왔는데 대부분은 기존의 자기디스크 및 광디스크의 기록 밀도 한계를 극복하고자 이루어진 것이다. 그러나 실용화에는 많은 기술적인 문제점들이 있어 현재까지는 그 상용성에 큰 기대를 가지고 있지 않은 것으로 알려져 있다. 그런데 최근 IBM 및 HP 사에서 기존의 디스크 형으로부터 x, y, z 나노 구동장치를 장착한 모바일 탐침 형 정보저장장치를 개발하여 상용화를 앞두고 있어 많은 주목을 끌고 있다.

☑ 연습문제

1. 이동통신 발전사를 세대별로 특징을 지어서 서술하시오.
2. WAP에 대해서 설명하고 각 계층에 대해서 특징을 서술하시오.
3. 이동통신 단말기의 요소기술에 대해서 설명하시오.
4. 비휘발성 메모리의 종류와 각 특징에 대해서 설명하시오.
5. BUD에 대해서 설명하고 해결해야 할 과제들에 대해서 설명하시오.
6. 광디스크 저장장치에 대해서 설명하고 현재 우리 일상생활에 쓰이는 광디스크 저장장치를 나열하고 분석하시오.
7. 위의 정보를 바탕으로 했을 때 앞으로 미래에는 어떤 형태의 모바일 기기가 양산되겠는지 자신의 생각을 서술하시오.

제6장

모바일 서비스

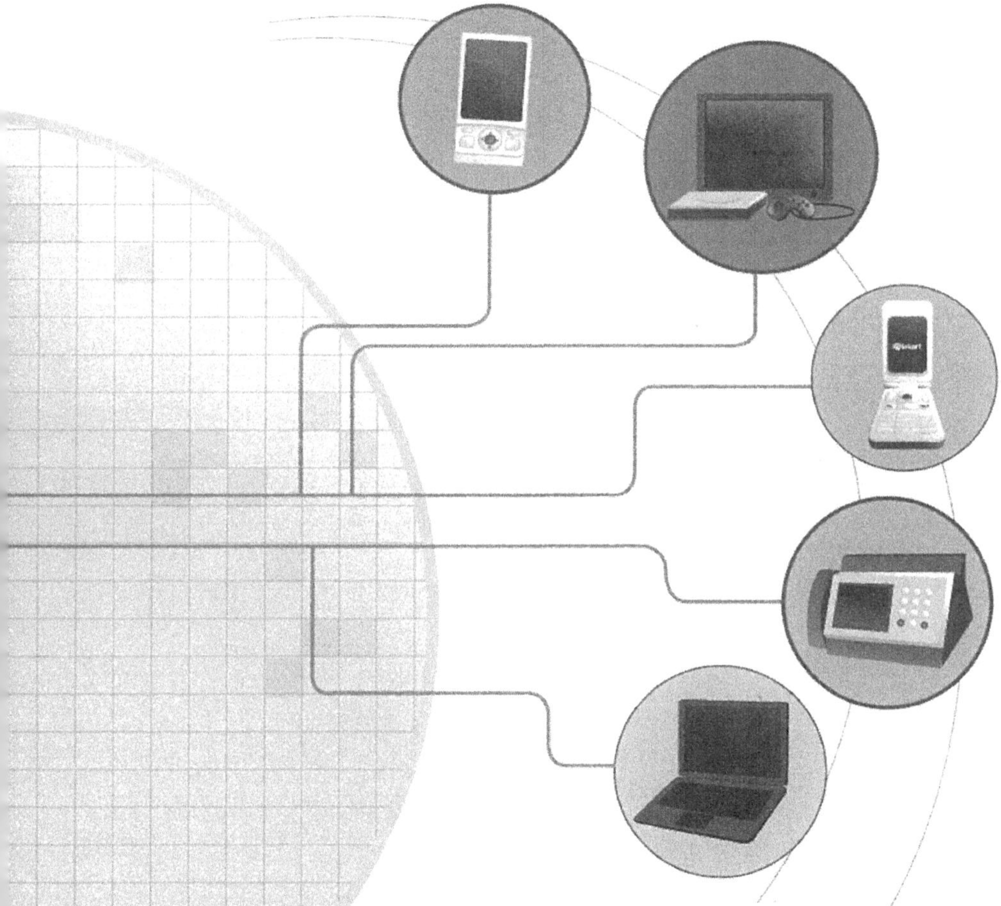

제6장 모바일 서비스

6.1 모바일 IPTV

휴대단말기와 무선 네트워크 및 별도의 Mobile TV용 방송 통신망을 이용해 이동 중에 음악, 뉴스, 스포츠, 드라마 등의 콘텐츠를 실시간 또는 주문 형으로 이용할 수 있는 서비스를 말한다.

우리 산업계를 달구는 핫 트렌드인 IPTV에 대한 논의가 수년째 뜨겁다. 이는 그 중요성이나 사업적 가치 그리고 앞으로 세계 시장에서의 우리의 위치를 고려해서 제자리걸음만 하고 있는 상황에서 이제는 더 이상 지체할 수 없다는 위기감마저 감도는 가운데 IPTV에 대한 논쟁이 이제는 법제화로 옮겨가 있다. TV의 미래는 IPTV, 특히 모바일 IPTV가 될 것이라는 전망이 우세한 가운데 (그림6.1 참조)기존의 방송시장에서 기득권을 가진 공중파, 케이블 방송사와 이제 새롭게 방송시장에 뛰어들 준비를 하고 있는 통신사들 간의 혈전은 어쩌면 당연한 일인지도 모르겠다.

모바일 IPTV란 유선 인터넷상에서 이루어지는 IPTV서비스가 모바일에서 이루어지는 것을 말한다.

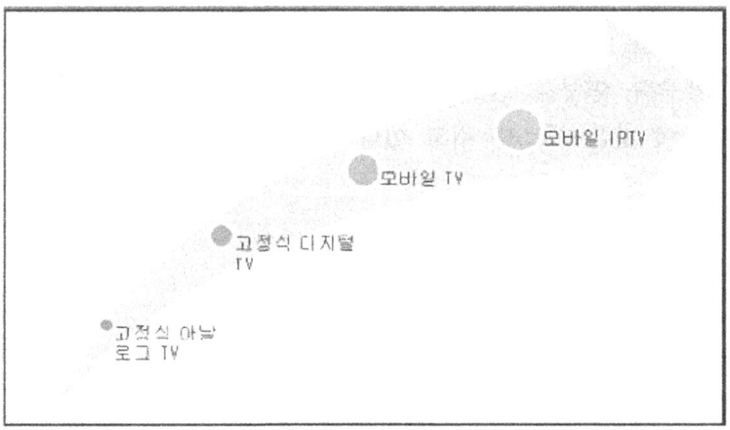

주간기술동향 1327 호 2007.12.19

그림 6.1 TV의 진화 과정

세계 최고의 인터넷 인프라를 갖추고 있는 우리로서는 아쉽게도 디지털 시대에 맞지 않는 법, 제도와 행정기관 간 갈등으로 IPTV 실행이 계속 늦춰지고 있는 가운데 세계의 기술발전 추세는 벌써 모바일 IPTV 표준화를 논의하는 단계에 까지 이르고 있다. 업계에 따르면 국제 전기 통신 연합(ITU)은 그 동안 안정된 환경에서 고화질 (HD)급의 화면과 성능을 제공 할 수 있는 IPTV와 관련한 연구에 중점을 둬 왔지만 머지않은 장래에 이동 단말에서의 IPTV수요가 발생할 것으로 보고 모바일 IPTV표준에 관심을 돌리고 있다.

향후 모바일 IPTV는 인터넷의 연결성과 양방향 서비스를 활용할 수 있는 IPTV의 특징과 이동성을 통한 사용자 편익증대를 동시에 만족시킬 수 있는 기술로 향후 무선 환경에서 자유롭게 IPTV를 사용하려는 사용자들이 늘어나면서 수요가 계속 증가할 것으로 예측되고 있다. 해외에서는 이미 모바일 와이맥스를 기반으로 하는 IPTV서비스를 제공하고 있으며 홈 네트워크 분야에서는 IPTV서비스를 수신한 셋탑 박스가 무선을 통해 가정 내 다른 무선 단말에 서비스를 전달하는 형태로 적용범위를 확산하고 있다. 모바일 IPTV는 그러나 특성이 전혀 다른 무선랜과 와이브로 (휴대인터넷) 망, 무선랜과 CDMA(코드분할다중접속) 망간의 이동처럼 서로 다른 무선망간에 서비스를 연속성으로 보장할 수 있는 다양한 기술적 뒷받침이 필요한 상태이다.(그림6.2 참조) 이에 따라 지난 7월 제네바에서 열린 제 1차 ITU-T IPTV포커스 그룹회의에서는 모바일 IPTV시나리오 구성을 기반으로 하는 제안서가 채택되어 내년 중순 까지 관련 연구를 진행할 예정이다. 국내에서도 이같은 국제적 움직임에 발맞춰 삼성전자 디지털미디어연구소 등 관련 연구단체를 중심으로 모바일 IPTV 표준화 연구를 선도하고 있지만 아직 유선 IPTV조차 도입되지 않은 상황이어서 연구에 많은 애로를 겪고 있다.

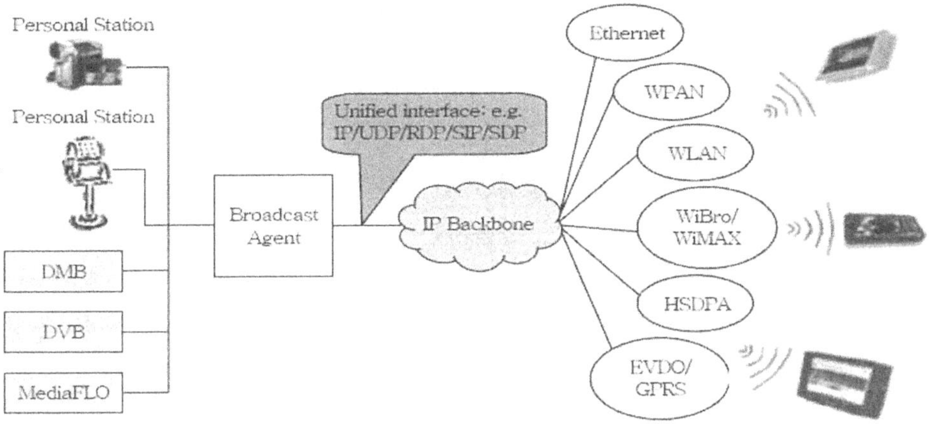

그림 6.2 다양한 무선접속을 통한 모바일 IPTV구성도

6.1.1 모바일 IPTV 특징

모바일 IPTV는 모바일인 만큼 이동성이 가장 큰 특징이고, 시간을 제약받지 않고 시청할 수 있는 즉, 공간적 제약을 극복할 수 있다는 장점이 있다. 이렇게 소형 단말기로 모바일 IPTV를 이용하면 외부에서도 IP를 이용해서 콘텐츠를 주고 받을 수 있는 서비스도 제공 할 수 있을 것이다. 또, IPTV로 인해 가장 주목받은 분야가 동영상인 만큼 디지털 음악이나 주문형 게임, TV프로그램 등을 문제없이 다운받아 이용할 수 있어야 할 것이다. 하지만 일반 가정용 IPTV는 고화질의 영상을 출력하는데 충분히 안정적인 네트워크를 갖고 있고, 비교적 좋은 성능의 단말을 갖고 있다. 또, 유선이라는 점이 서비스의 안정화를 가져다주기도 한다. 그에 비해 소형 단말기의 경우 성능의 한계는 뛰어넘어야 할 산이나 마찬가지다. 대표적으로 무선 네트워크로 인한 문제와 모바일 IPTV 단말기로 인한 문제가 있다. 모바일 IPTV는 데이터를 수신하는 경로가 무선인 만큼 대역폭이 상황에 따라 수시로 변경되고, 그로인해 시스템이 안정적이지 못 해 심지어 연결이 끊길 수도 있다. 또 다른 문제점은 단말기 성능의 한계이다. 단말기가 소형인 만큼 CPU성능 문제나 메모리 성능 등이 문제가 되서 가정용 IPTV단말이 수신하는 고화질의 콘텐츠를 사용하기가 매우 어렵고, 현재 셋탑박스를 중심으로 개발하고 있는 미들웨어 역시 모바

일 IPTV 단말기가 이용하기 어렵기 때문에 많은 기술적 문제가 해결되어야 할 것이다.

- 모바일 IPTV 주요 이슈

모바일 IPTV는무선 구간에서 이동성을 지원하여 언제 어디서나 자유롭게 IPTV서비스를 이용하도록 하는 서비스다. 사용자는 무선 접속이 가능한 구간에서 자류롭게 IPTV서비스를 사용하며, 또한 다른 무선 구간으로 이동하는 경우에도 핸드오버와 같은 이동성 지원 기술을 통해 IPTV서비스를 지속할 수 있다. 특히 특성이 서로 다른 무선 구간을 이동하는 경우에는 매우 복잡한 기술적 이슈가 발생하게 되지만 이와 같은 기술들은 모바일 IPTV의 가용 범위를 확대하는 효과를 가지므로 관련 표준화 단체들은 필요한 기술에 대한 연구 범위를 넓히고 있다. 또한 Next Generation Network(NGN)에서의 이동성 연구는 ITU-T SG13과 이동통신 네트워크 표준을 담당하는 SG19가 공동으로 NGN-GSI(Global Standards Initiative)산하에 Moability Management라는 그룹을 형성하여 표준화 작업을 진행하고 있으며 FMC(Fixed Mobile Convergence)와 같은 이슈들도 동시에 연구되고 있다.

앞서 설명한 바와 같이 현재의 IPTV서비스는 콘텐츠를 최종적으로 수신하는 사용자가 SD/HD급 이상의 고화질 콘텐츠를 충분히 전달할 수 있는 안정된 네트워크와 이를수신할 수 있는 성능 좋은 단말을 가지고 있으며, 또한 서비스를 송신하는 송신자로부터 사용자에 이르기까지의 데이터 경로도 유선으로 연결되어 비교적 안정적인 QoS를 지원한다는 전제를 가지고 있다. 하지만 이와 같은 전제들이 모바일 IPTV에서는 기술적으로 상당한 어려움이 있다.

즉 모바일 IPTV의 가장큰 기술적 이슈는 데이터를 수신하는 최종 경로가 무선 구간이며, 사용자가 사용할 수 있는 무선 구간에서의 가용 대역폭은 상황에 따라 수시로 변경된다는 것이다. 즉 유선에 비해 서비스를 수신함에 있어서 안정적이지 않으며, 경우에 따라서는 연결이 끊길 수도 있다. 또한 무선 구간에서는 데이터 손실률 및 지연이 유선 구간에 비해 크게 발생할 수 있으므로 사용자에게 IPTV서비스가 원활하게 전달되지 못하는 경우도 종종 발생한다. 이와 같은 기술적 이슈는 무선망 간의 이동뿐만 아니라 이동하지 않는 무선 환경에서도 발생한다. 즉 해당 무선 구간에 얼마나 많은 사용자가 접속되어 있는지, 유선망 접속점(AP, BS 등)에서 얼마나 멀리 떨어져 있는지, 또한 사용자의 위치 및 어떤 간섭이 주변에서 발생하고 있는지 등 다양한 형태로 사용자의 무선 환경 특성이 변하기 때문이다. 또한 모바일 IPTV 사용자는 자유롭게 이동하면서 서비스를 이용하고자 하므로 이와 같은 무선 구간간의 이동에 대한 기술적 이슈도 발생한다.

또 하나의 기술적 이슈는사용자가 수신하고 있는 모바일 IPTV 단말의 성능 한계이다(CPU 성능, 메모리 성능, 지원 가능 코덱, 화면 사이즈 등). 모바일 IPTV는 소형의 이동 단말이 주를 이룰 것으로 전망되므로 성능의 한계는 필수적으로 극복해야 하는 기술적 이슈이다. 즉 대화면의 일반 가정용 IPTV 단말에서 수신할 수 있는 고화질의 콘텐츠를 사용하기에 매우 어렵고 EH한 SD/HD급의 콘텐츠가 모바일 IPTV 단말에서 요구되지도 않는다. 물론 현재 Set-Top을 중심으로 개발되고 있는 미들웨어들도 모바일 IPTV단말에는 적합한 형태가 아니다. 따라서 모바일 IPTV 서비스를 위해선 다양한 기술적 이슈들이 해결되어야 한다.

6.1.2 모바일 IPTV 기술의 장, 단점

IPTV가 양방향성을 무기로 유비쿼터스형 미디어가 될 것이라는 데는 이견이 없다. 특히 그림6.1에서 보듯 IPTV가 모바일로 옮겨갈 것이라는 데도 의견을 같이한다. 현재 DMB(디지털 미디어 방송)가 고정 형 TV에서 이동 형 TV시대로 가는 촉매역할을 하고 있듯 IPTV도 유비쿼터스 시대의 핵심 트랜드인 모빌리티와 동조해 이동 형으로의 진화는 당연해 보인다. 이동공간인 지하철에서 TV를 볼 수 있듯 이제 지하철에서 원하는 동영상을 꺼내 보고 공부하는 것이 보편화되는 것이다. 모바일 와이맥스(와이브로)를 기반으로 하는 IPTV서비스가 "모바일 IPTV의 기반이 곧 홈 네트워크에서도 IPTV 서비스를 수신한 셋탑 박스가 무선을 통해 가정 내 다른 무선 단말에 서비스를 전달하는 형태로 적용범위가 확장될 수 있다.

아이서플라이는 IPTV서비스 매출이 올해부터 탄력을 받기 시작하면서 2011년에 263억 달러에 이를 것으로 내다 봤다. 이는 2006년 7억 7.920만 달러와 비교하면 34배 이상 늘어난 수치이다. 여기에 광고 수입과 부가 서비스 매출은 포함되지 않았다. 특히 통신업체가 계속 떨어지는 음성매출을 본존하기 위해서 IPTV사업에 주도적으로 나서면서 성장을 견인할 것으로 전망하고 있다. IPTV 콘텐츠 가운데 가장 관심을 끌 분야로는 동영상 서비스를 꼽았다. 이 때문에 기능과 서비스를 중심으로 시장 경쟁이 전개될 가능성이 높으며 고선명을 기반으로 하는 HD프로그램

DVR등과 결합한 주문 형 비디오 (VOD)사업이 IPTV 분야의 핵심 사업으로 부상한다고 분석하였다. 동영상뿐 아니라 IPTV 플랫폼을 기반으로 하는 부가 사업의 전망도 낙관적이다. IPTV가 디지털 음악과 주문형 게임, 데이터 서비스 홈 시큐리티와 같은 다양한 콘텐츠 상품을 제공하는 창구로 떠오르고 있다는 점이다. 부가 서비스 매출은 2010년 10억 달러 이상을 기록한다고 예측하였다. IPTV를 통한 광고 매출도 지금은 초기 시장으로 수요가 거의 없지만 2010년 10억 달러에 달한다고 덧붙였다. 아이서플라이 측은 "케이블 TV시장과 비교해 아직은 규모가 작지만 IPTV가입자와 매출은 괄목할 만한 성장세를 이어갈 것"이라며 "아직은 확실한 강자가 없지만 통신, 케이블을 포함해 치열한 시장 경쟁이 불가피 할 것"으로 보고 있다. 이런 모바일 IPTV의 장단점을 중심으로 살펴보면 (표 6-1)과 같다.

표 6.1 모바일 IPTV의 장, 단점

장점	단점
- 시청 시간이 랜덤 - 이동성(핸드오버: 장소, 공간 극복) - 접근성 - 공간적 제약 극복 - 모든 단말에 IPTV화 - UCC처럼 개인의 녹화 자료도 IP망으로 전송가능	- 사용시간이 적대적으로 적음 - 모바일 콘텐츠 부족 - 소형 스크린 - 라이브 콘텐츠에 대한 요구 감소 - 성능 저하 (모바일 기기) - 이동성 (계속 움직이기 때문에 문제발생) - 대역폭 제한 - 성능 및 크기 등이 다른 단말이 존재 - 프로토콜 문제 및 패킷 손실 문제 - convergence 문제 - 환경에 따른 문제 - 개발의 문제점

6.1.3 모바일 IPTV의 최근 동향

휴대성과 편의성을 갖춘 모바일 기기를 이용해 TV방송을 시청할 수 있는 "모바일TV는 인터넷 이용자의 잠재적 욕구까지 충족 시켜 줄 수 있는 기반을 갖고 있다. 공간적 제약 없이 이동 중에 손쉽게 언제 어디서나 TV를 시청 할 수 있는(이동성) 불특정 다수를 대상으로 하지 않는 개인 맞춤 방송이 가능하기(개인형 미디어) 때문이다. 또 다양한 콘텐츠를 수신하고 무선인터넷 등을 이용할 수 있다(융합성 멀티미디어)는 점도 빼 놓을 수 없다.

국낸 트렌드는 현재 산업계를 비롯하여 국민들의 시선은 국회로 시선이 집중되어 있다. 국회에서 입법추진 중인 IPTV 관련 법 통과여부인 것이다. 현재로서는 올 국회 통과가 어려울 것이라는 전망이 지배적인 가운데 발의중인 IPTV 관련 법안 가운데 무선 IPTV와 관련된 별도의 언급이 없다는 점이다. 그런 만큼 일부에서는IPTV 사업자 (유선)가 무선 IPTV서비스도 할 수 있게 되는 것 아닌가 하는 우려가 DMB업체 등 관련 업체들에게 나오고 있다. 무선 IPTV경쟁업체가 될 것으로 보이는 DMB업체들은 KT에 대한 규제조항이 논의되지 않는 상황에서 IPTV가 가시행되면 선발 뉴미디어 DMB는 존폐위기에 놓일 것이라는 게 DMB업체의 입장이다. 업체들은 현재 유선 IPTV가 포함되어 있는 IPTV 사업은 일부의원이 발의한 법안대로 갈 경우 무선사업도 할 수 있게 되는 엄청난 혜택을 담고 있다며 IPTV사업은 반드시 유선과 무선이 분리되어야 한다고 요청을 하고 있는 상황이다. 실제로 "디지털미디어서비스사업법"의 경우 IPTV를 "미디어 서비스를 제공하기 위해 디지털미디어 콘텐츠 사업자로부터 콘텐츠를 공급받아 이를 이용자에게 제공하는 사업"으로 규정하고 있다. 유선과 무선의 구분을 두지 않고 있는 것이다. 지상파 DMB 방송사들의 연합체인 지상파 DMB특별위원회는 "현재로서는 IPTV 법안이 통과되고 있는 서비스가 시행되면 무선 및 모바일 IPTV가 다 가능해진다"며 "DMB가 어렵게 모바일 방송을 제공하고 있는데 거대 통신사가 아무 장벽 없이 시장에 진입하게 되면 DMB사업자는 죽으라는 소리"라고 목소리를 높였다. 이에 업계는 IPTV 법안 논의에서 무선 IPTV 문제를 진지하게 논의해 줄 것을 정부에 촉구하고 있다.

① 삼성전자

유럽을 중심으로 진행되는 DVB-H 기술과 미국 중심의 미디어플로 기술 등 지역별로 차별화된 모바일 TV기술을 모두 확보하고 신속하게 상용화 제품을 만들어 시장 경쟁력을 강화하고 있다. 양 시장을 모두 노리는 전략인 셈이다. 삼성전자는 2005년 2월 노키아에 이어 세계 2번째로 "DVB-H"폰을 개발하였다. 2006년 1월에는 미국에서 열리는 세계 최대의 전자 가전 전시회인 "CES" 에서미디어플로 기술을 시연하기도 했다. 삼성전자는 휴대 전화 뿐만 아니라 노트북, 네비게이션 휴대용 DMB TV 등 다양한 제품을 통해 모바일 TV시장을 주도해 나갈 전략이다.

② LG

DVB-H폰과 미디어플로폰, 그리고 3세대 이동통신 서비스인 "광대역 부호분할 다중접속 (WCDMA)"방식의 DMB폰을 모두 개발해 모바일 TV 시장 공략에 나서고 있다. 특히 일반 디지털 TV에만 적용해 온 광시야각 액정표시장치(LCD) 구현 기능을 휴대전화에 최초로 채택해 상하 좌우의 170도 옆에서도 선명한 시청이 가능하게 하였다.

LG전자의 대표적 모바일 TV폰인 "LG-VX9400"은 북미 모바일 TV시장에서 큰 인기를 끌고 있다.

③ SK

SK텔레콤이 모바일 TV 시장 공략에 나선다. SK텔레콤은 지난 7일부터 네덜란드 암스테르담에서 열린 방송전시회 "IBC 2007"에서 독일 방송 솔루션 업체 T-시스템즈와 양해 각서 (MOU)를 맺고 모바일 TV시장에 함께 진출키로 하였다. 두 회사는 유럽과 아시아를 포함한 글로벌 모바일 TV 시장에 공동 진출키로 합의하였다, 또 유럽의 모바일 TV표준인 DVB-H를 포함해 지상파 DMB, DVB-T들 다양한 모바일 TV기술개발에 협력하기로 하였다.

6.1.4 모바일 IPTV 의 향후전망

IPTV서비스는 2000년 초부터 유선부문에서 논의가 시작되었고 2005년부터는 도입 논의가 활발하게 진행되었으나 방향을 잡지 못하다가 2006년 7월 방송통신융합추진위 발족으로 큰 기대를 모으기도 하였다. 그러나 기대와는 달리 IPTV 서비스가 법제화가 지연되고 있고 올 정기국회에서도 법안 통과가 어려울 것으로 전망되고 있어 아쉬움과 함께 우리가 주도를 할 수 있는 신 성장 산업에서 실패를 하여 글로벌 시장에서의 기회를 놓치는 것 같아서 아쉬움이 많다. IPTV는 우리나라 IT 산업의 위기 탈피와 성장 동력으로서의 중요한 촉진제라 할 수 있다. 최근 IT분야의 활력이 일부 대기업 중심으로만 이루어지고 있어 우려감이 높은 가운데 IPTV 등장은 그야말로 우리 정보기술(IT)을 새롭게 변모시킬 중요한 실마리가 되리라고 기대를 모으고 있다. IPTV와 관련된 네트워크 방송, 콘텐츠 업체 등은 기대감 속에 서둘러 투자를 하였고 2000년부터 20007년 까지 세계 IPTV관련 특허 102건 중 40건 의 특허를 출원하는 쾌거를 이루기도 하였다. 특히 국제전기통신연합(ITU-T)에 반영된 770건의 표준 가운데 한국 IPTV기술이 차지하는 비중이 18%로 국제표준을 주도할 입지도 확보하였다. IPTV가 상용화하지 않는 상황에 일구어 낸 성과이기에 가치는 더욱 크다. 그러나 국내의 상황은 전략과 정책의 부재로 이런 호기를 상실할 위기에 처해 있기 때문이다. 관련 기업들은 투자가 회수되지 않아 80여 중소기업과 대기업들이 어려움을 겪고 있다. 연구보고서에 의하면 IPTV 지연으로 연 1조 원 가량의 기회비용을 포함한 경제적 손실을 입고 있다고 한다. 2000년 초반부터 각 국가에서 IPTV 상용서비스를 시작하였고 현재 30여 국가에서 상용 서비스를 제공하고 있다,

한국정보산업연합회가 전망한 것처럼 IPTV는 통신, 방송업계는 물론 컴퓨팅, 콘텐츠 업계에 새로운 시장을 창출해 나갈 것으로 기대를 모으고 있다. 그리고 유비쿼터스화가 진전되면서 이동성과 편의성을 아우르는 모바일로의 발전이 급속히 일어날 것으로 보인다. 따라서 앞서 보았듯이 모바일 IPTV의 개인과 산업적 활용도도 다양하게 확대 되어 나갈 것으로 보인다. 이는 단순한 새로운 서비스의 확대를 떠나 기존 산업 경쟁력을 높이고 다양한 비즈니스 서비스 모델(IPTV가 사내 전사자원관리(ERP)와 통합 등 대규모 시스템으로 확장이 용이하기 때문에 고화질 광고방송뿐 아니라 정보교류, 사내교육, 대외홍보, 고객관계관리(CRM), 지식경영(KM)에 활용할 수 있다.) 들을 창출해 나아감으로서 산업에 활력과 파급력 면에서도 기대가 되는 산업이다. 따라서 국가적 차원에서 몇 안 되는 국제 경쟁력을 갖춘 부문에서의 산업적 활성화를 위해 노력을 해야 할 것이다. [1]

그리고 지금의 IPTV보다 시간과 공간의 제약을 받지 않고 다양한 서비스를 즐길 수 있는 개방형 TV 'IPTV 2.0'이 본격 도입될 전망이다.

ETRI(한국전자통신연구원)는 2008년 10월 상용 서비스를 앞두고 있는 IPTV 현황과 IPTV 2.0, 미래 인터넷, 스마트무선 기술 등을 포함한 'ETRI 방통융합기술 연구개발 전략'을 올해 발표했다.

특히 오는 2012년 상용화가 목표인 IPTV2.0은 기존 IPTV의 시청 장소, 단말 종류, 제한된 콘텐츠 접속 등의 제약사항을 극복해 언제 어디서나 어느 단말을 이용하든 자유롭게 사용이 가능한 유무선 통합 TV서비스로 각광받고 있다.

예컨대, 거실에서 TV방송을 시청하다가 약속이 있어 외출할 경우 휴대폰이나 노트북, PDA 등의 단말기를 통해 TV방송을 연속해 시청할 수 있는 것이다. 또한, 운전 중 목격한 교통사고 현황이나 교통 트래픽 상황 등을 이용자가 직접 촬영해 방송할 수 있는 개인 방송 서비스도 가능하다.

즉, IPTV 2.0 기술에 의해 생활과 통신, 그리고 미디어가 통합되는 새로운 융합 서비스가 나타나는 것이다.

ETRI는 IPTV 2.0을 통해 누구나 방송의 소비자인 동시에 제공자가 되는 프로슈머(Prosumer)의 방송 참여 기회가 확대될 것으로 내다보고 있다. 또한 가상기업, 가상 기업망 등 인터넷 비즈니스 활성화에 따른 고품질 비즈니스 콘텐츠를 제공하는 사이버 경제 활동의 촉매제 역할도 기대된다.

ETRI는 지금의 유선 IPTV(IPTV 1.0)가 2008년 말 본격 상용화된 데 이어 2010년에는 유선과 무선이 통합된 IPTV가 등장하고, 2012년에는 모바일을 포함한 IPTV 2.0 시대가 열릴 것으로 예측하고 있다.

또한 2015년 이후에는 입체영상과 음향을 제공하거나 UD(Ultra Definition)급 초고품질 영상을 제공하는 실감미디어 서비스가 IPTV를 통해 서비스될 것으로 기대된다.

이 같은 IPTV2.0을 통한 산업 경제적 파급효과는 2012년부터 2017년까지 생산유발 10조원, 부가가치 유발 4조8000억 원, 고용 유발 5만4000여명에 이를 전망이다.

한편 미래인터넷의 경우는 2009년부터 본격 연구를 시작해, 2017년께 망 내 적용 가능하게 될 것으로 예상된다. 이에 따라 우리나라는 인터넷 서비스 최강국에서 세계 3대 정보통신 인프라 기술 강국으로 도약이 기대된다.

아울러 언제, 어디서나, 어느 규격을 통해서도 서비스를 제공받는 지능형 유비쿼터스 통신 핵심기술인 스마트 무선 기술은 2011년까지 핵심 원천기술을 확보한다는 것이 ETRI의 계획이다.

ETRI는 2013년까지 IMT 어드밴스드 표준규격을 진화시켜 기술을 검증하고, 2017년까지 유비쿼터스 통신 환경을 구축할 방침이다. 이에 따라 주파수 이용효율 극대화, 이동통신기술간 융합에 따른 새로운 기술 분야 창출, 기술융합 가속화 등의 효과가 기대되고 있다.

방송통신 위원장은 "방송 통신 분야는 IT 제조업체와 콘텐츠 산업발전의 견인차

역할을 수행하는 중요한 분야"라면서 "방통위는 법제의 조속한 정비 외에, 향후 방송통신 전후방 산업 전반의 선순환을 가능하게 하도록 모든 조치를 강구할 것"이라고 말했다.

6.1.5 모바일 IPTV의 향후연구방향

모바일 IPTV의 연구는 다음과 같은 사항으로 진행될 것이다.

- Rel.9부터 E-MBMA에 대한 토의를 본격화
- Mobile TV를 위한 요구기능을 논의
- E-MBMA에서의 TV서비스를 위한 MBMA네트워크 구조, 각 노트의 세부적인 기 능정의가 필요
- E-MBMA Protocol상세 정의
- MBSFN을 위한 SYNC,프로토콜에 대한연구
- Channal Zapping Time을 줄이기 위한 연구
- 방송 중 절전 모드 사용에 대한 연구

모바일 IPTV의 기능 확장을 위해서는 다음과 같은 것이 필요하다.

- 모바일 IPTV을 위한 E-MBMS요구사항 및 규격 정의
- 모바일 Interactive IPTV 연구
- 모바일 개인 IPTV 연구

6.2 모바일 브라우징 기술

최근 모바일 분야는 많은 새로운 도전들에 직면하고 있다. 과거 무선 인터넷과 이동통신 분야에서의 고유한 사업모델과 수익 창출 방식은 한계에 부딪히고 있고, 산업간 경계의 붕괴는 많은 새로운 경쟁자들과의 경쟁을 요구하고 있다. 이동통신 시장의 핵심성장 동력이었던 가입자 수와 음성 통화 시장의 정체는 데이터 중심의 새로운 산업 모델로의 전환을 요구하는 배경이 되고 있다. 국제적으로 애플의 아이폰과 같은 최신 스마트 폰을 동향에서도 알 수 있듯이, 현재의 휴대전화는 모바일 브로드밴드와 모바일 웹을 중심으로 영화, TV PC의 기능을 모두 결합시키는 "제4의 스크린"으로 발전해가고 있다. 과거의 모바일 환경이 읽기 전용의 환경이었

다면 이제는 자유롭게 읽고 쓰는, 진정한 의미에서의 미디어 환경이 가능해지고 있는 것이다. 그리고 이처럼 모바일 환경에서 일어나고 있는 새로운 많은 변화들을 우리는"모바일 웹2.0"동향 중 핵심 분야인 "모바일 웹 브라우징 동향"에 대해 살펴봄으로써, 모바일 웹 브라우징의 핵심적 기술 이슈들을 점검하고, 향후 국내의 모바일 웹 산업의 발전을 위해 관심을 가져야 주요 기술 방향을 고찰하고자 한다. [2]

일반적인 모바일 브라우저의 개념적 참조 아키텍처 구성도는 그림 6.3과 같다. 이때 각각의 구성 요소들은 다음과 같은 기능들을 수행한다.

① 사용자 인터페이스 컴포넌트(User Interface) : 브라우저 엔진의 사용자 상호작용 방법을 제공한다. 사용자 인터페이스 부분에서는 기본 특징들 (사용자 선택사항, 프린팅, 다운로딩, 툴바)을 제공한다.

② 브라우저 엔진 컴포넌트 (Browser Engine) : 렌더링 엔진에 대한 하이 레벨 인터페이스를 제공한다. URL로딩 시작과 다른 하이레벨 브라우징 액션들 (reload, back, forward) 에 관한 메쏘드들을 제공하며, 사용자 인터페이스에 오류 메시지와 페이지 로딩 현황에 대한 다양한 메시지들을 제공한다.

③ 렌더링 엔진 컴포넌트(Rendering Engine) : 주어진 URL의 비주얼 표현을 생성한다. 렌더링 엔진은 주어진 URL에 포함된 HTML, XML, Java Script들을 해석하고 사용자 인터페이스에 나타나게 되는 레이아웃을 생성한다.

④ 네트워킹 컴포넌트 (Networking) : HTTP와 FTP를 이용하여 URL의 데이터를 가져오는 기능을 제공한다. 이 밖에도 인터넷 통신과 보안, 문자 세트 변환과 MIME 타입 해석 등을 제공한다. (캐쉬 기능 포함)

⑤ 자바스크립트 인터프리터 컴포넌트 (JavaScript Interpreter) :웹 페이지 내에 포함된 자바 스크립트를 실행한다.

⑥ XML 파서 컴포넌트 (XML Parser) : XML 문서의 파싱에 이용된다.

⑦ 디스플레이 백엔드 컴포넌트 (Display Backend) : 호스트 운영체제에 밀접하게 연관된 것으로 호스트 운영체제 위에서 그리기와 윈도우 생성 메쏘드들을 제공한다.

⑧ 데이터 지속 컴포넌트 (Data Persistence) : 북마크와 사용자 선택사항 등과 같은 사용자 정보를 관리한다.

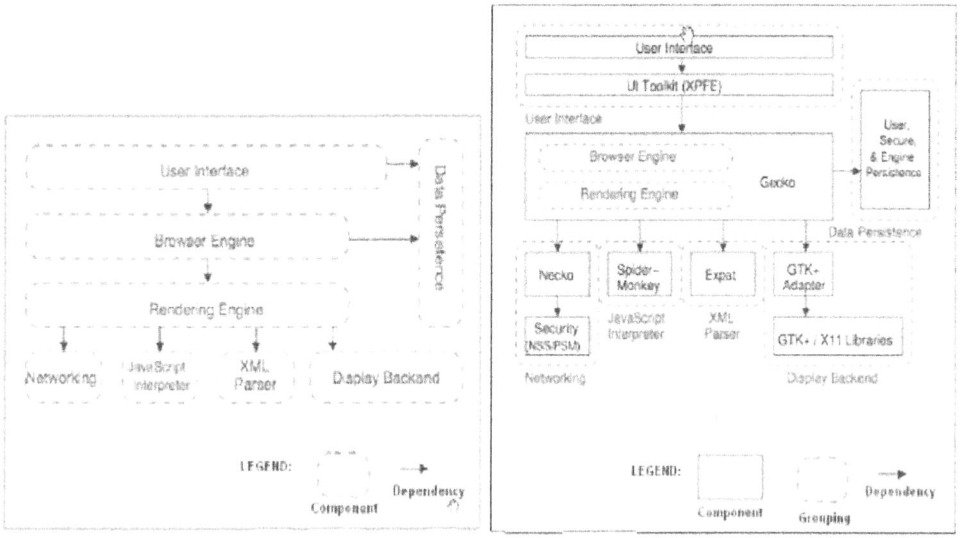

그림 6.3 브라우저 참조 아키텍처 구성도

이러한 참조 아키텍처를 이용하여 그림6.3 오른편의 Firefox 참조 구성도와 같이 현재 브라우저의 주요 컴포넌트와 관련 기술들을 정리하고 살펴볼 수 있다.

6.2.1 기본 규격 확장

1세대와 2세대 브라우저를 구분하는 기준은 웹 확장 표준 규격들의 구현과 지원이라고 할 수 있으며, 오늘날 대부분의 2세대 모바일 브라우저는 다음과 같은 웹 확장 표준들을 지원하고 있다. 이러한 기능 모듈들은 렌더링 엔진을 비롯하여 네트워크 컴포넌트 등과 같은 모듈 확장을 통해 지원하게 된다. 국내에서도 모바일 웹 브라우징에 대한 기본 환경에 대한 참조 규격으로 모바일 웹 2.0 포럼3 과 TTA4 정보통신단체표준으로 DDC(Default Delivery Context) 1.5 표준을 정한 바 있다.

표 6.2 모바일 브라우징을 위한 기본 웹 표준

- HTML 4.01
- XHTML MP 1.1
- WML 1.3 과 2.0
- CSS 1 과 2 (Cascading Style Sheets)
- JavaScript 1.5
- Flash Lite 2.0
- AJAX (Asynchronous JavaScript and XML)
- RSS 2.0 (Really Simple Syndication)
- SSL / TSL

6.2.2 신규 규격 확장

브라우저별로 아직 표준으로 확장되지 않은 기능들에 대해 구현 및 지원을 추진하고 있으며, 이를 통해 주요 표준에 대한 기술 경쟁을 진행 중이다. CSS3 기능 구현, HTML5 기능 구현, 오프라인 웹 어플리케이션을 위한 HTML5 Client-side Persistent storage와 Client-side SQL API 구현, XSLT/Xpath, SVG 구현 지원, HTML5 〈video〉 엘리먼트 규격에 대해 주요 브라우저별로 구현 및 확장을 추진하고 있다.

모바일 브라우저에서 중요한 기능 확장으로 진행되고 있는 것 중 하나로 위젯(Widget) 기능이 있다. 위젯은 작은 화면에 특정 콘텐츠 또는 어플리케이션을 동작시키는 방식으로, 오페라와 노키아 등은 웹 위젯 표준화에 맞추어 모바일 브라우저를 위젯 플랫폼으로 확장하여 활용하고자 하는 시도들을 진행하고 있다. 모바일 브라우저에 위젯 엔진을 추가 한 후, AJAX, Java Script, CSS, HTML 등에 기반 하는 표준 위젯 포맷의 위젯 콘텐츠 또는 어플리케이션들을 활용할 수 있도록 하고 있다. 이와 관련해 W3C의 웹 어플리케이션 워킹그룹에서는 위젯 관련된 표준화를 진행하고 있고, 현재 Widgets 1.0에 관한 표준화 작업을 진행하고 있다

6.2.3 브라우징 인터페이스 기능 확장

모바일 단말의 다양한 제약 속에서 효과적인 모바일 브라우징을 위한 많은 연구들이 진행되고 있는데, 가상 마우스에 기반하는 인터페이스 기술을 포함하여 Zoom In/Zoom Out, MiniMap viewing, Thumbnail viewing, Narrow viewing 등과 같은 네비게이션 기술과 다양한 트랜스코딩 기술, 음성 브라우징 기술 등에 대한 연구 개발이 진행되고 있다

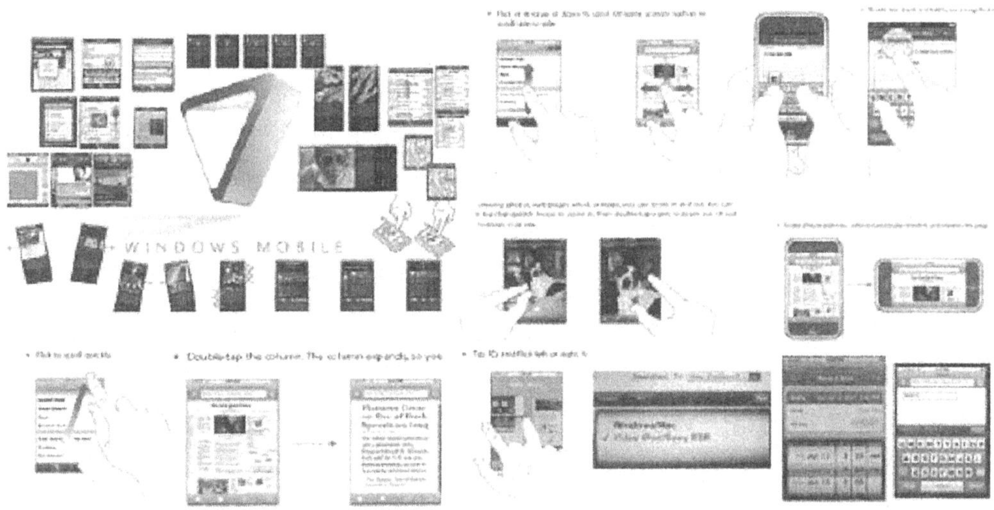

그림 6.4 터치스크린 기반의 브라우징 인터페이스

특히 애플 아이폰의 등장이후에는 그림6.4와 같이 터치스크린 기반의 브라우징 인터페이스 방식에 대한 관심이 늘어나고 있다. Microsoft의 Windows Mobile 7 버전에서는 터치스크린과 모션 센서 기반의 인터페이스를 기본으로 장착할 예정이며, 삼성전자와 LG전자에서는 햅틱(Haptic) 인터페이스와 터치스크린을 활용한 다양한 휴대폰을 출시하고 있다. 뿐만 아니라 특히 최근에는 모바일 브라우징 사용자의 UX(User Experience)를 분석하고, 이에 기반 한 효과적인 모바일 브라우징 방식을 제공하기 위한 연구들도 다양하게 진행되고 있다.

그리고 사용자들은 "휴대폰에서 단축키를 눌러 접속한 인터넷 화면이 PC기반의

월드 와이드웹과 왜 이렇게 다른 것 인가"는 궁금증을 가져 본적이 한번쯤 있을 것이다. 이는 휴대폰 WAP 이라는 규격을 사용 월드와이드웹을 모바일용으로 확장했기 때문이다. 과거 휴대폰 기기의 성능 한계와 저속 네트워크 환경 때문에 생긴 과도기적인 모바일 웹 규격이었다.

WAP은 출시 초기 "마치 PC에서 인터넷에 접속하는 것처럼 같은 경험을 가져다 줄 수 있다"는 과장을 쏟아 냈다. WAP은 현재 일본이나 한국에서 고급형 서비스가 성공을 거두면서 대중적인 인기는 얻고 있는 상태다. 다만 사용자 편의성이나 인터페이스, 상호운용 성 등이 현실보다는 크게 떨어지면서 전문가들 사이에서 WAP에 대한 회의적인 의견들이 쏟아지기 시작했다. WAP 기술은 WAP 전용 콘텐츠나 웹 WAP 프록시 콘텐츠만 사용할 수 있어서 HTML기반의 진정한 웹과 괴리됐기 때문이다. 지난해에는 WAP의 단점을 보완하기 위해 "풀라우징"이라는 개념이 제시돼 관심을 끌었다. 풀라우징이란 기존 일반 인터넷 화면을 그대로 볼 수 있는 웹 브라우저 기술이다. 자체 기술로 휴대폰용 브라우저를 개발하고 있는 국내 업체들은 풀브라우징과 함께 다양한 어플리케이션을 탑재한 다기능 "올인원 브라우저"까지 내 놓을 정도로 의욕적이었다. 그러나 일각에서는 "과연 기존 휴대폰 환경에서 거대한 일반 웹 페이지를 한꺼번에 열람하는 것이 무슨 효과가 있겠는가"는 지적이 잇따르고 있다. VGA(해상도640*480)급 단말기가 국내 출시되기 시작했지만, 브라우징 속도 및 동영상 재생, 액티브 X 지원 등의 문제가 해결되지 않았다. 또한 다양한 "웹 페이지 보기 모드"를 제공하지만 휴대폰 액정이 작아 사용자 인터페이스(UI)가 불편하다.

국내 이동통신 업체 관계자 역시 "스마트폰 정도는 돼야 사용을 고려해 볼 만한 것이지 피처폰(일반휴대전화)에서 풀브라우징은 거의 의미가 없다"고 말했다. 다른 전문가 역시 "분명한 것은 휴대용 웹 페이지는 컴퓨터용과는 다른 인터페이스를 가져야 한다"며 "풀브라우저만으로 기존 웹 페이지들을 보는 것은 비현실적" 이라고 했다

유선 인터넷과 무선 인터넷을 동일한 틀에서 이용할 수 있기 위해 국내에서 시작된 표준화 작업이 바로 "모바일 OK"다 휴대폰 등 모바일 기기에서 다양한 웹 콘텐츠를 보다 쉽게 사용하기 위해 마크업 언어, 단말 정보 규격, 응용환경 등을 표

준화하는 작업이다. 모바일 웹2.0 포럼은 지난해 말 "한국형 모바일 OK"1단계 표준 개발을 완료 하고 실증 시연에 성공했다. 이들은 "기존 WAP기반 서비스들은 유무선 연동 모바일 서비스 요구증가에 따라 모바일 OK표준 기반으로 대부분 전환될 것"으로 예상하고 있다. 따라서 함께 해결돼야 할 기술이 "모바일 웹브라우저"이다. 휴대폰으로 속속 PC플랫폼들이 이식되기 시작하면서 WAP 방식의 표준들은 한계가 있다는 평가 때문이다. 일반 사용자들이 인터넷 익스플로러나 파이어폭스를 사용해 자유롭게 웹 서핑이 가능한 것처럼, 호환성이 높고 모바일 웹에 최적화된 "모바일 브라우저"가 널리 보급돼야 한다.

6.3 DMB

6.3.1 DMB 개념

DMB는 CD수준의 다 채널 오디오와 동영상 전송이 가능한 디지털 멀티미디어 방송 서비스로 뛰어난 이동수신을 바탕으로 7"이하의 소형 TV·PDA 등 고정, 휴대, 이동단말 등을 통해 전달한다. 그리고 신호 분배에 따라 지상계 및 위성계 서비스로 구분되며, Eureka-147, IBOC, ISDB-T 등이 있다.

6.3.2 지상파 DMB

음성, 영상 등 다양한 멀티미디어 신호를 디지털 방식으로 고정/휴대/차량용 수신기에 제공하는 방송 서비스. 이동 중에도 개인 휴대 정보 단말기(PDA)나 차량용 단말기를 통해 콤팩트디스크(CD) · 디지털 비디오디스크(DVD)급의 고음질, 고화질 방송을 제공하며, 제공 방식은 시스템 A, Dh 및 E의 3개 시스템이 있다. 시스템 A는 디지털 위성 방송과 지상파 디지털 멀티미디어 방송(DMB)의 유럽식 디지털 방송 규격(OFDM:직교 주파수 분할 다중 방식)을 따르고 있고, 시스템 Dh는 지상파 DMB를 기반으로 하되 위성 DMB를 수용하는 혼합 방식을 취하고 있으며, 시스템 E는 부호 분할 다중 접속(CDMA) 방식과 거의 동일한 코드 분할 다중(CDM) 방식을 택하고 있다.

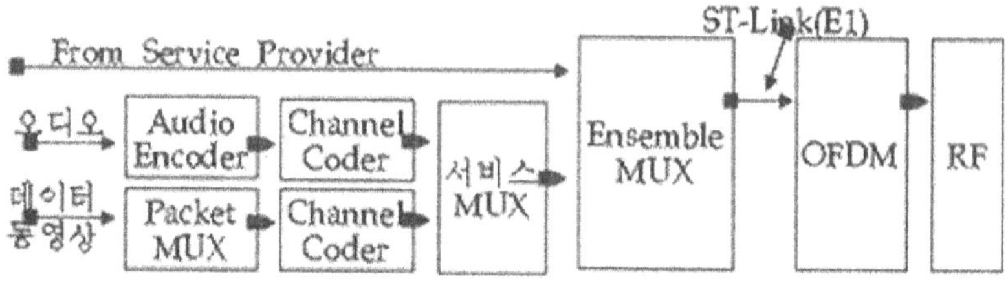

그림 6.5 지상파 DMB 개념도

기술사항을 요약하면 다음과 같다.

구분	내용(Eureka147)
사용주파수	VHF/TV(ch7~13)
대역	6MHz, MUX 3개, MUX당 1.536MHz
변조방식	OFDM
전송속도	0.8-1.7Mbps/MUX
압축방식 (오디오)	MPEG1 Layer2(MUSICAM)
압축 (동영상)	MPEG-4 Part10/MPEG-4 BSAC

6.3.3 위성 DMB

위성 DMB는 위성을 이용하여 휴대전화, PDA 등 개인 휴대용 수신기나 차량용 수신기로 언제 어디서나 고품질의 비디오, 오디오, 데이터 등 다채널 멀티미디어 방송을 즐길 수 있는 서비스를 말한다. 위성 DMB는 기존 방송의 시공간적 한계를 극복하는 뉴미디어로 야외나 이동시에 시청이 가능하고 영상, 음성, 데이터 등 다양한 컨텐츠뿐만 아니라 이동전화나 무선 인터넷을 자유롭게 이용할 수 있는 '디바이스 컨버전스'를 실현하는 멀티미디어 매체이다.

위성 DMB는 SKT가 2001년에 ITU에 등록 요청했던 2.6Ghz 상위대역 S밴드상의 25Mhz 대역(2630 ~ 2655 Mhz : 대역폭 25Mhz)을 사용하며, 일본식의 시스템 E방식을 따르고 있다. 시스템 E방식은 이동통신관련 기술인 CDM(Code Division Multiplex)를 이용한다는 점에서 통신관련 사업자들에게 있어 기술측면에서의 접근이 빠르다는 장점을 가지고 있다. 비디오 신호는 지상파 DMB와 동일한 기술을 사용하지만 오디오 압축 기술은 'MPEG2의 AAC+(Advanced Audio Codec) SBR(Spectral Band Replication)'을 채택하고 있어서 지상파 DMB와 차이점이 있다. 위성 DMB는 출력제한 규정의 제약을 받지 않기 때문에 무궁화 위성 대비 16배의 출력을 제공할 수 있다. 따라서 소형 휴대 단말기로 이동 수신이 가능하고 강우 감쇠(폭우 등으로 인한 전파감쇠)에 따른 품질저하가 없다. 또 이동 전화와 동일한 부호분할다중(CDM : Code Division Multiplexing)기술을 채택해 이동수신 환경에서 신호품질을 저하시키는 다중경로 간섭에 강하다. 또 기지국 용량 제한이 없어 특정 기지국에 가입자들이 몰려 있더라도 전국의 모든 가입자들에게 실시간 방송 서비스가 가능하다. 위성 DMB 서비스는 시스템이 그리 복잡한 편이 아니다. 방송사 등 프로그램 공급업체(PP)가 컨텐츠를 DMB방송센터로 보내면 방송센터는 이를 위성으로 송출하고 위성은 다시 전파를 지상의 DMB단말기에 뿌려 주는 형식이다. 도심 속의 건물 등으로 인해 위성이 쏘는 전파가 제대로 닿지 않는 일부 지역에는 '갭 필러(Gap Filler)'라는 음영지역 중계기를 설치해 방송이 원활히 수신되도록 도와준다. 이러한 중계기는 방송 시청을 보다 원활하게 하기 위하여 추가적으로 설치하는 방송 장비이다.

위성 DMB의 시청은 위성 직접 수신 시청과 위성 신호가 도달하지 않는 난시청 지역 시청을 가능하게 하는 중계기 수신 시청으로 구분된다.

I) 위성 직접 수신 지역 - 위성 직접 수신은 위성안테나를 장착 후 남쪽 상공 45° 하늘을 직접 바라볼 수 있는 경우 시청이 가능하며 위성 직접 수진 지역은 대한민국 영토 내 전 지역이다. 위성 직접 수신 지역에서 방송이 수신 되지 않는 경우는 실내나 지하, 건물과 산 등 각종 장애물에 의한 방송신호 간섭 및 차단이 일어나는 경우이며 중계기(Gap-filler) 수신지역 인접지역도 위성신호와 중계기신호의 간섭 현상 등으로 수신이 되지 않을 수 있다.

II) 중계기 수신 지역 - 위성으로부터 직접 수신이 불가능한 지역에 설치된 중계기(Gap-filler)를 통하여 방송시청을 가능하게 하는 지역이다.

그림 6.6은 구성 도를 보여주고 있다.

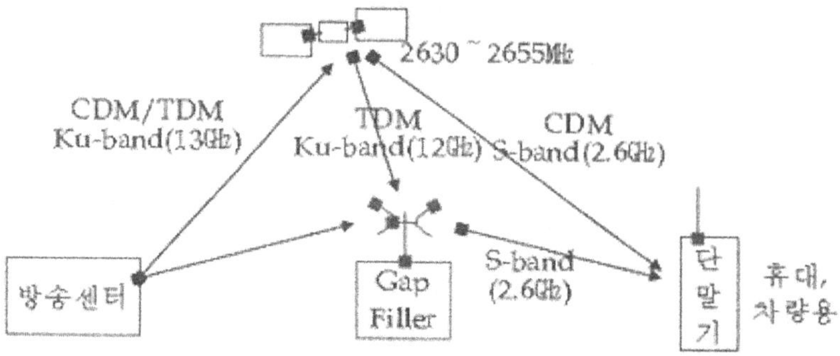

그림 6.6 위성 DMB 송출 구성도(System-E 기준)

지상파와 위성 DMB를 비교하면 다음과 같다. [4]

구분	지상파(Eureka-147)	위성(System-E)
전파특성	회절특성(장거리)	직선성(가시거리)
변조방식	OFDM	CDM & TDM
채널대역폭	1.536MHz/MUX	25MHz
유효전송속도	0.8-1.7Mbps/MUX	9.4-16.5Mbps
오디오Only	MPEG-1 Layer2	MPEG-4 AAC
동영상	MPEG-4 P.10	MPEG-4 P.2
특징	- 무료서비스 - 대역폭이 좁음 - 지역서비스	- 유료서비스 - 광대역(40채널) - 전국서비스

DMB 특징으로는 다음과 같이 정리할 수 있다.

- 우수한 이동수신 성능
- 방송과 통신의 융합 서비스
- 이동통신채널과 결합하여 양방향 서비스 실현
- 이동 통신망에 비해 고속, 저렴
- 지상파 DMB는 사업자 선정이 완료되었으며, TV CH-10, 12번으로 본 방송중.
- 위성은 System-E로 표준을 정하고, 일본 멀티미디어사업자와 공동으로 2005년 5월 1일부터 본 방송 실시

☑ 연습문제

1) 모바일 IPTV란?
2) 모바일 IPTV의 특징과 장단점에 대해 기술하시오.

☑ 참고문헌

[1] www.asiaeconomy.co.kr
[2] http://mobile2.tistory.com/25
[3] http://blog.daum.net/hemggomi/6907695
[4] http://blog.naver.com/jhongban?Redirect=Log&logNo=100042411452

제7장
WIPI의 개요

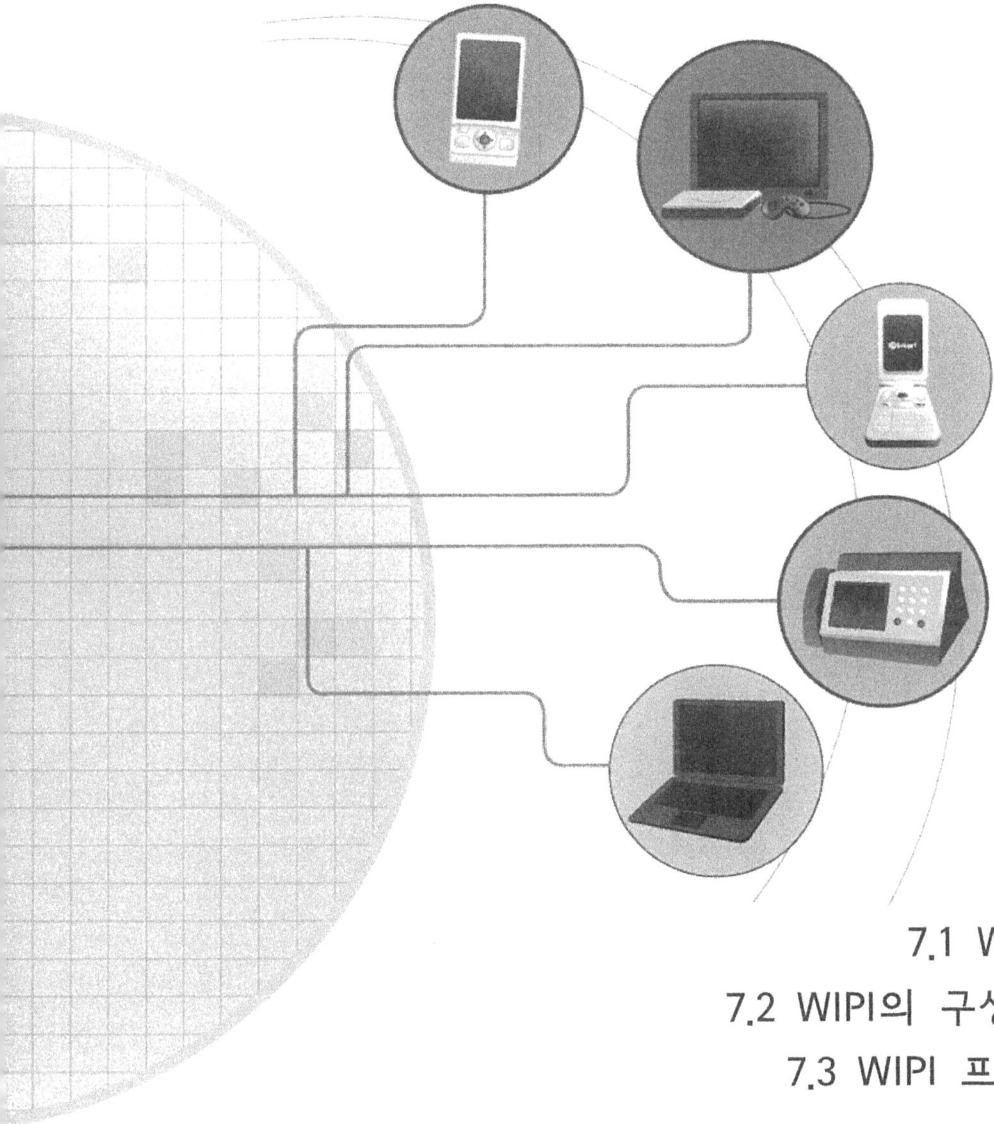

제7장 WIPI의 개요

7.1 WIPI 소개

WIPI(Wireless Internet Platform for Interoperability)는 한국 무선 인터넷 표준화 포럼(Korea Wireless Internet Standardization Forum: KWISF)에서 만들어진 모바일 표준 플랫폼 규격으로 이동통신 단말기에 탑재되어 무선 인터넷을 통해 다운로드 된 응용 프로그램 실행 환경을 제공하는 데 필요한 표준규격이다. 정보 통신부가 주관하여 110억 원의 정부 예산을 투입하여 2001년 5월 개발을 시작하여 2002년 5월 한국정보통신 기술협회(TTA) 단체 표준인 TTAS-KO-06.0036(모바일표준 플랫폼 규격)으로 채택되었다. WIPI는 국내 이동통신 3사, 전파연구소, 한국정보통신기술협회, 한국전자통신연구원 등이 2001년 하반기부터 여러 콘텐츠 업체, 단말기 제조사 및 기타 관련 업체들의 의견을 수렴하며 약 1년에 걸쳐 만들어 낸 단말기 미들웨어 표준 플랫폼 규격이다. [1]

WIPI 규격은 TTA 차세대 이통 통신 프로젝트 그룹 OMA 실무 반을 통해 국내 표준화 부문 이외에 국제적인 표준화 활동에도 목적을 두고 세계화를 추진하고 있다.

모바일 플랫폼 표준화 범위는 이동통신 사업자들 요구사항이 단말기가 최종적으로 다운로드 되는 오브젝트가 기계코드(machine code) 형태를 요구함에 따라 콘텐츠 호환을 보장하는 범위 내에서 다양한 솔루션이 개발될 수 있도록 되어 있다.

지원언어는 C, Java가 동시에 지원되는 구조이며, 플랫폼과 애플리케이션은 하드웨어에 독립적인구현이 가능하도록, CPU, LCD, 메모리 등이 단말기 하드웨어나 단말기가 사용하는 OS(Operating System)에 관계없이 실행과 이식(porting)이 용이하도록 하였다. 또한 애플리케이션이 이동통신사업자 및 단말기 제조사의 비밀이나 단말기 사용자 개인정보를 마음대로 접근할 수 없도록 하는 보안 규격도 포함되었다. [2]

7.2 WIPI의 구성과 특징

7.2.1 WIPI 구성 및 기본 기능

WIPI는 기본 API (BASIC API), API 관리자 (API Manager), 확장 API (Extended API), HAL(Handset Adaptation Layer)의 기능으로 구성되어 있다.

그리고 WIPI는 다음과 같은 기능을 제공한다.

- 응용프로그램 및 API 관리 기능을 제공
- 보안수준에 따른 수행 중 API 보안 기능 지원
- 다국어 지원 및 유니코드(Java), 로케일(locale) 지원 (C/C++)
- C/C++ 및 Java 언어로 작성된 응용프로그램의 실행 환경 제공
- 고효율적인 메모리 관리기능을 제공하며, 메모리 압축 (Memory Compact- ion) 기능과 함께 자동 메모리 정리(Garbage Collection) 기능을 제공
- 강력한 사용자 인터페이스 지원

그리고 WIPI 플랫폼을 사용하는 장점으로는 다음과 같은 것이 있다.

① 이동통신사 관점
- 다양한 콘텐츠 공급과 폭넓은 사용자층의 확대를 위한 기반 조성
- 고품질의 서비스를 통한 고객 만족 실현이 가능

② 단말기 제조사 관점
- 엔지니어링 시간과 비용의 최소화가 가능
- 빠른 단말기 개발 공정으로 원활한 단말기 공급이 가능 Content 및 응용프로그램 개발사 관점
- 다양한 플랫폼에 따른 콘텐츠 개발 시간 및 비용의 최소화가 가능
- 1회의 콘텐츠 개발로 모든 이동통신 사업자에 공급 가능한 환경이 마련

7.2.2 표준 플랫폼(WIPI)의 구조

무선인터넷 표준 플랫폼(WIPI)의 구조는 그림7.1과 같으며 각 부분별 기능은 다음과 같다.

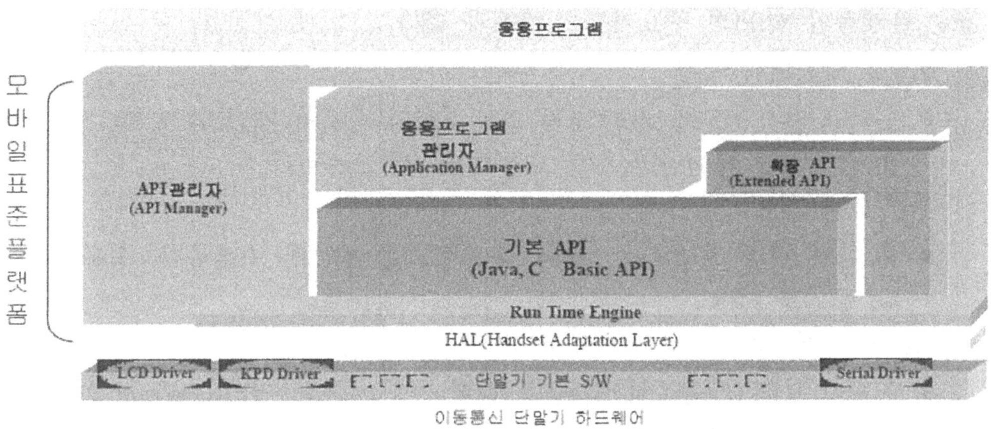

그림 7.1 모바일 표준 플랫폼(WIPI)의 구조

① HAL (Handset Adaptation Layer)

단말기 제조사를 위한 규격으로 플랫폼에서 단말기 하드웨어 및 OS와 인터페이스 하는 부분에 대한 규격으로 이 부분만 포팅하게 되면 상위 부분은 단말기에 독립적으로 동작하게 된다. 플랫폼의 하드웨어 독립성을 유지하기 위한 추상화 계층으로 상위 계층들은 HAL 위에서 Native System과 무관하게 동작하도록 지원한다.

② 기본 API (BASIC API)

응용프로그램 개발자를 위한 기본 API(Application Program Interface) 으로서 C 와 Java 언어를 모두 지원한다.

③ API 관리자 (API Manager)

플랫폼의 기본 API와 확장 API를 갱신/추가 하는 기능을 한다. 응용프로그램 관리자도 다운로드 할 수 있는 기능을 제공한다.

④ 응용프로그램 관리자(Application Manager)

응용 프로그램 정보 보기, 다운로드, 설치, 실행, 삭제, 보안 관리 등 전반적인 관리기능을 수행한다.

⑤ 확장 API (Extended API)

표준화 가능한 후보가 되는 API의 모음으로 다양한 서비스 제공을 위한 API 모음을 제공한다.

표준 플랫폼인 WIPI의 주요기능은 다음과 같다.

1) 고성능 바이너리 수행

- 인터프리터 구조에 의한 응용 프로그램의 속도를 개선하였으며, 모든 콘텐츠가 고성능 바이너리 코드 수행환경에서 구동한다.

2) 다중 응용 프로그램 수행

- PC처럼 다중 응용프로그램을 독립적으로 동시에 수행하며, 응용프로그램간 통신을 지원

3) 효율적인 메모리 관리

- 메모리 압축(Compaction)기능과 함께 자동 메모리 정리(Garbage Collection) 기능을 제공한다.
- 응용프로그램 종료 시 자동 메모리 해제 기능을 제공한다.
- 공유 메모리 기능을 지원한다.

4) 동적 응용프로그램(API) 관리기능

- 응용프로그램 다운로드, 설치/삭제/수행 관리 기능(선택사항)

5) 견고한 보안기능

- 3단계 보안레벨에 따라 접근제어 기능을 제공한다.
- 응용프로그램의 오류나 불순한 의도로부터 단말기의 기능을 보호한다.

6) 다중 프로그램 언어지원

- C/C++와 Java 개발언어를 사용해서 응용프로그램이 가능하도록 지원한다. WIPI에서 핵심적인 기능은 멀티태스킹 제공이다. DOS에서 윈도우즈 환경으로 바뀌면서 가장 큰 변화 중 하나가 멀티태스킹이었다. 기존의 플랫폼은 하나의 어플리케이션 수행 하는 환경을 제공한다.WIPI에서 구현되는 멀티태스킹 환경은 [그림2-2]와 같이 여러 개의 어플리케이션 이 동시에 수행되는 중에 전환할 수 있는 기능을 제공한다. 고급 PDA기기를 사용하는 것처럼 단말기 특정키를 눌러 WAM(WIPI 어플리케이션 관리자)과 2개의 어플리케이션이 전환 되는 과정을 보여 주고 있다. 이것은 윈도우 환경의 alt+tab을 눌러 전환하는 것과 유사하다. 어플리케이션이 전환되어 활성화 되면 다시시작 (Resume)하는 이벤트가 발생하고, 비활성화 될 때 중지(Pause) 이벤트가 발생한다. 이때 어플리케이션은 전환될 때 필요한 기능을 수행해야 된다.

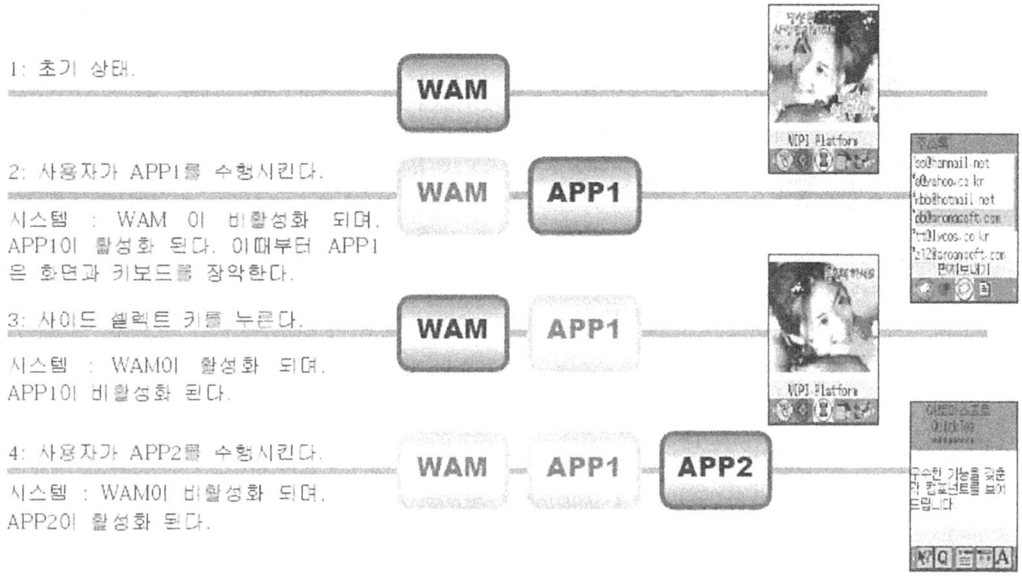

* WAM : WIPI Application Manager

그림 7.2 WIPI에서 태스크 전환화면

WIPI에서 어플리케이션이 다른 어플리케이션을 호출하고, 정보가 전달되는 과정을 그림 7.2와 같이 보여준다. AddressBook 프로그램이 SendMail 프로그램을 호출 할 때 email 주소를 전달하고, 메일을 보낸 후 다시 AddressBook으로 돌아오는 과정을 그림 7.3에서 보여주고 있다.

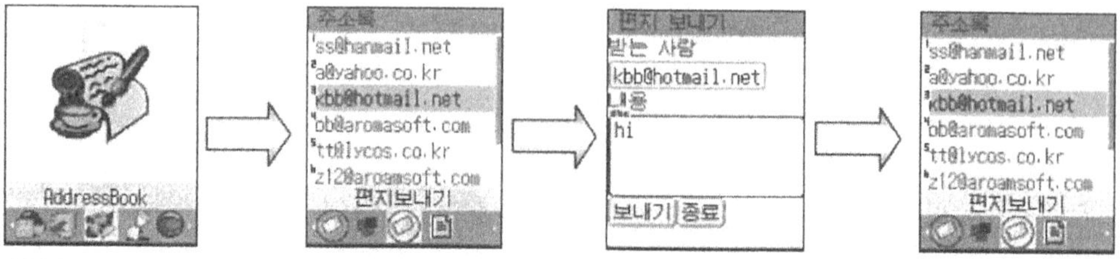

WAM에서 ***AddressBook*** 응용프로그램을 실행시킨다.

AddressBook에서 메일 수신자를 선택하고, 편지보내기 메뉴를 선택한다. 이때 e-mail 주소가 전달된다.

SendMail 응용프로그램이 실행되면서 ***AddressBook***에서 전달받은 e-mail 주소가 도시되고, 메일을 편집해서 보낸다.

SendMail이 종료되면, 다시 ***AddressBook***으로 복귀한다.

* WAM : WIPI Application Manager

그림 7.3 WIPI에서 멀티태스킹 기능

7.2.3 WIPI의 개발 배경

WIPI 규격은 "이동통신단말기에 탑재되어 응용프로그램을 수행할 수 있는 환경을 제공하는 모바일표준 플랫폼 규격"이라고 정의하고 있다. 이 규격은 LGT, SKT, KTF 등 이동통신 3사가 공동으로2001년 8월부터 한 달여 동안의 플랫폼에 필요한 요구사항을 도출하였고 그 해 9월 초에 포럼을 통해 "표준 플랫폼에 대한 이동통신 3사의 요구사항"을 발표하였다.

이 요구사항 문서에는 기존에 서비스되고 있던 다양한 플랫폼들의 장점들을 수용하였으며 차세대서비스를 위해 필요한 기능을 추가하였고, 기존 플랫폼의 단점들을 보완할 것에 대한 요구사항들이 정리되어 있다. 요구사항을 기반으로 이를 충족시키기 위해 규격을 만족하는 모바일 플랫폼은 단말기용 응용 프로그램 개발자에게는 플랫폼 간 콘텐츠 호환성을 보장하고, 단말기 개발자에게는 플랫폼의 이식의 용이성을 제공하며, 일반 이용자에게는 다양하고 풍부한 콘텐츠 서비스의 제공을 목적으로 하고 있다. [3]

무선인터넷 플랫폼을 저의해보면 유선인터넷을 접속하기 위해서는 컴퓨터의 하드웨어와 소프트웨어가 있어야 한다. 컴퓨터 내부의 하드웨어와 운영체계, 시스템 환경 구축, 엔터프라이즈 네트워크(기업 망)등과 같은 전체적인 유선인터넷을 접속하기 위한 기본 인프라 구축을 플랫폼 또는 미들웨어 플랫폼이라고 말할 수 있다.

오늘날 무선인터넷 사용방식은 20년 전 PC산업이 직면했던 상황과 매우 유사하다. 20년 전 다양한 PC업체들은 제품에 대한 공동 어플리케이션 플랫폼이 없었기 때문에 개발업체들은 정해진 기기에만 사용될 수 있는 소프트웨어를 작성할 수밖에 없었고 그에 따라 고객은 선택의 폭을 제한 받았다. 그러나 공통 PC플랫폼의 대두로 개발자들은 모든 종류의 컴퓨터를 거래하는 대량유통 시장에 맞는 코드를 작성할 수 있게 됐다.

소프트웨어 제품의 보급으로 고객이 필요에 따라 자신의 컴퓨터에 적합한 어플리케이션을 선택할 수 있을 뿐 아니라 새로운 소프트웨어 기능 활용을 위해 시스템을 업그레이드를 할 수 있게 되었고, 결국 하드웨어 판매가 증가하였다.

오늘날 무선 어플리케이션 개발자들은 다양한 기기, 프로그래밍 환경, 운영 시스템에 직면해 있다. 이들을 사용하기 위해서는 각기 다른 고유의 사용법과 특성을 익혀야 한다. 대부분의 이동단말기들은 각각의 단말기 제조업체들이 별도로 개발한 소프트웨어와 인터페이스를 사용한다.

플랫폼은 다양한 OS운영체계가 원활이 동작할 수 있도록 각종 소프트웨어를 지원하여 주는 기능을 하드웨어 및 소프트웨어적으로 지원하여 준다.

무선인터넷을 사용하기 위해서는 그림 7.4와 같이 단말기, 네트워크, 플랫폼, 콘텐츠 등으로 구성되어 있다.

무선인터넷 서비스의 초기 단계인 1999년에는 플랫폼이라는 개념 도입 없이 이동통신 사업자가 자체 개발한 WAP, ME, i-mode등을 사용하여 이동단말기가 인터넷을 접속하여 사용되었다. 즉 이동통신 사업자의 종속적인 기술에 의존하여 서비스가 제공되었다.

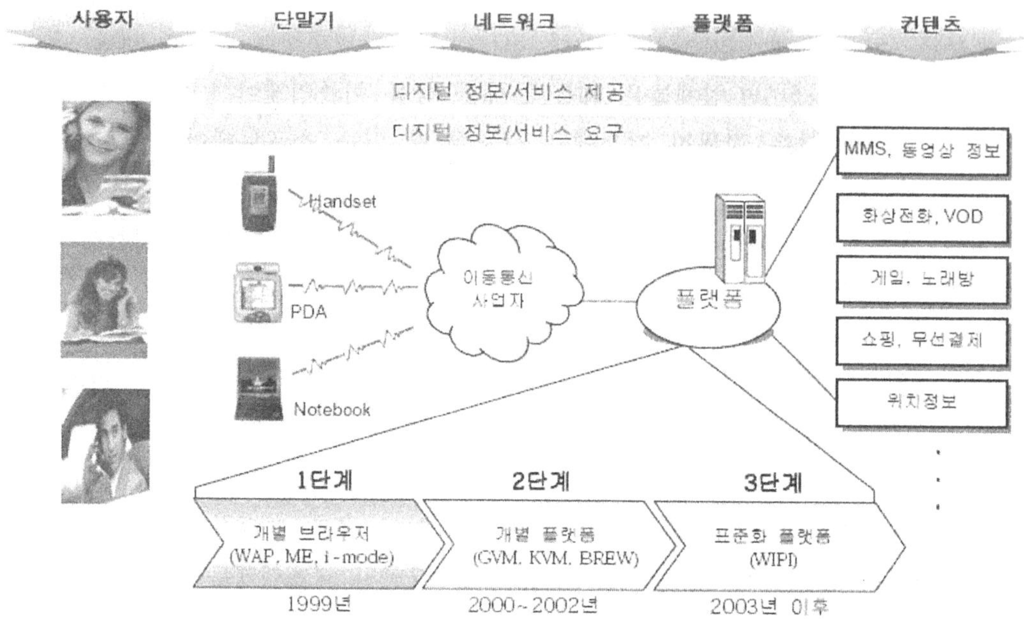

그림 7.4 무선인터넷 접속을 위한 구성도

두 번째 단계인 범용성을 가지는 불특정 다수가 서비스를 제공하는 방식으로 2000~2001년도에 플랫폼이 이동통신 사업자별로 GVM, KVM, BREW가 개별적으로 도입되었다.

세 번째 단계는 개방 망에서의 개방된 접속을 위한 개방된 단일 플랫폼을 도입하여 이동통신 사업자와 관계없이 인터넷 접속이 가능하도록 하는 위피(WIPI)를 개발하여 사용할 예정이다.

유선망에서 사용되는 플랫폼의 구조와 무선망에서 사용되는 미들웨어 플랫폼의 개념도는 그림 7.5와와 같으며, 유선망 플랫폼 구조는 하드웨어 위에 윈도우 프로그램이 작동하여 컴퓨터의 화면을 띄워 놓은 상태에서 익스플로러, 넷스케이프 등을 사용하여 인터넷에 접속되어 응용 소프트웨어를 구동하여 사용한다.

7.2.3.1 무선 인터넷 플랫폼

무선망 플랫폼 구조는 하드웨어 위에 무선통신사업자 또는 각 단말기 회사에 따라서 BREW(Binary Runtime Environment for Wireless), GVM(Game Virtual Machine), KVM(Kilobyte java Virtual Machine)등을 사용하여 단말기 내부의 RAM 공간을 확보한 상태에서 무선통신망을 경유하여 유선망에 접속할 수 있도록 하는 프로그램인 WAP, ME, i-mode 등을 이용하여 인터넷에 접속되어 응용 소프트웨어 프로그램을 구동하여 사용한다.

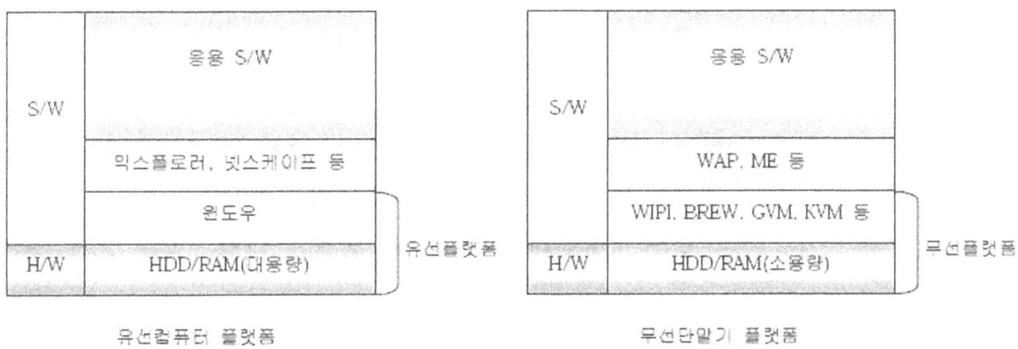

그림 7.5 유무선 플랫폼 개념도

무선인터넷 플랫폼은 그림 7.6과 같이 이동통신 사업자를 중심으로 콘텐츠 제공업체, 플랫폼 제공업체, 단말기 제조업체, 고객(사용자)으로 구성된 무선인터넷 서비스를 위한 가치 사슬(Business Value Chain)로서 서로가 win-win할 수 있는 기반 조성이 된 상태에서 고객의 취향에 맞는 쓸모 있고 유용한 솔루션이 제공되었을 때 무선인터넷 시장의 활성화가 가능할 것으로 전망된다.

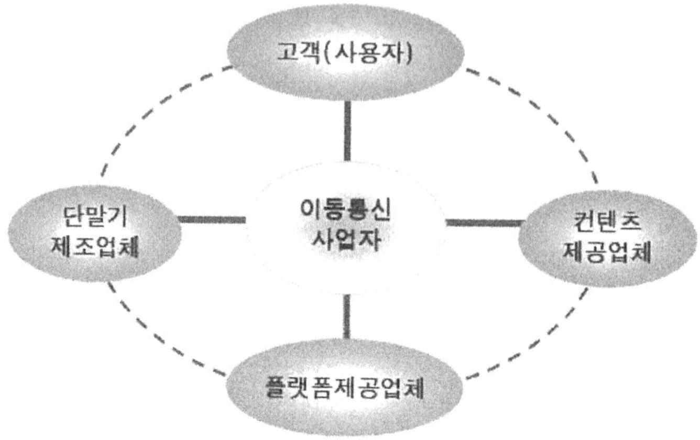

그림 7.6 무선인터넷 플랫폼의 win-win구조

우리나라에서 사용되고 있는 무선인터넷 플랫폼의 종류는 그림 7.6과 같이 표현할 수 있다.

구분	브라우저	사용언어	개발업체	서비스 사업자	서비스명칭	서비스시기	비고
GVM	WAP	모바일C	신지소프트	SKT	엔탑마법사	2000년 10월	
SK-VM	WAP	자바	XCE	SKT	네이트	2001년 7월	
KVM	WAP	자바	선마이크로	LGT	Ez마법사	2000년 9월	J2ME
MAP	ME	C^{++}	모빌탑	KTF	매직ⓝ	2001년 3월	
BREW	ME.WAP	C^{++}	퀄컴	KTF	멀티팩	2001년 9월	
WIPI	ME. WAP	자바, C, C^{++}	-	이통3사	-	2002년 12월	국내 표준

• BREW : Binary Runtime Environment for wireless
• GVM : General Virtual Machine
• KVM : Kilobyte Virtual Machine
• MAP : Mobile Application S/W Plug-in
• SK-VM : SK-Virtual Machine
• WIPI : Wireless Internet Platform for Interoperability

그림7.6 무선인터넷 플랫폼의 종류

무선인터넷 플랫폼에 사용되는 언어는 단말기의 특성을 고려하여 기술적으로 2진 코드(Binary Code)를 실행시키는 C언어의 계열과 가상기계(Virtual Machine)에서 인터프리터(interpreter : 기계어 번역기)하는 과정을 거치는 자바(Java)언어 계열로 나누어져 있다.

특정응용서비스를 실행하기 위한 하나의 실행환경이라고 말할 수 있다. VM의 가장 큰 특성은 이식성(Portability)과 API(Application Programming Interface)의 추상화(Abstraction)를 할 수 있으므로 사양이 다른 핸드폰이더라도 같은 API를 사용하여 프로그래머는 프로그램의 개발을 자유롭게 할 수 있다. 또한 하위 레벨의 환경에 신경을 쓸 필요가 없다.

가상기계(VM : Virtual Machine)라 함은 미들웨어 플랫폼 실행방식은 크게 바이너리(binary)다운로딩 방식과 스크립트(Script) 실행방식으로 나누어지며, 바이너리(binary)다운로딩 방식은 어플리케이션을 직접 읽고 직접 실행하는 것이 아닌 어플리케이션 자체가 구동할 수 있도록 지원하는 방식이며, MAP, BREW가 채택하여 사용하고 있다. 바이너리 다운로딩 방식이 스크립트 방식에 비해서 실행 속도가 빠르고 가장적은 메모리 용량을 차지하는 장점을 가지고 있다.

스크립트(Script)방식은 상위의 어플리케이션 코드를 직접 읽어서 명령을 실행방식이며, 스크립트 방식은 GVM, KVM, SK-VM가 채택하여 사용하고 있다. 무선인터넷에서 사용되고 있는 플랫폼의 장단점은 그림 7.7과 같으며, 서비스 종류별 주요 내용은 다음과 같다.

구분	GVM	SK-VM	KVM	MAP	BREW
성능(속도)	중	중	하	중	상
메모리(ROM)	100K	500K	500K	100K	100K
해외 진출성	해외진출 어려움	Java와 호환성 인증불가로 어려움	유럽/일본 진출가능	해외진출 어려움	CDMA시장 진출 가능
개발업체	신지소프트	XCE	Sun	모빌탑	퀄컴
장단점	- 국내에서 최초로 상용화한 무선인터넷용 운영체제	- Sun의 Java 규격을 바탕으로 독자구현 - 독자구현으로 인한 호환성 및 안정성 입증 어려움	- Sun에서 구현한 운영체재 - 느린 속도와 많은 용량이 필요함	- Java계열보다는 향상된 속도구현 - 안정성과 확장성에 대한 입증이 어려움	- 빠른 속도와 적은 메모리 사용. - 사용자가 직접 컨트롤이 가능하며 CDMA단말기에 접목이 쉬움
채택사	SKT	SKT	LGT	KTF	KTF

그림 7.7 무선인터넷 플랫폼의 장단점

7.2.3.2 무선인터넷 플랫폼의 도입효과

유선인터넷의 운영방식은 개인 PC에 인터넷 익스플로러, 넷스케이프, 증권전용 프로그램, 스타그래프트, 채팅 전용 프로그램, 인스턴트 메신저 등 다양한 유선 인터넷 응용 프로그램들의 아이콘이 윈도우 바탕화면에 존재하여 클릭과 동시에 구동되어 사용되고 있다. 이를 통하여 접속할 수 있는 유선인터넷 사이트가 무한히 많이 존재하고 있다.

무선인터넷의 초창기 운영방식은 그림 7.8과 같이 SMS(Short Massage Service)와 음성메일(Voice Mail)이 주류를 이루었으며 1999년도에 브라우저 기반(Browser base)의 ME 또는 WAP가 개인의 휴대폰 안에 하나만의 프로그램이 존재하며, 유선인터넷 접속도 이동통신 사업자가 제공하는 무선인터넷 포탈 사이트만으로 제한되는 한계점은 가지고 있는 단점이 있는 반면 때와 장소를 가리지 않는 단말기의 이동성이 매우 큰 장점이 있다.

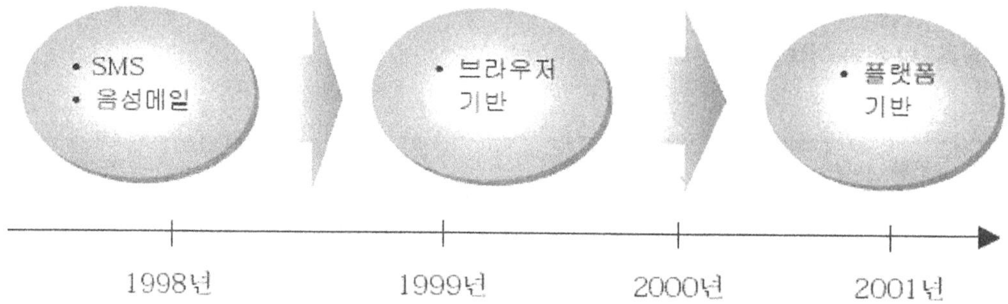

그림 7.8 무선단말기의 플랫폼 도입 과정

우리나라에서 무선인터넷 사용자는 이동통신 3사가 제공하는 브라우저를 기반으로 무선인터넷 포탈 서비스를 통하여 뉴스, 증권정보 등 텍스트 기반의 정보제공 서비스와 용량이 매우 적은 캐릭터 및 벨소리, 간단한 게임의 다운로드 그리고 증권, 뱅킹 등 초보적인 전자상거래 서비스가 제공되고 있다.

무선인터넷의 활성화를 위하여 도입된 플랫폼은 이동통신망의 고도화 작업의 하나로 cdma20001x서비스 도입과 이동단말기의 다양한 부가기능을 갖춘 칼라 LCD

의 보급을 통한 고속의 다운로드를 통한 게임 및 캐릭터 전송이 저렴한 요금으로 제공되고 있다.

무선인터넷 플랫폼의 도입에 따른 효과는 그림 7.9와 같이 ME, WAP를 통한 텍스트 위주의 통신에서 중 고속 전송을 통한 칼라단말기에서의 게임, 채팅, 실시간 증권정보 등으로 멀티미디어 서비스가 제공되고 있다.

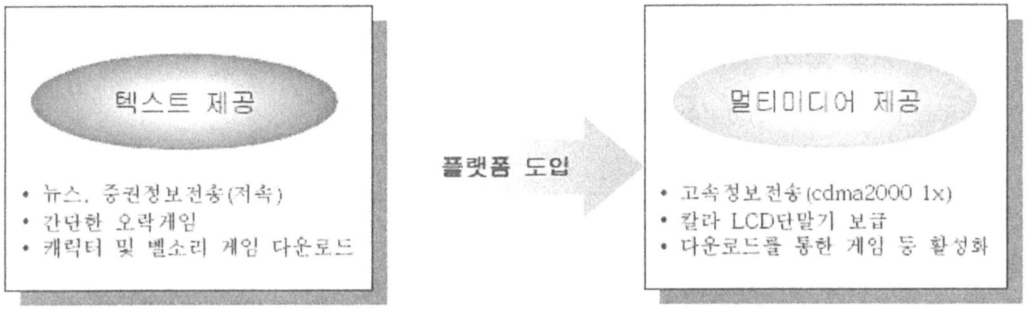

그림 7.9 무선인터넷의 플랫폼 도입 효과

고속 정보전송이 가능한 cdma2000 1x의 도입과 초고속 정보전송이 가능한 1x EV-DO 서비스 도입에 따른 가입자의 체감에 따른 무선인터넷은 급속도로 확산될 것으로 예상되며, 특히 칼라 LCD단말기의 등장과 디지털 카메라의 내장으로 고객에게 몇 단계 업그레이드된 만족의 가치(Value of Satisfaction)를 제공하여 줄 것이다.

또한 미들웨어 플랫폼 개발자들에게는 편리하고 유연한 S/W개발환경 제공과 더불어 고객에게는 PC환경과 같이 다양한 응용프로그램(Application Program)의 다운로드 및 구동기능을 제공함으로서 사용고객의 취향 및 필요에 기능과 사용의 편리성을 극대화 시킨 최적의 무선 멀티미디어 서비스제공을 가능하게 할 것이다.

7.2.3.3 표준화의 필요성 및 기본방향

현재 국내에서 사용되고 있는 미들웨어 플랫폼은 5가지(GVM, XVM, KVM, MAP, BREW)가 있으며, 응용프로그램 제작에 사용하는 언어도 모바일C, 자바, C++등으로 다양하여 개발업체들이 이들에 맞는 응용프로그램을 별도로 제작하여야 하는 어려움이 있다.

자바에서 사용하는 가상기계(Virtual Machine)는 호환성이 전혀 없어 표준화의 빌미를 제공하였으며, 선 마이크로 시스템즈사에서 개발한 소프트웨어 사용에 따른 로열티를 지불하고 있는 실정으로 각종 언어로 작성된 콘텐츠를 모두 지원하면서 퀄컴의 브루(BREW)를 능가할 정도로 경쟁력을 갖춘 표준 플랫폼의 개발을 기본방향으로 정하였으며, 또한 가상기계(Virtual Machine)는 표준화 대상에서 제외하며, 서버 사이드와 단말기 사이드를 모두 고려한 표준화를 추진하여 언어변환 등 상당한 기능들을 서버에서 처리하는 형태로 표준화가 진행되었다.

기존에 사용 중인 플랫폼과 표준화를 통한 통합 플랫폼(WIPI, Wireless Internet Platform for Interoperability)의 구조는 그림 7.10과 같다.

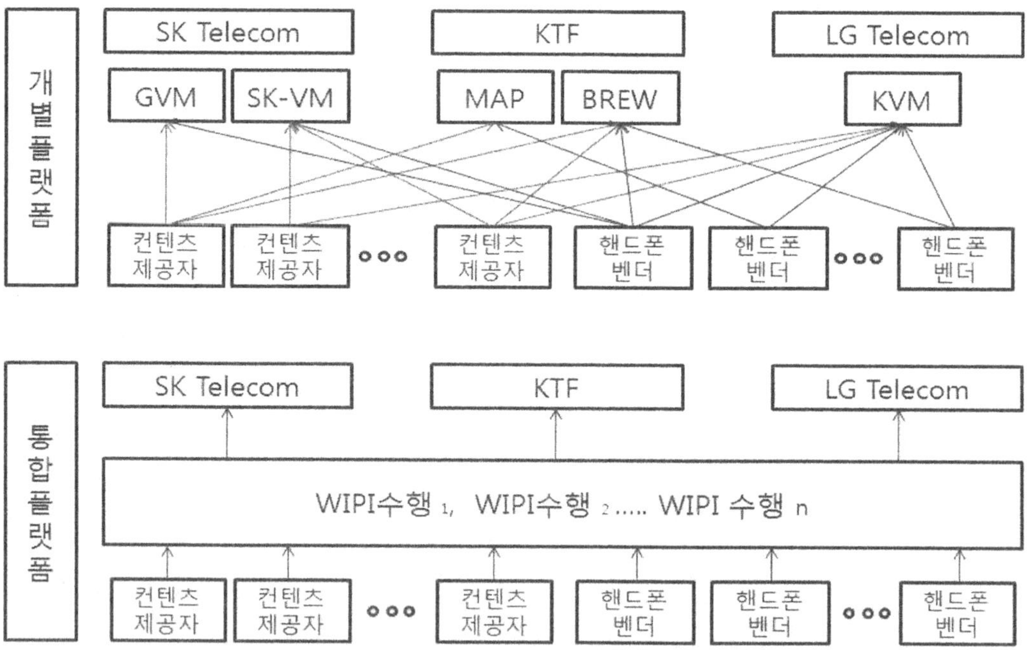

그림 7.10 개발 플랫폼과 통합 플랫폼의 구조

플랫폼 표준화의 요구는 이동통신 사업자의 관점에서는 다양한 콘텐츠 공급과 폭넓은 사용자층의 확대는 위한 기반 조성과 고품질의 서비스를 통한 고객 만족실현에 있으며, 단말기 제조업체의 관점에 바라보면 엔지니어링 시간과 비용의 최소화와 빠른 단말기 개발공정으로 원활한 단말기의 공급이 가능하며, 콘텐츠 및 응용 프로그램 개발업체의 관점에서는 콘텐츠 개발시간 및 비용의 최소화와 1회의 콘텐츠 개발로 모든 이동통신 사업자에 공급이 가능할 것이다.

기존의 개별 플랫폼들은 각기 사용하는 방식이나 구조적인 성능, 확장성, 안정성 등에서 향후 진화 과정의 호환성에 상당한 어려움을 내포하고 있으므로 표준화를 통하여 다양한 응용프로그램을 수용하고, 프로세서의 성능(Performance), 확장성, 안정성 등의 기능적 요구사항을 만족시키는 새로운 통합 플랫폼의 필요성이 강조되고 있다.

무선인터넷의 활성화를 통한 세계시장 진출 시 주도권을 확보하기 위해서는 정부차원의 표준화가 절실한 현실 과제이다. 이렇게 절실한 과제인 미들웨어 플랫폼의 표준화 기본방향은 앞으로 무수히 많은 솔루션과 콘텐츠까지 그대로 수용할 수 있는 개방형 미들웨어 플랫폼은 지향한다는 기본방향을 선정하여 놓고 정부(정보통신부) 주도로 진행하고 있다.

미들웨어 플랫폼의 도입 및 확산은 텍스트 기반의 무선인터넷 서비스가 멀티미디어 기반의 무선멀티 미디어 서비스로 진화하는 과정에서 자연스럽게 발생하는 일련의 과정으로서 더욱 편리한 미들웨어 플랫폼이 제공될 것으로 예상된다.

미들웨어 플랫폼은 그 자체로서도 서비스 시장의 활성화가 예상되며 무선인터넷 서비스 산업의 성장에 지대한 영향을 미칠 것으로 확신한다.

7.2.3.4 무선인터넷 플랫폼 표준화

① 플랫폼 표준화(WIPI)의 규격 및 범위

WIPI(Wireless Internet Platform for Interoperability)란 한국무선인터넷표준화 포럼에서 만들어진 모바일 표준 플랫폼 규격으로 이동통신 단말기에 탑재되어 무선인터넷을 통해 다운로드된 응용프로그램의 실행 환경을 제공하는데 필요한 표준 규격이다.

모바일 플랫폼의 표준화 범위는 그림 7.11과 같이 이동통신 사업자들의 요구사항인 단말기가 최종적으로 다운로드되는 오브젝트가 기계코드(machine code)형태를 요구함에 따라 콘텐츠의 호환을 보장하는 범위 내에서 다양한 솔루션이 개발될 수 있도록 되어 있다.

지원언어는 C/C++와 자바(Java)가 동시에 지원되는 구조이며, 플랫폼과 어플리케이션은 하드웨어에 독립적으로 구현이 가능하도록 CPU, LCD, 메모리 등이 단말기의 하드웨어나 단말기가 사용하는 OS(Operating System)에 관계없이 실행과 이식(Porting)이 용이하도록 하였다. 또한 어플리케이션이 이동통신 사업자 및 단말기제조사의 비밀, 단말기 사용자의 개인정보를 마음대로 접근할 수 없도록 하는 보안규격도 포함되었다.

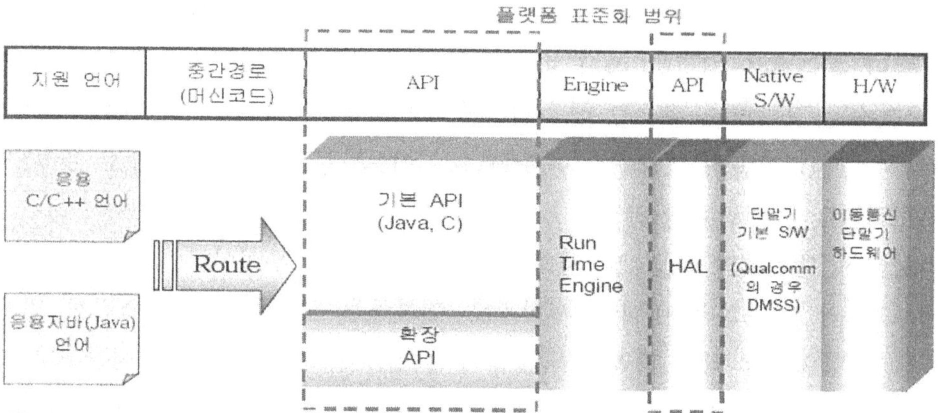

API : Application Program Interface
HAL : Handset Adaptation Layer[핸드 셋 적응계층]

그림 7.11 모바일 플랫폼 표준화의 범위

플랫폼의 성능을 크게 좌우하는 메모리의 사용에 있어서 플랫폼 메모리 사용량의 최소화와 어플리케이션 용 메모리의 최대 확보와 빠른 실행속도를 구현할 수 있도록 포함하였다.

표준 미들웨어 플랫폼은 다음과 같은 성능을 갖추고 있어야 향후 기술발전을 선도하여 세계적인 미들웨어 플랫폼으로 자리 잡을 수 있을 것이다.

- 빠른 처리 속도와 사용자에 특화되는 UI(User Interface)의 제공
- 단말기의 용이한 확산을 위한 이식(Porting)기능, 업그레이드의 독립성 기능
- 편리한 개발환경, 경제적인 제작, 간편한 인증과정

사용자 측면에서 실제적으로 체감하게 되는 단말기 상에서의 무선 멀티미디

어 서비스의 기반이 되는 미들웨어 플랫폼은 매우 중요한 결정 선상에 놓여 있다고 볼 수 있다.

무선멀티미디어 가치 사슬(Value-Chain)상에 있는 사용자와 단말기 제조업체, 미들웨어 플랫폼 제공업체, 콘텐츠 제공업체, 이동통신 사업자 모두가 win-win 할 수 있는 환경을 제공하여야 한다.

② 표준 플랫폼(WIPI)의 서비스 개념도

모바일 표준 플랫폼 규격(WIPI) 버전 1.0 의 기능 규격을 준수하여 개발된 첫 번째 구현 플랫폼으로 세계 최초로 자바, C 언어의 복합 언어를 지원하며, 다중 윈도우 지원/다중 어플리케이션 지원/다운로드가 가능한 동적 링킹 라이브러리(DLL) 지원/최적의 압축 메모리 관리 지원/3단계 보안구조 지원 등의 기존의 모바일 플랫폼에서 맛볼 수 없었던 최첨단의 다양한 기능들을 구현하였다. 구현된 플랫폼에 60여개의 기존의 어플리케이션을 이식 해 본 결과 성능 면이나 이식성 면에서의 우수성을 확인하였으며, 국내외에 사용되는 인터프리터 (VM) 구조를 갖는 기존의 플랫폼보다 10배 이상의 고성능 무선인터넷 응용프로그램 수행 환경이다.

위피(WIPI)의 참조 구현에 사용된 단말기는 그림 7.12와 같이 출시된 컬러 단말기인 삼성전자와 LG전자의 협조를 통해 LG전자의 SD-1100폰과 삼성전자의 SPH-X430폰에 참조 구현된 플랫폼이 탑재되어 있다.

WIPI의 서비스 개념도는 그림 7.13과 같으며, 브루와 같이 C언어로 동작하는 응용프로그램은 바이너리 방식으로 되어 있으므로 문제점이 전혀 없으며, 자바의 경우는 인터넷의 콘텐츠는 모두 바이트 코드형태로 되어 있고, COD(Compile On Demand)를 거쳐 플랫폼으로 전달될 때 바이너리 이미지로 변경된다.

그림 7.12 위피(WIPI)에 적용된 단말기

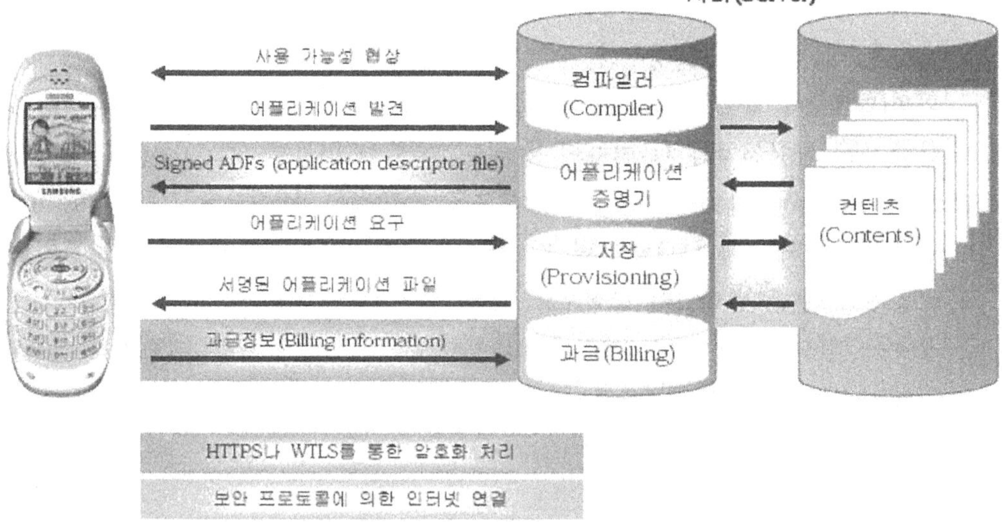

그림 7.13 WIPI의 서비스 개념도

WIPI플랫폼 상의 자바 어플리케이션은 신뢰할 수 있는 COD서버가 바이트코드 검증을 해서 플랫폼으로 전달이 되고, 플랫폼은 이것을 확인하게 되므로, 기존의 자바 수행 환경에서 요구되는 바이트코드 검증을 동일하게 거치게 된다. 이동통신에서의 무선인터넷 서비스 차별화를 위한 상호 호환성을 고려한 표준화의 균형유지를 위하여 그림 7.14와 같이 표준화된 플랫폼인 WIPI(Wireless Internet Platform for Interoperability)의 개념적 구조를 나타내고 있다.

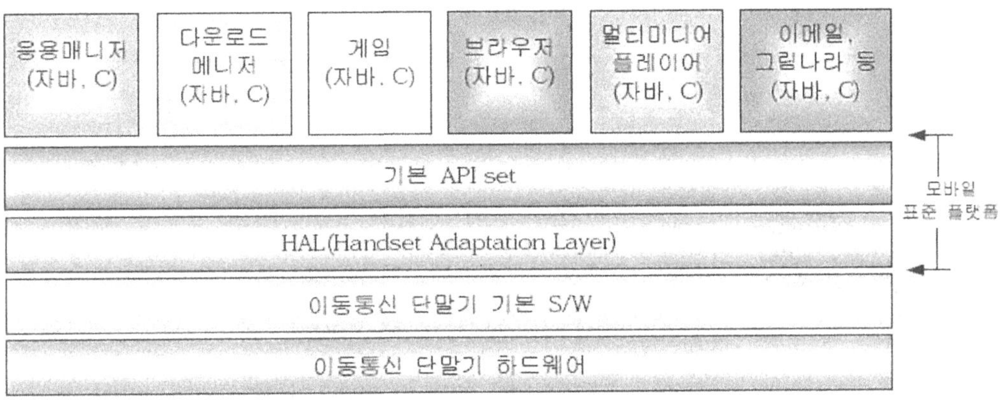

그림 7.14 표준 플랫폼 WIPI의 개념적 구조

이동통신 단말기의 하드웨어와 소프트웨어 위에 표준화된 WIPI 플랫폼이 응용 프로그램인 다운로드 매니저, 게임, 브라우저, 멀티미디어 플레이어 등 모든 응용 소프트웨어를 수용할 수 있는 구조를 가지고 있다.

WIPI의 HAL(Handset Adaptation Layer, 핸드셋 적응계층)는 플랫폼 이식 (Porting)에 있어서 하드웨어 독립성을 지원하기 위한 계층으로 단말기에 대한 추상화가 이루어지고, 하드웨어가 독립적으로 플랫폼이 구성된다.

기본 API(Basic Application Programming Interface)는 응용프로그램 개발자가 사용 하는 플랫폼에서 지원하는 기본 API 모음이며, C 및 자바 API를 제시한다.

기존에 사용 중인 WAP이나 J2ME등과 같이 이미 3GPP에 표준으로 채택된 플랫폼과의 공존 가능한 구조의 설계로 단말기의 OS나 Air Interface로부터의 독립성이 보장되어 있다. 또한 다양한 콘텐츠 및 응용프로그램 개발자를 포용할 수 있는 API set를 갖추고 있으며, 기존의 플랫폼 단점을 보완하고, 차세대 서비스 기술을 반영하기 위한 개념적 구조를 도입하였다.

7.2.3.5 표준 플랫폼 실행을 위한 응용 소프트웨어

① 플랫폼 호환성 인증 소프트웨어(PCT)

WIPI 규격에 의해 만들어지는 플랫폼간의 호환성을 인증하기 위해 WIPI-PCT (Platform Certification Toolkit)을 ㈜ EXEMobile에서 개발하였으며, 개념적 실행구조는 그림 7.15와 같다.

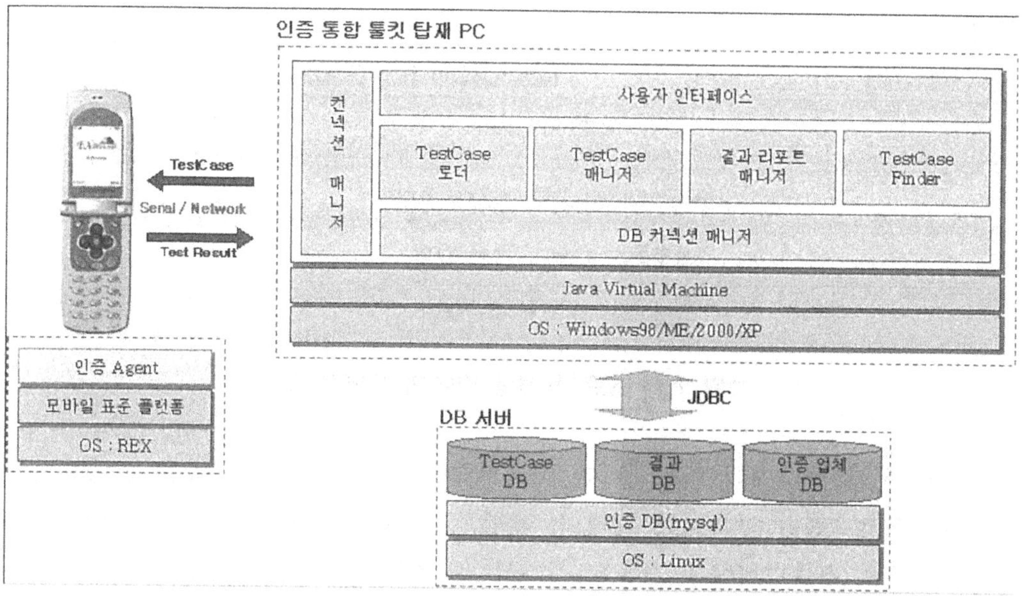

그림 7.15 WIPI-PCT의 개념적 실행 구조도

WIPI-PCT는 WIPI 규격을 준수하여 개발된 플랫폼을 단말기에 탑재한 후 WIPI 플랫폼이 탑재된 단말기 상에서 WIPI에서 정의한 API, 기능 등이 정상적으로 구현 되어 있는지를 검증하는 역할을 담당한다.

② 자바 프로그램 호환 소프트웨어(COD)

COD(Compile On Demand)는 컴파일 요구 시 컴파일 된다는 개념으로 단말기가 여러 종류의 CPU칩으로 서비스 될 경우에 각각의 CPU에 맞도록 서버단에서 컴파일 되어 진다는 의미를 함축하고 있으며, WIPI에서는 자바로 작성된 어플리케이션에만 적용되는 기술이다. C언어로 작성된 어플리케이션의 경우에는 컴파일러가 어플리케이션 개발자에게 제공되므로 서버에서는 컴파일에 개입할 일이 없기 때문에 해당사항이 없다.
자바 수행 환경을 지원하기 위한 WIPI 플랫폼은 그림 7.16과 같이 COD에서 AOT컴파일 된 수행 이미지를 로딩 할 수 있는 기능이 추가로 필요하게 된다. 이것은 바이너리 수행 이미지를 로딩 하는 것으로서 바이너리 로딩 시에 신뢰할 수 있는 게이트웨이를 통해서 전달 받았는지 확인 하는 과정이 필요하다.

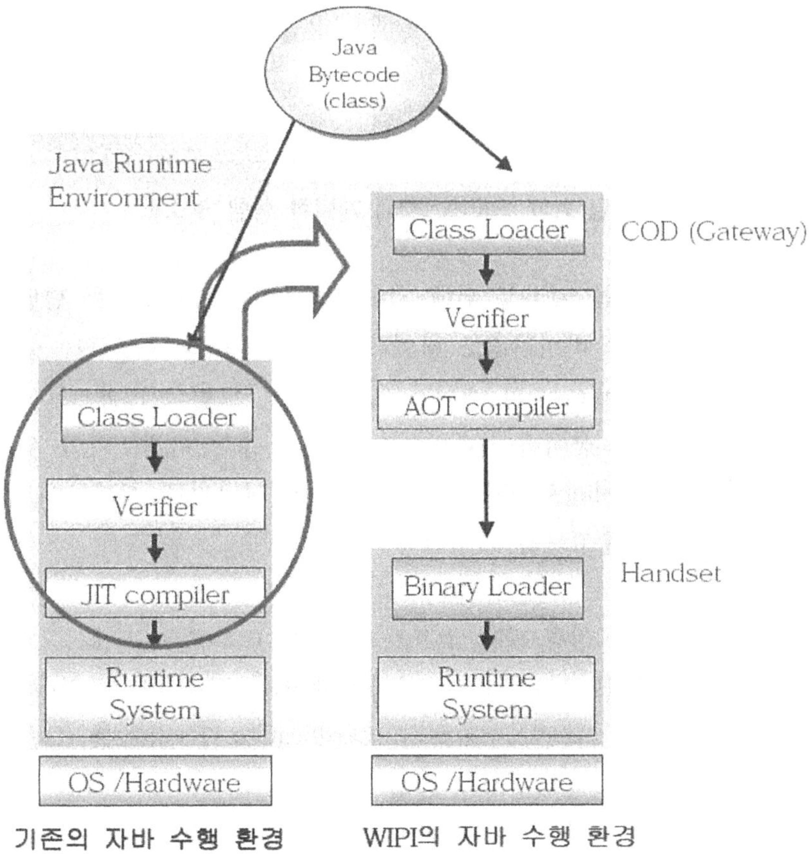

그림 7.16 WIPI의 자바 수행환경

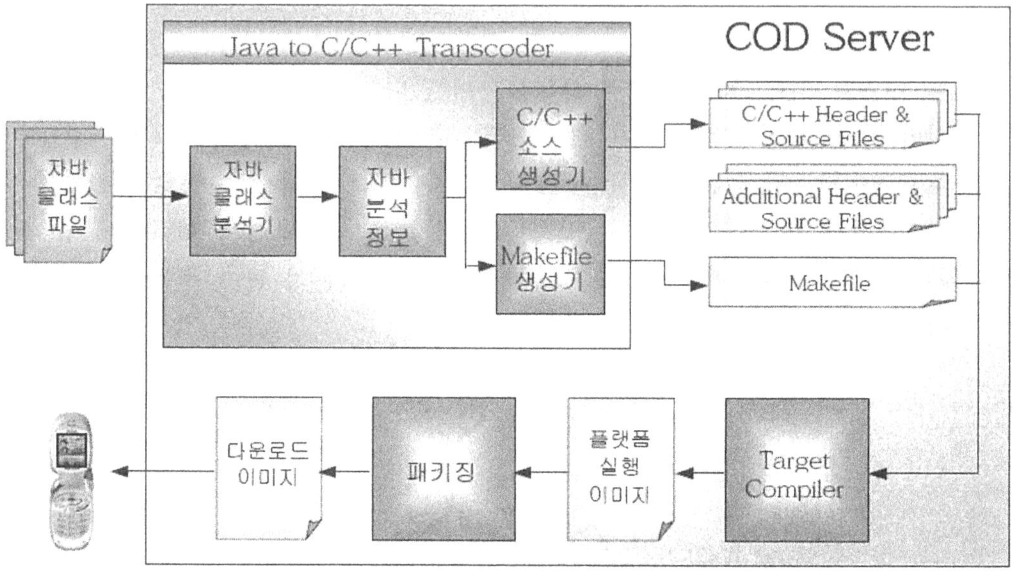

그림 7.17 WIPI-COD의 개념적 실행 구조도

바이너리로 수행되는 자바를 위해 서버에서 자바 중간 코드를 단말기에서 직접 수행 가능한 Native 바이너리로 변환하는 도구와 이를 운영하는 서버용 COD를 개발하였으며, WIPI-COD의 개념적 실행구조는 그림 7.17과 같다.
자바클래스 파일을 분석하여 C/C++소스 생성 또는 Make 파일 생성기로 입력되어 Target Complier로 만들어서 플랫폼용 이미지로 실행하여 패키지 형식으로 핸드폰에 다운로드를 실행한다.

③ 응용 소프트웨어의 검증/확인 소프트웨어(ACT)
WIPI용으로 개발된 Application 소프트웨어의 검증 및 확인(Verification & Validation) 해주는 ACT(Application Certification Toolkit)를 ㈜필링크에서 개발하였으며, 개념적 실행구조는 그림 7.18과 같다.
ACT는 주어진 활동의 개발 산출물이 그 활동의 요구 사항과 일치 하는 지 여부와 해당 소프트웨어가 의도된 용도와 사용자의 요구를 만족하는지를 검증한다.

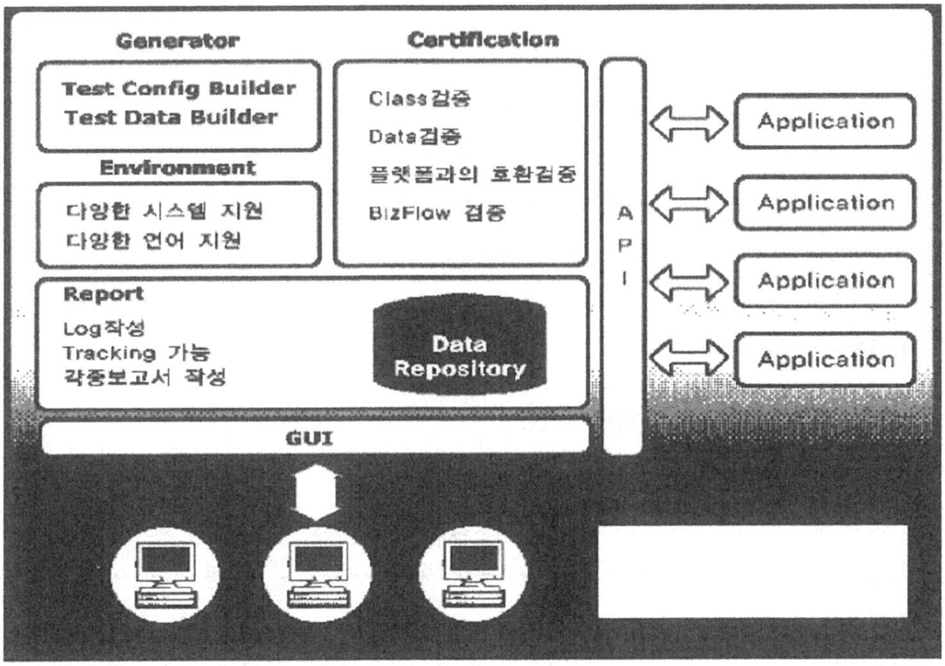

그림 7.18 WIPI-ACT의 개념적 실행 구조도

7.2.3.6 표준 플랫폼(WIPI)의 발전방향

우리나라에서 표준화된 플랫폼인 WIPI는 BREW의 장점인 바이너리코드로 다운로드하여 실행하므로 멀티미디어 시대에 적합한 방법을 도입하였으며, 또한 자바의 장점인 시스템, 사용자 보안 및 개방구조를 도입하여 실행함으로써 사용자, 단말기 제조업체, 이동통신사 업자 모두가 상호도움이 될 것이다. 종합적으로 고려하여 볼 때 세계시장의 주도적 위치 확보를 위해서는 사용자 및 개발자 환경에 친화적인 플랫폼으로 보완하여 나가는 것이 바람직할 것이다.

앞으로 IMT-2000 전용 단말기에서 플랫폼과 멀티미디어 처리를 위해 Dual CPU가 제공 되면, 어플리케이션 개발자나 플랫폼 개발자가 좀 더 넉넉한 환경을 하드웨어 자원을 활용 하여 좀 더 나은 운영 환경이 제공될 수 있을 것이다.

WIPI 규격은 최초 아로마 소프트에서 제안한 규격을 기초로 하였지만 TTA, 한국 무선인터넷 표준화 포럼, 전파연구소, ETRI 및 이동통신3사 실무자 여러분들과 함께 수개월동안 머리를 맞대고 만들어 낸 작품으로 어디에 내놓아도 손색이 없을 것이며, 또한 WIPI 규격에 호환되는 여러 플랫폼이 개발 되어 널리 보급되기를 기대하며, 무선인터넷 플랫폼 업계에 종사하는 많은 유능한 분들에 의해 지속적으로 규격이 진화되어 질 것이다. 장기적으로 개방된 무선인터넷 환경을 개발자가 손쉽게 접근 하게 되어 기술 경쟁에 의한 무선 인터넷 소프트웨어 기술이 한층 더 발전하여 세계적인 표준화가 될 것으로 기대를 하여 본다. [4]

7.2.4 WIPI 2.0

7.2.4.1 WIPI 2.0 플랫폼 구조

WIPI 2.0 플랫폼의 구조는 그림 7.19와 같다.

그림 하단에 있는 Native System Software는 CDMA 망에서는 Rex OS를 지칭하는 것으로 간단한 단말기 운영체제 기능과 통신 기능 및 각종 디바이스 드라이버가 포함된다.

HAL(Handset Adaptation Layer)은 단말기 제조사를 위한 API를 정의한 것으로 단말기 제조사마다 서로 다른 기기들을 지원하기 위해 HAL이라고 하는 추상화 계층을 도입한 것으로 WIPI 플랫폼에서 획기적인 것으로 받아들여지고 있다. 그리고 이HAL이 단말기에 포팅 되면 바로 WIPI 플랫폼 실행엔진을 탑재할 수 있다. 데스크톱 윈도즈 환경에서는 HAL을 WIN32에 맞게 포팅하면 에뮬레이터가 바로 되는 것이다.

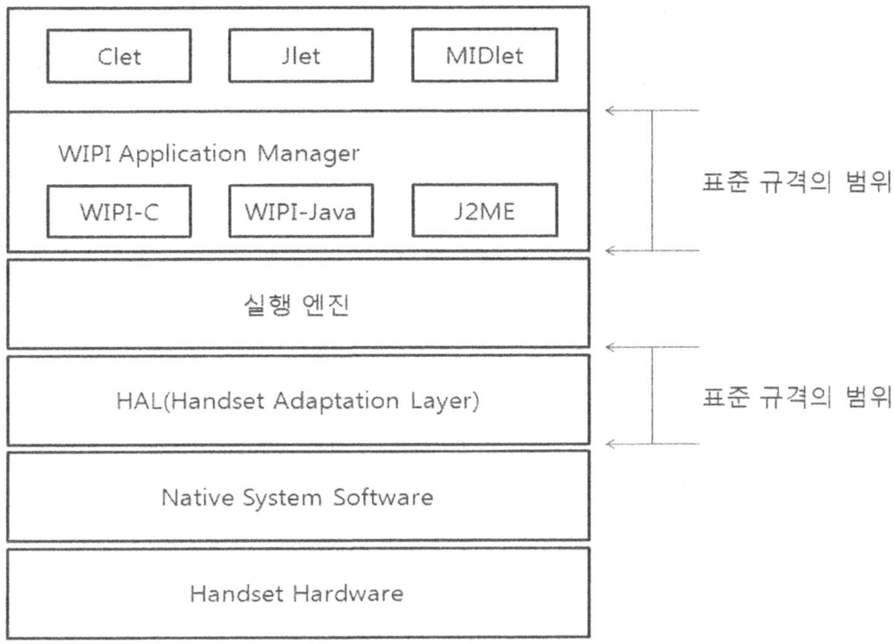

그림 7.19 WIPI 2.0 플랫폼의 구조

모바일 표준 플랫폼은 WIPI 응용 프로그램을 실행시키는 실행 엔진으로서 다운로드 받은 바이너리 WIPI 응용 애플리케이션을 실행시키기 위해 링크& 로더 기능, 메모리 관리, 리소스 관리, 가비지 컬렉션 기능 등을 수행한다. 필수 API는 WIPI 응용 프로그램 개발자를 위한 C 및 Java API를 말한다. 이중에서 WIPI가 표준화의 대상으로 하고 있는 것은HAL 계층, 필수 C API, Basic 필수 API이고 실행엔진은 표준화의 대상이 아니다 [5].

7.2.4.2 WIPI 2.0 주요 기능

WIPI 플랫폼은 바이너리라고 하는 머신 코드 형태의 응용 프로그램을 서버로부터 다운로드 받아 수행하고 동시에 여러 개의 응용 프로그램을 메모리에 적재하여 다중 응용 프로그램을 수행할 수 있는 환경을 제공한다. 현재 지원하는 언어로는 C 언어와 Java 언어이지만 마이크로소프트는 자사의 C#를 채택시키려는 노력을 하고 있다. 플랫폼은 일반 수준, 콘텐츠 개발자 수준, 시스템 수준의 세 보안 수준을 갖고 보안을 지원한다. 또한 API 별로 접근수준을 지정할 수 있다. 플랫폼은 자동 메모리 해제, 메모리 컴팩션, 자바 가비지 컬렉션, 공유 메모리 지원 등 메모리 관리 기능과 응용 프로그램 관리 기능을 갖고 있다.

① WIPI 2.0의 특징

WIPI 2.0에서 가장 두드러지는 특징은 J2ME(CLDC1.1/MIDP2.0)를 필수로 지원하도록 채택한 것이다. 이는 SUN과의 Java 스펙에 대한 IPR 문제에 대한 해결책으로 WIPI 2.0에서 J2ME를 지원하는 것으로 일단락되었다. 이는 SUN과 공조 체계를 갖춰 WIPI의 세계 시장 진출에 공동 노력함으로써 양측이 모두 이익을 추구할 수 있는 방안으로 좋은 선례를 남겼다. WIPI 2.0 플랫폼만 탑재함으로써 WIPI-C, WIPI-Java 뿐만 아니라 J2ME 애플리케이션도 동작시킬 수 있으므로 플랫폼의 콘텐츠 수용범위를 넓혔다는 점에서 큰 의의를 찾을 수 있다.

WIPI 2.0에서는 플랫폼 보안에 대해 좀 더 체계를 갖추게 되었다. 디렉터리 보안과 더불어, Network(Connection Oriented, Datagram, HTTP),Secured Network Connection(HTTPS), SerialDevice(RS-232C, USB), Personal Information(주소록, 촬영한 사진, 기타 개인 정보) 등의 자원에 대해 개별 혹은 그룹별 제어가 가능하도록 했다. 또한 플랫폼의 각 자원별로 보안 수준에 따라 접근 허용 여부가 정의된 표가 존재하도록 하였다. 이에 대한 예가 표 7.1에 나와 있으며, 그에 대한 설명은 다음과 같다 [6].

표 7.1 자원의 보안 수준별 접근 인가 표의 예

	Graphic	Sound	Personal Info	System Property
Public	Allow	Allow	Deny	Deny
CP	Allow	Allow	User	Deny
System	Allow	Allow	Allow	Allow

- 허용(Allow) : 사용자의 개입 없이 자동으로 자원에 대한 접근을 허용해야 한다.

- 사용자의 허락에 의한 접근 허용(User) : 응용프로그램이 '사용자의 허락에 의한 허용'이라고 명시된 자원을 접근하고자 할 경우 플랫폼은 이 사실을 사용자에게 응용 프로그램이 하고자 하는 일을 정확하게 알리고 사용자의 선택에 따라 행동해야 한다. 사용자의 선택에 대한 내정된 행동 또한 미리 정의되어 있어야 한다.
- 거부(Deny) : 사용자의 개입 없이 자동으로 자원에 대한 접근을 거부해야 한다. 사용자의 허락에 의한 접근 허용(User)은 여러 옵션을 사용할 수 있는데, 이는 계속 거부, 응용 프로그램 종료 시까지 거부, 이번만 거부, 이번만 허용, 응용 프로그램 종료 시까지 허용, 계속 허용 중하나를 선택할 수 있는 형태로 이루어진다.

  만약 플랫폼이 응용 프로그램별로 자원에 대한접근 인가 여부를 조회 및 변경할 수 있는 UI를 제공할 경우, 사용자는 해당 UI를 통해서 응용 프로그램의 동작 여부와 상관없이 접근 인가 여부를 변경할 수 있다. 변경된 사항은 각 조건별로 지속시간 동안계속 응용 프로그램의 해당 자원 접근 시 유효해야 한다.

  또한 J2ME의 보안과의 호환 체계도 갖추게 되었는데 표 7.2는 이러한 관계를 나타내고 있다.

표 7.2 WIPI 규격과 MIDP의 보안의 관계

WIPI 2.0	MIDP
Public	Un-Trusted
CP	Trusted
System	Trusted

WIPI 1.2에서 문제점으로 지적되던 수많은 오탈자, 규격 정의의 애매성 등이 WIPI 2.0에서는 대폭 보완되어 규격의 완성도를 크게 향상시켰다.

또한 새로운 기능 추가에 따라 스펙의 규모가 커져서 규격의 문서 체계를 개편하였는데 총 5편과 부속서로 구성되었고 규격 문서 스타일도 통일하여 사용자가 편하게 볼 수 있도록 최대한 배려한 점이 눈에 띈다[7].

② 추가된 API

1) Generic I/O API

단말에 부착되는 I/O 장치에는 적외선 통신을 위한 IrDA, 단말을 이용한 전자 결재 시 인증 등에 필요한 개인 정보를 저장하는 IC 카드인 1Chip, WCDMA 단말에서 각종 단말 정보를 저장하고 관리하기 위한 용도로 사용되는 UICC(Universal ICCard) 등이 있다. Generic I/O는 이러한 장치들을 제어하기 위한 규격으로 향후 추가되는 I/O 장치에 대해서 애플리케이션 레벨에서 별도의 API 추가 없이 확장이 가능하도록 하기 위해 정의되었다. GenericI/O를 위한 규격은 HAL/C/Java API에서 각각 정의되었다. HAL은 각 I/O 장치의 기본 오퍼레이션에 대한 함수를 작성하고 이를 플랫폼에 등록한다. 제공되는 장치의 기본 오퍼레이션은 장치를 초기화하는 open, 장치를 종료하는 close, 장치를 통한 데이터 입출력을 하는 read, write가 있다. 또한 io control을 두어 여기에 명령어를 등록하여 다양한 오퍼레이션을 추가할 수 있도록 하였다. HAL에서는 이에 대한 함수를 작성하여 규격에 정의된 자료 형에 연결하고 플랫폼에 등록한다. 애플리케이션에서는 장치의 타입에 따라서 플랫폼에 등록된 해당 장치의 함수를 호출하여 장치를 제어한다.

한편 I/O 장치는 특성에 따라 물리적 장치와 논리적 장치로 구분된다. 물리적 장치란 물리적으로 구별되는 장치를 말하며, 애플리케이션은 미리 약속된 장치 번호를 사용하여 원하는 장치를 열게 된다. 논리적 장치는 물리적으로는 하나의 장치이지만 논리적으로 동시에 다수의 포트나 채널 등을 열 수 있는 장치를 말하며, 애플리케이션은 장치를 open하면 논리적으로 수용 가능한 장치의 수만큼 동시에 열수 있다. HAL에서 장치를 등록할 때 해당 장치의 이러한 종류를 명시하고, 논리적 장치일 경우 동시에 open 가능한 장치의 수를 등록한다. Open시 물리적 장치는 장치 번호에 따라 약속된 장치를 열어 주게 되고, 논리적 장치는 장치 번호와 열린 포트 또는 채널에 대한 매핑 테이블을 관리하여 이후 read/write/control 등의 작동이 발생할 때 이러한 장치번호를 통해 해당 포트 또는 채널을 제어할 수 있도록 한다.

지원하는 API로는 장치를 열고 초기화하는 함수, I/O장치로부터 데이터를 읽거나 쓰는 함수, 장치에 주어진 command에 따라 해당하는 오퍼레이션을 수행하는 함수 등이 있다. C API에는 non-blocking I/O 장치를 위하여 장치가 데이터를 읽을 수 있는 시점이나 데이터를 전송하는 시점에 불리는 혹은 장치연결의 성공 여부나 비정상적인 종료에 대한 이벤트를 전달받기 위한 콜백 함수를 등록할 수 있도록 하였다.

단 IrDA 제어의 경우, OBEX 규격 version 1.2이상을 준수해야 한다는 제조 사 준수사항이 있다.

2) 단말 리소스 API

이미지, 사운드, 주소록 등 특정 데이터 포맷을 가지면서 단말 영역에 저장된 데이터들을 통칭하여 단말 리소스라고 하고 리소스들을 사업자 자체적인서비스 이름(그림친구, 벨소리, 사진, 음성 녹음)에 따라 분류해 놓은 그룹을 단말 리소스 그룹이라 하는데 이들을 대상으로 단말 리소스 관리, 단말 리소스 그룹 관리, 단말 리소스 보안에 관한 API가 정의 되었다. 모든 리소스는 하나의 저장 공간 영역으로 관리가 되어야 하고 단말 리소스 함수들은 WIPI 애플리케이션이 리소스 그룹과 리소스에 접근하는 통로를 제공한다.

단말 리소스 API는 HAL/C/Java에서 정의되었다. 주소록을 위해 표준 명함 데이터 포맷인 vCard3.0을 기반으로 하여 단말의 주소록에서 필요한 정보를 확장하여 정의한 wCard라는 주소록 포맷을 표준으로 채택하였다.

각 단말 리소스는 MIME 타입과 데이터 포맷을 가지고 있다. BMP, GIF, JPEG, PNG의 이미지 포맷과 BMP, SIS의 애니메이션 포맷, MPEG4,H.263, H.264의 동영상 포맷이 있으며, Qualcomm CMX, Yamaha MA, MIDI, MP3, IS96 등의 다양한 사운드 포맷을 위한 MIME 타입이 있다. 그밖에 폰북, 알람, 블랙리스트, SMS와 관련해서도 MIME 타입이 존재한다.

모든 리소스는 리소스 그룹 중 하나에 속하도록 하여, 개별 혹은 그룹별 관리를 통해 다양한 조합으로의 리소스 관리를 가능케 했다. 그리고 개별 혹은 그룹별 비밀번호를 등록하고 접근 시 확인하는 방법으로 리소스 보안을 만족시킨다. 또한 리소스를 검색하는 기능도 제공되는데 이는 주어진 문자열 검색어와 일치하는 리소스를 리소스 이름 리스트 형태로 반환하는 것으로 이루어진다. 또한 POWERON, POWEROFF, IDLE, INCOMING, BROWSERON, BROWSEROFF의 특정 단말 상태에 특정 리소스를 설정할 수 있고 설정된 정보를 얻어 올 수 있도록 하였다.

3) Camera API

카메라 폰이 보편화됨에 따라 카메라를 처리하기위한 요구사항이 증대되어 이를 지원하기 위해, 카메라 폰을 지원하기 위한 API가 추가되었다. HAL에는 매체 처리기의 개념으로 지원되며 C 개발자 역시 매체 처리기 API 함수를 사용하여 카메라를 제어할 수 있다. 이는 새로운 미디어장치가 플랫폼에 장착될 경우에 벤더가 제시하는 새로운 기능을 사용자 정의 함수로서 추가해서 사용할 수 있는 API를 이용함으로써 가능하게 된다. 그런데 Java 개발자를 위하여서는 매체처리기에 따로 Camera API를 정의하여 지원하고 있다. 이는 주소록과 같은 상황이다.

상기한 바와 같이 C API의 매체처리기 부분에서는 카메라의 장착여부 탐지와 모델명 얻기, 전원 켜고 끄기 및 전원 상태 알기 등의 장치 컨트롤 함수와 카메라 프리뷰, 정지 영상 캡처 등의 콘텐츠 컨트롤함수가 있으며, Java API에는 이와 더불어 녹화/재생 시에 수평 및 수직 등의 반전과 회전 등의 property를 설정하는 함수와 화질, 해상도, LCD 에서 디스플레이 위치 등을 포괄하는 모드를 설정하는 함수 등이 제공된다.

4) 위치 정보 API

위치 정보 API는 GPS 정보와 기지국 위치 정보를 동시에 지원하는 것으로 Hal/C/Java API가 정의 되었다. 현재 WIPI 2.0에서의 GPS 지원 API들은 퀄컴의 gpsOneTM 솔루션의 단말기를 대상으로 정의되었으며 GSM 계열이나 일반 GPS 장치에 대한 것은 추후 기능 확장이 필요하다. gpsOne에서는 이동통신사에 준비된 gpsOne 관련 서버에 IS801-1 프로토콜을 사용하여 접속한 후 위치 정보를 전달받도록 되어 있으며, C API들 또한 이러한 시나리오에 맞게 준비되었다.

제공하는 API로는 gpsOneTM의 동작 최적화 방식, 품질 수준, 정보 전송 계층 등을 설정 및 조회하는 함수, PDE 서버의 주소, 포트를 설정 및 조회하는 함수가 있다. 궁극적으로 알기 원하는 GPS 위치정보의 위도, 경도, 고도, 방향, 수평/수직 속도, 정확도, 타임스탬프값 등을 얻어 오는 함수를 지원하는데, 이 함수는 비동기적으로 동작하여 그 결과는 이벤트로 통보되고 상세 정보를 조회하는 함수로써 그 결과 값을 알 수 있도록 하였다.

5) 수학연산 API

수학 연산 API에는 삼각 함수들과 랜덤 변수 발생 함수 등이 C/Java API로 추가되어 개발자들이 쉽게 수학 연산 처리 함수들을 사용할 수 있게 되었다. 지원하는 함수로는 싸인, 코싸인, 탄젠트와 그 역함수들이며, 절댓값, 최댓값, 최솟값을 구하는 함수와 지정된 범위 내에서 무작위수를 추출하는 함수 등이 있다.

6) 주소록 접근 API

주소록은 단말 리소스에 포함되는 리소스 중의 하나로 단말 리소스 API 접근이 가능하지만 Java에서는 특별히 AddressBook이라는 주소록 관리를 위한 클래스가 정의되었다. AddressBook은 주소록을 일반적으로 많이 사용하는 데이터베이스 시스템처럼 데이터를 레코드와 필드로 저장 및 관리하며 접근이 가능하여 쉽게 처리할 수 있는 이점이 있다.

이를 위해 주소록의 개별 주소 레코드를 나타내는 Address 클래스로 주소 객체의 필드 값의 설정과 조회를 수행하며, 주소 객체의 Lock의 설정과 상태를 반환할 수 있게 한다.

AddressBook 클래스가 제공하는 API로는 하나의 레코드를 구성하는 필드와 관련하여 그의 개수, 이름, 데이터 타입을 얻어 오는 함수가 있다. 레코드와 관련하여서는 최대 생성 가능한 개수, 현재 사용 중인 개수, ID를 얻어 오는 함수가 있으며, 레코드의 하나 또는 복수 개의 생성과 그 객체를 가져오는 함수가 있다. 이의 관리를 도와주는 그룹의 생성과 조회를 지원하며, 단축키의 지원 여부에 따라 활용될 수 있는 다양한 함수들, 그리고 전화번호, 이메일, 그룹으로의 검색을 제공한다. 또한, 주소록 객체의 Lock을 설정할 수 있으며, 특정 인덱스에 해당하는 리소스가 Lock 되어 있다면 그것의 비밀번호로 해제시키는 함수를 제공한다.

7) 고수준 그래픽 처리 API

고수준 그래픽 처리 API는 WIPI 1.2에서 제공되는 그래픽 관련 API 이외에 게임 등에서 편리하게 사용할 수 있는 고도의 API가 추가되었다. 움직이는 이미지에 대한 일반적인 API가 Java API로 추가되었다. 움직이는 이미지는 SIS, GIF 등이 될 수 있으며 지원되는 포맷은 옵션 사항이다. 이와 더불어 애니메이션 타입이 아닌 이미지를 조합하여 필요한 움직임 효과를 구현하게 할 수 있다. 제공하는 API로는 animate 이미지 로딩 혹은 지정한 프레임 수와 가로/세로 크기의 animated 이미지를 생성하는 함수, 프레임 사이의 지연시간을 설정하는 함수, 원하는 프레임의 이미지를 반환하는 함수, 애니메이션의 반복여부를 결정하는 함수 등이 있다. 고수준 그래픽 처리 API는 향후 게임 API로 발전되어 게임을 위한 전용의 API가 추가될 가능성을 열어 놓았다.

8) 보안 통신 API

보안 통신 API는 SSL 프로토콜을 사용하는 보안 통신을 지원한다. SSL에서는 대부분의 데이터를 스트럭처가 아닌 내부를 노출하지 않는 핸들 형태로 다루어서, 데이터에 대한 직접적인 사용보다는 SSL API에서 제공하는 함수를 통해서 사용하도록 하고 있다. 이 API에서는 SSLv3, TLSv1 프로토콜과 인증서 처리 기능을 지원한다. 보안 통신 API는 SSL 라이브러리를 사용하기 전에 사용자가 입력한 인수들을 이용해 핸들을 초기화하는 함수, SSL 통신을 위해 수행하는 핸드셰이크에서 사용할 클라이언트 쪽 cipher suite의 리스트에 cipher suite를 추가하는 함수, 주어진 SSL 핸들을 이용하여 지정한 서버에 SSL 접속을 시도하는 함수, SSL 핸들을 이용하여 접속된 채널을 통해 지정한 크기만큼 데이터를 전송하는 함수, 서버 인증서(peer 인증서)를 저장소에 저장하는 함수 등으로 구성되어 있다.

③ 선택 규격에서 필수 규격으로 채택

1) SMS API

SMS API는 단말기의 SMS 기능을 이용하여 일반 단문 메시지를 전송하기 위한 규격으로 SMS에 관한 일부 기능이 필수 규격으로 채택되었다. WIPI 2.0에서는 문자 전송 기능과 전송 가능한 최대 문자열의 길이를 구하는 기능이 정의되었으며 HAL/C/Java API가 정의되었다. 또한 향후 필수 규격의 범위를 확대해 나가기로 하였으며 SMS 뿐만 아니라 MMS도 이후 버전에서 표준화의 범위에 포함될 것으로 예상된다.

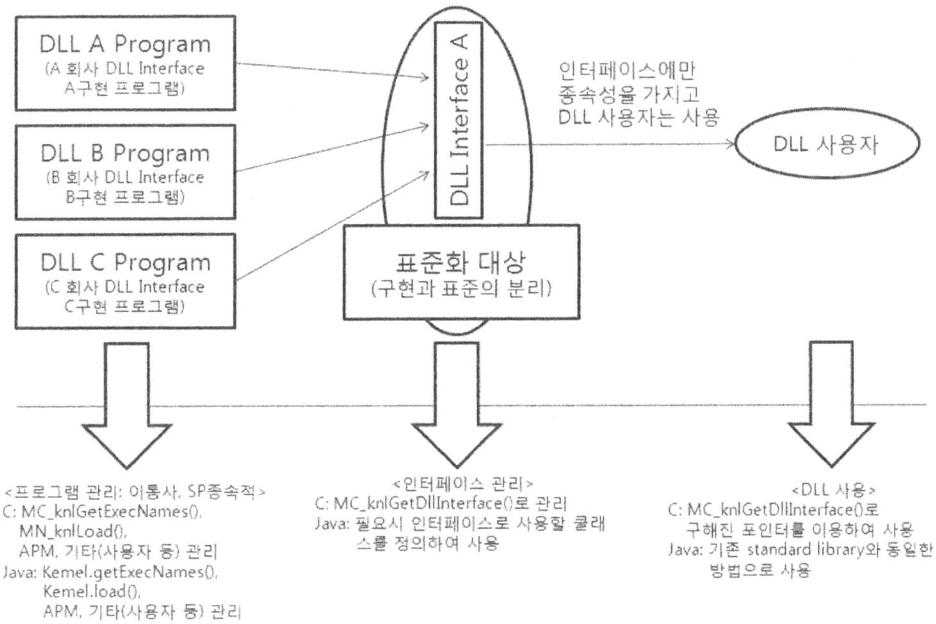

그림 7.20 DLL 사용 메커니즘

2) 동적 API 추가 및 관리 기능

동적으로 API를 추가하거나 기존에 탑재된 API를 교체하는 동적 링킹 라이브러리(Dynamic Linking Library : DLL)가 필수 기능으로 채택되었다.

DLL은 인터페이스라는 외부와 통신하는 통로를 가지는데 인터페이스란 "함수와 변수로 이루어진 그룹에 이름, 버전을 부여하여 관리하는 단위"를 말하는 것으로 이 인터페이스는 API를 추가/갱신하는데 있어서 기본 단위가 된다. 그리고 DLL 개발자와사용자를 위한 API를 각각 제공함으로써 사용자는 구현에 상관없이 사용자를 위한 API만을 이용함으로써 확장된 기능을 쉽게 사용할 수 있게 되었다.

DLL 지원 API는 C/Java API로 정의되었다(그림 7.20) 참조).

④ 선택 규격 추가

VGI(Vector Graphic Image)는 벡터 그래픽을 기반으로 동적인 플래시 기능을 제공하는 API로 WIPI의 경쟁력을 한층 높일 수 있는 선택 규격으로 채택되었다. 현재는 디지털아리아의 Mobile Flash와 네오엠텔의 SIS3를 기반으로 API가 작성되었다.

지원하는 API로는 VGI 콘텐츠 정보 설정 및 조회, 콘텐츠 재생 및 정지, 반복재생 여부 설정, 사운드 온/오프, 콘텐츠 확대/축소 및 표시 위치 설정 등의 함수가 있다. 디지털아리아의 경우 특정 프레임을 디코딩해서 버퍼에 저장하는 함수를 제공한다.

또한 VGI 콘텐츠의 재생 종료와 재생 시 발생하는 에러, 재생 시 콘텐츠에 의해 행해지는 고유동작들은 등록된 콜백함수 또는 이벤트를 이용하여 애플리케이션으로 전달되도록 하였다.

정의되는 VGI Open API 규격에 따라 앞으로 벡터그래픽 관련 솔루션 회사들은 각자의 매체를 지원하기 위한 라이브러리를 제공할 수 있으며 향후 개발자들의 요구를 수용하여 필수화될 가능성이 높다.

C/Java API가 정의되었으며 DLL 기능을 이용하여 활발히 서비스 될 것으로 보인다.

7.2.5 향후 전망

2004년 2월 WIPI 2.0이 한국무선인터넷 표준화포럼에서 공식 표준으로 채택되었고 2004년 6월에는 WIPI 1.1. WIPI 1.2와 동시에 TTA 단체 표준으로 채택되었고, 2005년부터는 신규 단말기에 의무적으로 탑재될 전망이다. 또한 JCP 나 OMA 활동을 통한 국제 표준화 활동은 지속적으로 추구할 것으로 보인다. 2004년 하반기부터 SKT, KTF, LGT 세 이동통신사가 WIPI를 탑재한 단말기를 대량 출시할 계획을 잡고 있어 이제 WIPI는 국내에서는 대세로 자리를 잡아가고 있으며 업계에서도

WIPI로의 사업전환의 확신을 갖고 추진할 수 있게 되었다.

이동통신사의 주문으로 인하여 단말기 제조사의 WIPI 폰 생산이 급증하고 있고 GSM 계열의 단말기 에도 WIPI가 탑재되고 있으므로 WIPI의 보급은 전 세계적으로 확산될 기반을 다지고 있다.

WIPI가 현재의 분위기 반전을 계기로 지속적으로 커 가기 위해서는 급변하는 정보 통신 기술을 따라잡고 새로운 서비스를 위한 규격을 신속하고 지속적으로 개발하여야 할 것이다. [8]

7.2.5.1 현재 WIPI의 위상

WIPI의 애초 목표중 하나는 대한민국 내 이동통신시장에 단일 플랫폼 제공이었다. 이는 해외 시장이 전 세계적으로 BREW와 J2ME라는 플랫폼을 기반으로 하고 있는 것에 비해, 좁은 대한민국 내 시장에 3개 이동통신사가 5개 이상의 플랫폼을 사용하고 있는 비효율에 대한 개선사항이라 할 수 있다. 또한, 단일 플랫폼을 사용함으로써 중복되는 콘텐츠들에 대한 개발시간을 많이 줄일 수 있을 것을 기대하였다. 하지만 WIPI라는 플랫폼 자체가 애초의 의도와는 다르게, J2ME 플랫폼과의 유사성으로 인해 추가적인 로열티 지출이 불가피하게 되었다. 아이러니컬하게도, 이는 WIPI플랫폼으로 개발된 콘텐츠를 J2ME 플랫폼으로 재개발하거나, J2ME 플랫폼에서 개발된 콘텐츠를 WIPI로 재개발하는데 소요되는 시간을 단축시키는 결과를 가져왔다. 단일 각 구현사의 실수 및 이동통신사의 잘못된 정책으로 인해 WIPI API의 차이점 및 동작 자체도 불완전하게 구현된 부분이 발생하였다. 이로 인해 동일한 플랫폼임에도 불구하고 다른 이동통신사로 콘텐츠를 변환할 때 개발 자원의 소요가 발생하게 된다. 하지만 이는 이전의 타 플랫폼으로 재개발할 때 드는 자원 소요에 비하면 상당한 개발 자원의 절감을 가져왔다는 평가를 받고 있다. [9]

7.2.5.2 WIPI의 탑재

- 2005년 4월 1일, 대한민국에서 판매되는 이동 통신 휴대 단말에는 WIPI 플랫폼이 의무적으로 탑재되어야 한다.
- 2007년 3월 30일, 무선 인터넷 기능이 없는 이동 통신 휴대 단말에는 WIPI를 선택적으로 탑재할 수 있다.

- 스마트폰, PDA폰 등은 이동 통신 휴대 단말로 분류되지 않으므로 WIPI 탑재 의무에서 자유롭다.
- 2008년 5월, 법인 고객 대상의 PDA는 위피 의무 탑재 대상이 아니다.(캐나다 RIM사의 블랙베리에 적용됨)
- 해체된 정보통신부에서 현 지식경제부, 방송통신위원회에 이르기까지 위피 탑재 의무화는 일관성 가지지 못한 채 갈팡질팡하는 모습을 보여주고 있는 상황이다. [10]

☑ 연습문제

1. WIPI에서 제공되는 기능을 나열하시오.
2. 모바일표준 플랫폼 규격을 통해 얻어지는 이점을 설명하시오.
3. 표준 플랫폼 실행을 위한 응용 소프트웨어를 나열하고, 간단히 설명하시오.
4. WIPI 2.0의 특징을 설명하시오.
5. WIPI 2.0에서 추가된 API들을 나열하고, 기능을 간단히 설명하시오.

☑ 참고문헌

[1] 염정철, "무선데이터 어플리케이션 통합 플랫폼 '브루(Brew)'", Mobilecomi, pp.107~110, 2000년 2월호

[2] 홍석진, "Magicⓝ 멀티팩 서비스 이해하기", 고객상담업무지식, CS기획팀, KTF, 2001-8-30-기술(특별)-T-161, 2001.8.30.

[3] 신규사업2팀, "cdma2000 1x망에서의 Multimedia Service", 멀티미디어 사업부문, KTF, 2001.8.

[4] http://multimedia.tistory.com/attachment/ck7.pdf

[5] 안태효, 강성민, 권지훈, "무선인터넷 미들웨어", TTA저널 77호, pp.86~92, 2001.10.

[6] 오광신, "임베이드 시스템(Embedded Systems)", 무선인터넷 백서2001, pp.237~238, 2000.9.18.

[7] 이환섭, 배준현, "JAVA관련기술", 무선인터넷 백서 2001, pp.227~229, 2000.9.18.

[8] http://kidbs.itfind.or.kr/WZIN/techtrnd/19-5_143_149.pdf

[9] 위키백과

[10] 위키백과

7.3 WIPI 프로그래밍

7.3.1 WIPI 개발 환경 구축

1) 개발언어의 선택

C 와 Java 중에 원하는 개발 언어를 선택한다.

앞으로 제시 될 WIPI 프로그래밍 예제는 Java로 구현되었다.

2) 필요한 소프트웨어 설치

JDK를 다운로드 받아서 설치한다.

http://java.sun.com

최신 버전은 jdk1.5.0_02 (거의 50M임.)

시스템 환경변수에 JAVA_HOME CLASSPATH 설정해 준다.

Eclipse를 다운로드 받아서 설치한다.

http://www.eclipse.org

WIPI SDK인 AROMA-WIPI Emulator(SDK)를 설치한다.

자바 개발자 커뮤니티(http://developer.wipi.or.kr/WIPI-JAVA/)의 자료실에서 다운로드받아 설치한다.

7.3.2 WIPI 프로그래밍 예제

(1) Hello World 출력하기

▶ 입력 소스

```
import org.kwis.msp.lcdui.*;
import org.kwis.msp.lwc.*;

public class HelloWorld extends Jlet{
    protected void startApp(String args[]){
        Display dis = Display.getDefaultDisplay();
        dis.pushCard(new SampleCard());
    }
    //프로그램을 정지할 때 불려진다.
    protected void pauseApp(){
    }
      //프로그램을 다시 수행하려고 할때 불려진다.
      protected void resumeApp(){
      }
      //프로그램이 종료됨을 알려주는 함수이다.
      protected void destroyApp(boolean b){
}
    }
class SampleCard extends Card {
    int color = 0xff000;
            public void paint(Graphics g){
        //초기에 밑바탕을 그린다.
        g.setColor(color);
        g.fillRect(0,0,getWidth(),getHeight());

        //문자열을 찍습니다.
```

```
            g.setColor(0);
            g.drawString("Hellow World", 10, 10, g.TOP|g.LEFT);

        }
}
```

▶ 결과 화면

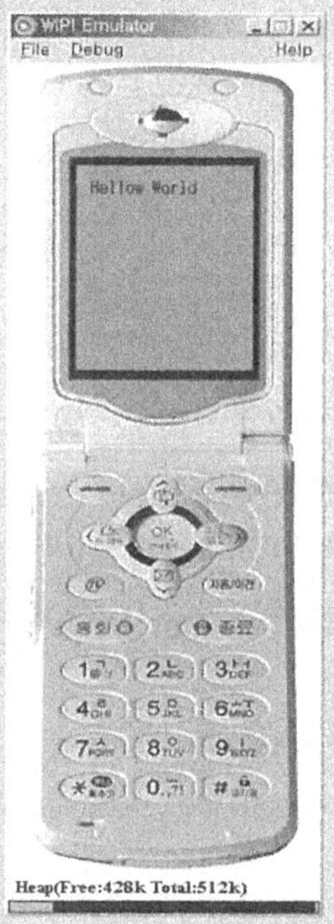

[1]

(2) 도형 출력

▶ 입력 소스

```
import org.kwis.msp.lcdui.*;
import org.kwis.msp.lwc.*;

public class Example1 extends Jlet {
    // 프로그램이 시작될 때 불려진다.
```

```
        protected void startApp(String args[ ]){
            Display dis = Display.getDefaultDisplay( );
                    dis.pushCard(new SampleCard( ));
        }
         protected void pauseApp( ){
        }
         protected void resumeApp( ){
        }
         protected void destroyApp(boolean b){
                }
        }

        class SampleCard extends Card{
         public void paint(Graphics g){
                          int width = getWidth( );
                         int height = getHeight( );

                   g.setColor(0xff0000);
                          g.fillRect(0,0,width/2,height/2);

                   g.setColor(0x00ff00);

g.fillRoundRect(width/2,0,width/2,height/2,width/4,height/4);

                   g.setColor(0x0000ff);
                          g.fillArc(0, height/2, width/2, height/2, 0, 270);
              }
        }
  [2]
```

(3) 단순 버튼 생성

▶ 입력 소스

```
import org.kwis.msp.lcdui.*;
import org.kwis.msp.lwc.*;
public class WIPI_BtnSubClass extends Jlet
{
ShellComponent shell;
protected void startApp(String[] args)
{
 (new AnnunciatorComponent(false)).show();
 shell = new ShellComponent();
shell.setWorkComponent(new My());
 shell.setCommand(new ButtonComponent("눌러주세요",null),false);
 shell.show();

}

protected void pauseApp(){}
protected void resumeApp(){}
protected void destroyApp(boolean b){}
class My extends ContainerComponent
 {
 MyButton btn = null;
 public My()
 {
  super();
  btn = new MyButton("직접버튼",null);
  btn.setActionListener(btn,null);
 addComponent(btn);
  }
  public void layout()
```

```
    {
    btn.setBound(10,50,100,30);
    }
  };
};
class MyButton extends ButtonComponent implements ActionListener
{
 boolean flag = false;
 MyButton btn = null;
 public MyButton(){super();}
 public MyButton(String title,Image img)
 {
  super(title,img);
 }
 public void setBound(int x1,int y1,int w1,int h1)
 {
  this.x = x1;
 this.y = y1;
 this.w = w1;
 this.h = h1;
 }
 //public void paintContent(Graphics g)
 //{
  //if( flag== true)
  //{
//   g.setColor(0x0000ff);
// }
 // else
 //   g.setColor(0xff0000);
 // g.fillRect(0,0,w,h);
 //}
```

```
    public boolean keyNotify(int type,int key)
    {

     if(type ==1)
     {
      flag= true;
      //repaint();
     }
     else if(type ==2)
     {
     flag = false;
     //repaint();
    }
    super.keyNotify(type,key);
    return true;
    }
    public void action(Component cmp,Object obj)
    {
     System.out.println("눌렀어");
    }
   };
```

▶ 결과 화면

[3]

(4) 체크 박스와 라디오 버튼 생성

▶ 입력 소스

```
import org.kwis.msp.lcdui.*;
import org.kwis.msp.lwc.*;
public class WIPI_CheckBoxTest extends Jlet implements
ChangeListener
{
 ShellComponent shell;
 FormComponent form1,form2,form3;
 CheckboxComponent check1,check2,check3,check4;
 LabelComponent label1,label2;
 CheckboxGroup group; // 그룹으로 묶으면 네모난 체크버튼에서 동그란
                        라디오버튼으로 바뀜
 protected void startApp(String[] args)
 {
  (new AnnunciatorComponent(false)).show();
  shell = new ShellComponent();
  group = new CheckboxGroup();
  label1 = new LabelComponent("체크박스타입");
 check1 = new CheckboxComponent("한국",null);
 check2 = new CheckboxComponent("영국",null,true);
 check1.setChangeListener(this,null);
 check2.setChangeListener(this,null);
 form1 = new FormComponent();
 form1.addComponent(label1);
 form1.addComponent(check1);
 form1.addComponent(check2);
 label2 = new LabelComponent("라디오버튼타입");
 check3 = new CheckboxComponent("서울",null,group);
```

```
check4 = new CheckboxComponent("평양",null,group);
check4.setState(true);
form2 = new FormComponent();
form2.addComponent(label2);
form2.addComponent(check3);
form2.addComponent(check4);
form3 = new FormComponent();
form3.addComponent(form1);
form3.addComponent(form2);
shell.setWorkComponent(form3);
shell.show();
}
public void changed(Component cmp,Object o)
{
if(cmp == check1)
{
if(check1.getState())
System.out.println("선택되었습니다.");

else
System.out.println("선택해제됨");
}
else if(cmp == check2)
{
if(check2.getState())
 System.out.println("222선택되었습니다.");
else
System.out.println("222선택해제");
}
```

```
    }
    protected void pauseApp(){}
    protected void resumeApp(){}
    protected void destroyApp(boolean b){}
    };
```

▶ 결과 화면

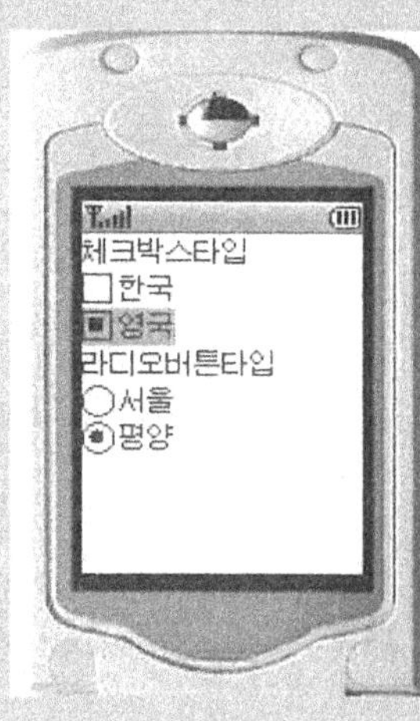

[3]

(5) 다이얼로그 박스 테스트

▶ 입력 소스

```
import org.kwis.msp.lcdui.*;
import org.kwis.msp.lwc.*;
public class WIPI_DialogTest extends Jlet implements ActionListener
{
 ShellComponent shell;
 ListComponent list;
 DialogComponent dialog_none = null;
```

```
DialogComponent dialog_ok = null;
DialogComponent dialog_ok_cancel = null;
LabelComponent label1 = null;
LabelComponent label2 = null;
LabelComponent label3 = null;
protected void startApp(String[] args)
{
(new AnnunciatorComponent(false)).show();
 shell = new ShellComponent();
list = new ListComponent(ListComponent.SELECT_IMPLICIT);

ListItemComponent  item1 = new ListItemComponent ("버튼없는 다이
                                                        얼로그");
ListItemComponent item2 = new ListItemComponent ("ok 버튼 다이얼
                                                          로그");
ListItemComponent item3 = new ListItemComponent("ok/cancel 다이얼
                                                          로그");
label1 = new LabelComponent("언제나 최선을 다하는 유승민이
                                     되겠습니다.","you.bmp");
label2 = new LabelComponent("최선을 다하는 나는 양이라고해",
                                                "yang.bmp");
label3 = new LabelComponent("뭉크!! 내가 누군지 잘알지",
                                                "mung.bmp");
dialog_none=  new DialogComponent(label1,"유승민
        ",DialogComponent.TYPE_NONE);
        dialog_ok =              new
        DialogComponent(label2,"Yang",DialogComponent.TYPE_OK);
         dialog_ok_cancel = new DialogComponent(label3,"뭉크
",DialogComponent.TYPE_OK_CANCEL);
```

```
list.addComponent(item1);
list.addComponent(item2);
list.addComponent(item3);
 list.setActionListener(this,null);
 shell.setWorkComponent(list);
 shell.show();

 }
public void action(Component cmp,Object o)
{
 int index = list.getSelectedIndex();
 switch(index)
 {
 case 0:dialog_none.doModal();
  break;
case 1:dialog_ok.doModal();
break;
case 2:
if(dialog_ok_cancel.doModal()==DialogComponent.DLG_OK)
 {
  System.out.println("-----------ok.....");
 }
 break;
}
}
protected void pauseApp(){}
protected void resumeApp(){}
 protected void destroyApp(boolean b){}
};
```

[3]

(6) 애니메이션 gif 이미지 생성

▶ 입력 소스

```
import org.kwis.msp.lcdui.*;
import org.kwis.msp.lwc.*;
public class WIPI_Animate extends Jlet
{
 protected void startApp(String[] args)
 {
  Display dis = Display.getDefaultDisplay();
 dis.pushCard (new MyCard());
}
 protected void pauseApp(){}
protected void resumeApp(){}
protected void destroyApp(boolean b){}
};
class MyCard extends Card implements ImageObserver
{
 Image img = null;
 boolean flag;
 int count;

 public MyCard()
 {
  try{
   img = Image.createImage("aniImg1.gif");
  }
  catch(Exception e)
  {
  }
```

```
    }
    protected void paint(Graphics g)
   {
    g.drawImage(img,0,0,g.TOP);
    if(flag == true)
    {
    img.play(this);
    }
    else
   img.stop();
    }
    public void notify(Image img,int status)
   {
    System.out.println("Notify Count :"+ ++count);
    repaint();
   }
    public boolean keyNotify(int type,int key)
    {
    if(type == 1)
    {
    flag = !flag;
    repaint();
   }
    return true;
    }
   };
[3]
```

(7) 버튼을 누를 때 마다 이미지가 좌우로 이동하는 컴포넌트 이미지 테스트

```
import org.kwis.msp.lcdui.*;
import org.kwis.msp.lwc.*;
        public class WIPI_ComponentImageTest  extends Jlet implements
        ActionListener
        {
         ShellComponent shell;
         Image img;
         ButtonComponent button;
         int layout[] =

 {Component.LAYOUT_LEFT,Component.LAYOUT_RIGHT,Component.LAY
 OUT_  HCENTER,
     Component.LAYOUT_TOP,Component.LAYOUT_BOTTOM,Compone
 nt.LAYOUT_VCENTER};
  int index;
  protected void startApp(String[] args)
  {
   (new AnnunciatorComponent(false)).show();
     shell = new ShellComponent();
   try{
    img = Image.createImage("TimeIcon.bmp");
   }catch(Exception e){}
     button = new ButtonComponent("확인",null);
   button.setActionListener(this,button);
   shell.setCommand(button,false);
   ImageComponent imgc = new ImageComponent(img);
   imgc.setLayout(Component.LAYOUT_LEFT);
   shell.setWorkComponent(imgc);
```

```
    shell.setTitle("이미지컴포넌트");
    shell.show();
   }
   public void action(Component c,Object o)
   {
    index++;
    ImageComponent imgc = new ImageComponent(img);
      if(index>layout.length-1)
     {
      index =0;
     }
     imgc.setLayout(layout[index]);
     shell.setWorkComponent(imgc);
    }
      protected void pauseApp(){}
     protected void resumeApp(){}
     protected void destroyApp(boolean b){}
     };
[3]
```

(8) 폰트 테스트

▶ 입력 소스

```
      import org.kwis.msp.lcdui.*;
    import org.kwis.msp.lwc.*;
     public class WIPI_FontTest2 extends Jlet
   {
    protected void startApp(String[] args)
    {
     Display dis = Display.getDefaultDisplay();
```

```
  dis.pushCard (new MyCard());
 }
   protected void pauseApp(){}
 protected void resumeApp(){}
 protected void destroyApp(boolean b){}
  };
  class MyCard extends Card
{
 private int[] style = {Font.STYLE_PLAIN,Font.STYLE_UNDERLINED,Font.
STYLE_BOLD,
  Font.STYLE_BOLD|Font.STYLE_UNDERLINED,Font.STYLE_ITALIC,
  Font.STYLE_ITALIC|Font.STYLE_UNDERLINED,Font.STYLE_BOLD|F
ont.STYLE_ITALIC,
  Font.STYLE_BOLD|Font.STYLE_ITALIC|Font.STYLE_UNDERLINED};
 private int [] size = {Font.SIZE_SMALL,Font.SIZE_MEDIUM,Font.SIZE_
LARGE};

 protected void paint(Graphics g)
 {
  int x =0 ;
  int y =0;
  for(int j=0;j<2;j++)
  {
   for(int i=0;i<style.length;i++)
   {
    g.setFont(Font.getFont(Font.FACE_SYSTEM,style[i],size[j]));
    g.drawString("가나ABC",x,y,g.TOP);
   if(x==0)x=60;
 else{x=0;y+=15;}
```

```
      }
      y+=20;
    }5
  }
}
```

▶ 결과 화면

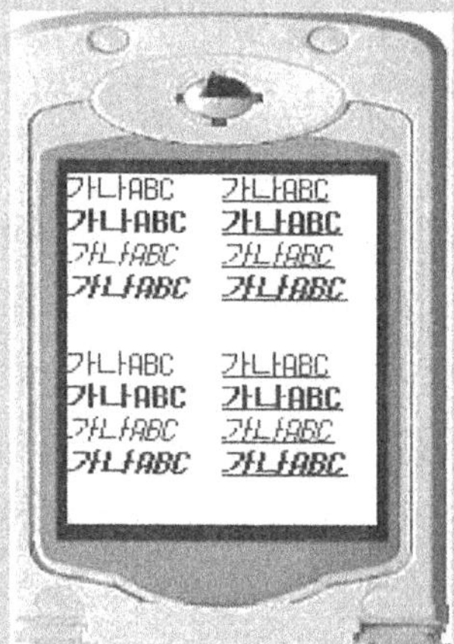

[3]

(9) 버튼을 누를 때 마다 이벤트가 발생하는 테스트

▶ 입력 소스

```
        import org.kwis.msp.lcdui.*;
import org.kwis.msp.lwc.*;
  public class WIPI_EventTest3 extends Jlet
{
 protected void startApp(String[] args)
 {
  Display dis = Display.getDefaultDisplay();
  dis.pushCard (new MyCard());
```

```
    }
      protected void pauseApp(){}
    protected void resumeApp(){}
    protected void destroyApp(boolean b){}
      };
     class MyCard extends Card
    {
    boolean flag;
    String keyname = "";
    int keyValue =0;

    protected void paint(Graphics g)
    {
      g.setColor(0xff0000);
      g.fillRect(0,0,getWidth(),getHeight());
          g.setColor(0x00ff00);
        g.drawString("아무키나 눌러주세여",5,10,g.TOP);
        g.drawString("입력된 키값은 "+keyValue,5,50,g.TOP);
        g.drawString(keyname +"입니다.",5,70,g.TOP);
      }
      protected boolean keyNotify(int type,int key)
      {
        keyValue = key;
        if(type == 1){
         switch(Display.getGameAction(key))
         {
          case EventQueue.CLEAR : keyname = "CLEAR";break;
          case EventQueue.DOWN : keyname ="DOWN";break;
          case EventQueue.UP : keyname ="UP";break;
```

```
            case EventQueue.LEFT : keyname = "LEFT";break;
            case EventQueue.RIGHT : keyname = "RIGHT";break;
            case EventQueue.FIRE : keyname = "FIRE";break;
            case EventQueue.SOFT1 : keyname ="SOFT1";break;
            case EventQueue.SOFT2 : keyname = "SOFT2";break;
            case EventQueue.SOFT3 : keyname = "SOFT3";break;
            case EventQueue.SIDE_SEL : keyname = "SIDE_SEL";break;
            case EventQueue.SIDE_UP : keyname = "SIDE_UP";break;
            case EventQueue.SIDE_DOWN :keyname = "SIDE_DOWN";break;
            default:
             char ch = (char)key;
            keyname = (new Character(ch)).toString();
           }
           repaint();
          }
          return true;
         }

        }
[3]
```

(10) 문자열을 입력한 후 확인버튼을 누르면 문자열의 바이트수를 표현해주는 텍스트 박스 테스트

▶ 입력 소스

```
        import org.kwis.msp.lcdui.*;
import org.kwis.msp.lwc.*;
  public class WIPI_TextBoxTest extends Jlet implements ActionListener
{
 ShellComponent shell;
```

```
        TextBoxComponent text;
        FormComponent form;
        ButtonComponent button;
        protected void startApp(String[] args)
        {
         (new AnnunciatorComponent(false)).show();

         shell = new ShellComponent();
         text = new TextBoxComponent("",TextComponent.CONSTRAINT_ANY);
         form = new FormComponent();
         form.addComponent(text);
         button = new ButtonComponent("확인",null);
         button.setActionListener(this,button);
         shell.setCommand(button,false);
         shell.addComponent(form);
         shell.setTitle("문자열의 바이트수 : ");
         shell.show();
        }
        public void action(Component c,Object o)
        {
         byte[] len = text.getString().getBytes();
         int intVal = len.length;
         shell.setTitle("문자열의 바이트수 : "+intVal);
        }
        protected void pauseApp(){}
        protected void resumeApp(){}
        protected void destroyApp(boolean b){}
};
```

▶ 결과 화면

[3]

(11) 글자가 오른쪽에서 왼쪽으로 조금씩 이동하는 티커 테스트

▶ 입력 소스

```
        import org.kwis.msp.lcdui.*;
import org.kwis.msp.lwc.*;
  public class WIPI_TickerTest extends Jlet implements ActionListener
{
 ShellComponent shell;
 FormComponent form1,form2;
 TickerComponent ticker;
 ButtonComponent button1,button2;
 String start = "동작";
 String stop = "멈춤";
    int speed = 100;
  boolean  flag = false;
  protected void startApp(String[] args)
  {
```

```
(new AnnunciatorComponent(false)).show();

shell = new ShellComponent();
form1 = new FormComponent();
form2 = new FormComponent(false);
ticker = new TickerComponent("오늘의 주요뉴스 - 위피 유럽시장에
진출!!",null);
form1.addComponent(ticker);
button1 = new ButtonComponent (stop,null);
button2 = new ButtonComponent("스피드 감소",null);
button1.setActionListener(this,button1);
button2.setActionListener(this,button2);
   form2.addComponent(button1);
 form2.addComponent(button2);
    shell.setCommand(form2,false);
  shell.addComponent(form1);
  shell.setTitle("Ticker 테스트");
  shell.show();
 }
 public void action(Component c,Object o)
 {
  if(c == button1)
  {
   if(flag == true)
   {
    flag = false;
    button1.setString(start);
   }
   else
   {
    flag = true;
```

```
        button1.setString(stop);
      }
      ticker.setTickerState(flag);
    }
    else if(c==button2)
    {
      speed = speed+300;
      if(speed >2000)
        speed = 100;
      ticker.setDelay(speed);
      shell.setTitle("속도 : "+ speed);
    }
  }

     protected void pauseApp(){}
   protected void resumeApp(){}
   protected void destroyApp(boolean b){}
};
```

▶ 결과 화면

[3]

(12) 파일 예제

```
import java.io.*;
import org.kwis.msp.io.*;
import org.kwis.msp.lcdui.*;
import org.kwis.msp.lwc.*;

public class FileExextends Jletimplements ActionListener{
    public static final String FILE_NAME = "/FileEx.txt";

    public FileEx() {}

    public void action(Componentcmp, Object obj) {
        try {
            TextBoxComponenttextBox= (TextBoxComponent)obj;
            File file= new File(FILE_NAME, File.WRITE_TRUNC);
            DataOutputStreamoutStrm= file.openDataOutputStream();
            outStrm.writeUTF(textBox.getString());
            outStrm.close();
            file.close();
            DialogComponentdlg=new DialogComponent(new
            LabelComponent("Saved!"),
                "Message",DialogComponent.TYPE_NONE);
            dlg.doModal();
        } catch (IOExceptione) {
            System.out.println("Saveexception" + e);

    }
}
```

```
        protected void startApp(Stringargs[]) {
                Display d = Display.getDefaultDisplay();
                ShellComponentshell = new ShellComponent();
                String text = load();
                TextBoxComponenttextBox= new
                TextBoxComponent(text,TextComponent.CONSTRAINT_ANY);
                ButtonComponent save = new ButtonComponent("Save", null);
                shell.setWorkComponent(textBox);
                shell.setCommand(save, false);
                shell.setTitle("FileExample");
                shell.show();
                save.setActionListener(this, textBox);
}
        private String load() {
                try {
                        File file= new File(FILE_NAME, File.READ_ONLY);
                        DataInputStream inputStrm= file.openDataInputStream();
                        String txt = inputStrm.readUTF();
                        return txt;
                } catch (IOException e) {
                        System.out.println("Load exception" + e);
                return "";
                }
        }
        protected void destroyApp(boolean b) {
        }
}
```

▶ 결과 화면

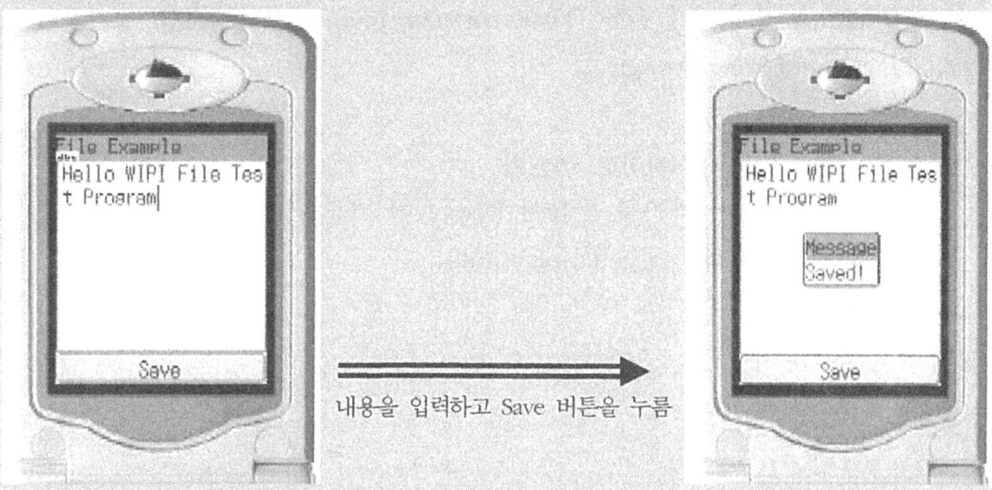

[7]

(13) 데이터베이스 예제

```
import org.kwis.msp.lcdui.*;
import org.kwis.msp.lwc.*;
import org.kwis.msp.db.*;
//데이터베이스를 사용하기 위해 DB에 관련된 패키지를 import 해야 한다.
import java.io.IOException;
//File IO가 빈번하게 일어나므로 IO에 관한 예외처리를 위해 패키지를 import
해 준다.
import java.lang.*;

public class TestDB extends Jlet {

DataBase intDB; //DataBase 오브젝트를 정의한다.
DataBase stringDB;
```

```
DataComparatorInteger intDC;
// 정수 값으로 비교하기 위해 DataComparatorInteger 오브젝트를 정의한다.
DataComparatorString stringDC;

protected void startApp(String args[]){
//  Jlet 프로그램에서 카드를 만들어 Display에 카드를 Push 한다.
Display display = Display.getDisplay(null);
dbCard crd;
crd = new dbCard();
display.pushCard(crd);

try {
        intDB = DataBase.openDataBase("test_int", 4, true);
        // 데이터베이스를 open 한다. 현재의 Jlet만 접근할 수 있게 할 것인지,
아니면 다른 Jlet과 공유할 것인지, 시스템이 제공하는 데이터베이스를 사용할 것
인지에 대한 결정도 같이 할 수 있지만, 여기에서는 현재의 Jlet만을 접근할 수
있도록 하였다. 즉, FileSystem.PRIVATE_ACCESS 모드로 open 한다. 레코드 크
기는 4bytes로 한다.
        intDB.insertRecord(putInt(2));
        intDB.insertRecord(putInt(4));
        intDB.insertRecord(putInt(6));
        intDB.insertRecord(putInt(1));
        intDB.insertRecord(putInt(3));
        intDB.insertRecord(putInt(5));
        // 새로운 레코드를 원하는 정수 값으로 데이터베이스에 추가한다. Byte
Array로 저장되기 때문에 다시 읽어 들일 때에는 주의하여야 한다. 다시 말하자
면, 데이터가 레코드 크기보다 작으면 불필요한 데이터(Garbage)가 들어가게 되
기 때문에 엉뚱한 값으로 읽어 들이지 않도록 한다.
```

```
        int[] recordlist; // 정렬할 것에 대비하여 정수 array를 만든다.

        recordlist = intDB.sortRecord(null, null);
        // 아규먼트를 둘 다 null로 넘겨주었기 때문에 데이터베이스에 저장된 모
든 레코드들을 그대로 리턴 된다.

        System.out.print("=*=* db before sort : ");
        for (int i = 0; i < recordlist.length; i++) {
        System.out.print(
        getInt(intDB.selectRecord(recordlist[i]), 0) + " ");
}
System.out.println();
//확인을 위해 프린트아웃 시킨다.
intDC = new DataComparatorInteger(0);
// 두 개의 레코드를 정수 값으로 비교하기 위해 오브젝트를 생성한다. 이 때
아규먼트 0는 비교할 레코드는 제일 앞, 0번째 레코드임을 알린다.

recordlist = intDB.sortRecord(null, intDC);
// 추가했던 레코드들을 특별한 조건 없이 정렬시킨다.

System.out.print("=*=* db after sort : ");
for (int i = 0; i < recordlist.length; i++) {
System.out.print(
getInt(intDB.selectRecord(recordlist[i]), 0) + " ");
}
System.out.println();
// 정렬시킨 후에 확인을 위해 프린트아웃 시킨다.
```

```
intDB.closeDataBase(); // 데이터베이스를 닫는다.

DataBase.deleteDataBase("test_int");
//사용했던 데이터베이스를 삭제 시킨다. 당연한 말이지만, FileSystem.PRIVATE_
ACCESS 모드로 open한 데이터베이스만을 삭제할 수 있다.

stringDB = DataBase.openDataBase("test_string", 10, true);
// 문자열을 데이터베이스에 넣기 위해 DataBase를 open 한다.

String [] testString = {
"java", "c", "mobile", "standard", "platform" };

stringDB.insertRecord(testString[0].getBytes());
stringDB.insertRecord(testString[1].getBytes());
stringDB.insertRecord(testString[2].getBytes());
int deleteIdx = stringDB.insertRecord(testString[3].getBytes());
stringDB.insertRecord(testString[4].getBytes());
// 문자열을 레코드에 넣는다.

recordlist = stringDB.sortRecord(null, null);
//레코드들을 그대로 리턴 받는다.

// print out
System.out.print("=*=* db before sort : ");
for (int i = 0; i < recordlist.length; i++) {
String tmp= new String(stringDB.selectRecord(recordlist[i]));
System.out.print( tmp.trim() + " ");
}
```

```
System.out.println(); 0
//확인을 위해 레코드를 문자열로 받아서 프린트아웃 시킨다.

// delete one record
System.out.println("=*=* db delete " + testString[3]);
stringDB.deleteRecord(deleteIdx);
//특정 레코드를 삭제 시켜 본다.

stringDC = new DataComparatorString(0);
// 두 개의 레코드를 문자열로 비교하기 위해 오브젝트를 생성한다. 이 때 아규
먼트 0은 비교할 레코드는 제일 앞, 0번째 레코드임을 알린다.

recordlist = stringDB.sortRecord(null, stringDC); // 레코드들을 정렬시킨다.
// print out
System.out.print("=*=* db after sort : ");
for (int i = 0; i < recordlist.length; i++) {
String tmp= new String(stringDB.selectRecord(recordlist[i]));
System.out.print( tmp.trim() + " ");
}
System.out.println();
//확인을 위해 정렬된 레코드를 문자열로 받아 프린트아웃 시킨다.

stringDB.closeDataBase(); //데이터베이스를 닫는다.

DataBase.deleteDataBase("test_string"); //사용했던 데이터베이스를 삭제 시킨다.

} catch (DataBaseException dbe) {
System.out.println("DataBaseException...");
```

```
} catch (DataBaseRecordException dbe) {
System.out.println("DataBaseRecordException...");
}
}

protected void destroyApp(boolean b){
System.out.println("Destroyed...");
}

public class dbCard extends Card {
public dbCard() {
super();
}
protected void paint(Graphics g){
g.setColor(0xff, 0xff, 0xff);
g.fillRect(0, 0, 120, 140);
}
}

static int getInt(byte[] data, int offset) {
int r = data[offset++];
for (int i = 0; i < 3; ++i) {
r = (r << 8) | ((int)(data[offset++]) & 0xff);
}
return r;
}
static byte[] putInt(int i) {
byte[] data = new byte[4];
```

```
data[0] = (byte)((i >> 24) & 0xff);
data[1] = (byte)((i >> 16) & 0xff);
data[2] = (byte)((i >> 8) & 0xff);
data[3] = (byte)(i & 0xff);
return data;
} //Integer를 byte 단위로 8bit씩 shift하여 저장하고 읽어 내도록 메소드를 구현하였다.

}
[8]
```

(14) 네트워크 예제

```
import java.io.*;
import org.kwis.msf.io.*;
import org.kwis.msp.io.*;
import org.kwis.msp.lcdui.*;
import org.kwis.msp.lwc.*;

public class NetworkExextends Jlet {
public static final String url= "http://147.46.10.48/images/logo.gif";
        public NetworkEx() {}
        protected void destroyApp(booleanb) {}
        protected void startApp(Stringargs[]) {
ShellComponent shell = new ShellComponent();
                shell.setTitle("NetworkExample");

                intn = Network.connect();
                if (n < 0)
                        return;
                try {
                        Socket sock = URL.find(url);
                InputStream inStrm= sock.getInputStream();
                ByteArrayOutputStreamoutStrm= new ByteArrayOutputStream();
                byte buf[] = new byte[1024];
                intr = 0;
                while ((r = inStrm.read(buf)) >= 0) { outStrm.write(buf, 0, r);
                }
                byte imgBuf[] = outStrm.toByteArray();
                Image img= Image.createImage(imgBuf, 0,imgBuf.length);
```

```
                ImageComponentimgComp= new ImageComponent(img);
                shell.setWorkComponent(imgComp);
                shell.show();
                } catch (SchemeNotFoundException e) {
                        System.out.println("SchemeNotFound" + e);
                } catch (IOExceptione) {
                        System.out.println("IOException" + e);
                }
        }
}
```

▶ 결과 화면

[7]

(15) Media 예제

```
import org.kwis.msp.lcdui.*;
import org.kwis.msp.lwc.*;
import org.kwis.msp.media.*;
public class MediaExextends Jlet{
```

```
    public MediaEx() {}
    protected void startApp(Stringargs[]) {
        ShellComponentshell = new ShellComponent();
        LabelComponentlabel = new LabelComponent("Jingle Bell");
        shell.addComponent(label);
        shell.show();
        try {
            Clip clip= new Clip("audio/MIDI", "/jingban.mid");
            Player.play(clip, true);
        } catch (Exception e) {
        }
}
    protected void pauseApp() {
    }
    protected void resumeApp() {
    }protected void destroyApp(booleanb) {
    }
}
```

▶ 결과 화면

징글벨 연주가 들린다.

☑ 연습문제

1. WIPI 프로그래밍으로 타원을 그리고 그 타원 안에 자신의 이름을 출력하라.

2. 버튼 이벤트 핸들러를 사용 화면을 가로세로로 분할하는 프로그램을 작성하라.

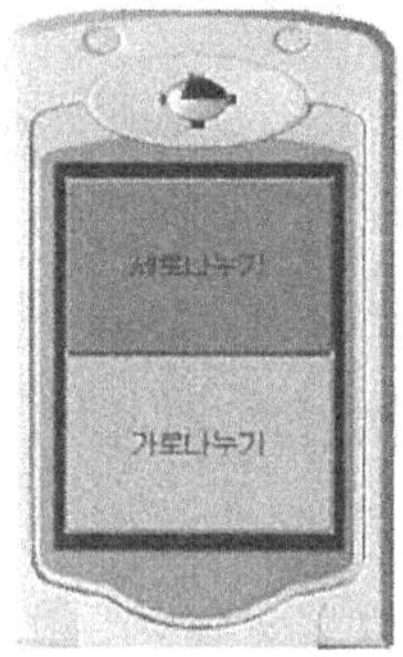

[4]

3. 화면에 체크 박스 3개를 만들고 각 체크 박스를 선택 하였을 때 몇 번째 체크 박스가 선택 되었는지도 출력하라.

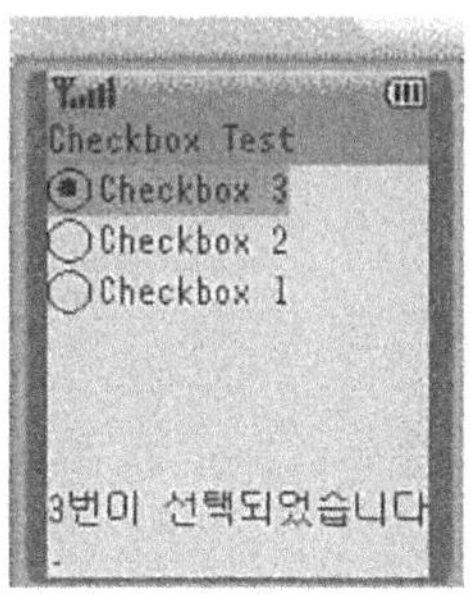

[5]

4. 아래 사진 같이 세로로 8등분을 하고 각각 다른 색으로 화면을 구성하라.

[6]

5. 이미지를 하나 추가하여 이미지의 위치가 이동되도록 프로그래밍 하시오.

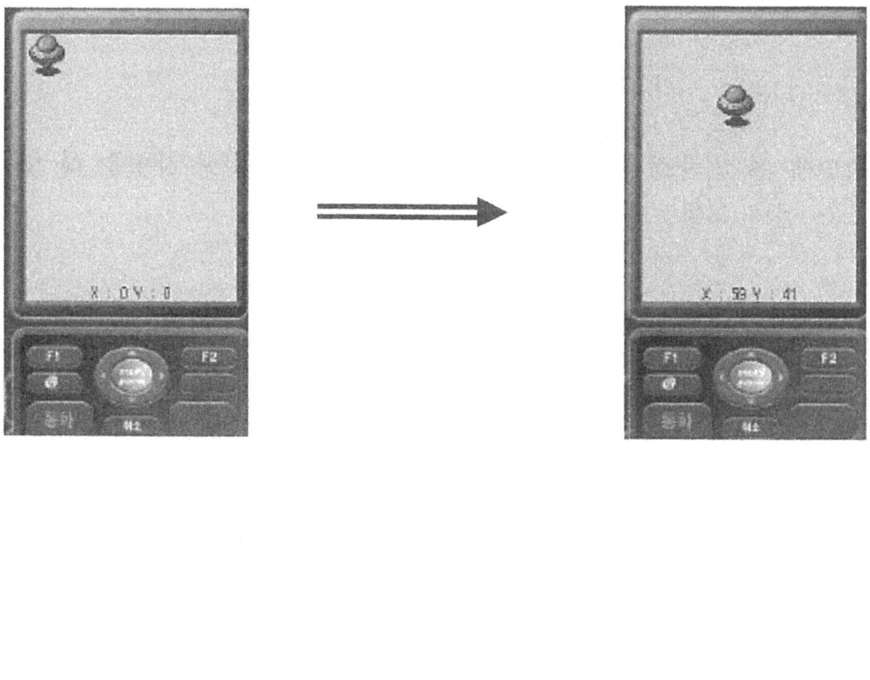

[6]

☑ 참고문헌

[1] http://blog.naver.com/popo1008/20010689762

[2] http://cafe.naver.com/codmedia/258

[3] http://blog.naver.com/rainsmarch/140015805951

[4] http://imagesearch.naver.com/search.naver?where=idetail&rev=4&query=wipi%20%BF%B9%C1%A6&from=image&ac=-1&sort=0&res_fr=0&res_to=0&merge=0&spq=0&start=30&a=pho_l&f=tab&r=30&u=http%3A%2F%2Fblog.naver.com%2Forign79%3FRedirect%3DLog%26logNo%3D140005993588

[5] http://imagesearch.naver.com/search.naver?where=idetail&rev=4&query=wipi%20%BF%B9%C1%A6&from=image&ac=-1&sort=0&res_fr=0&res_to=0&merge=0&spq=0&start=13&a=pho_l&f=tab&r=13&u=http%3A%2F%2Fblog.naver.com%2Fsolid82%3FRedirect%3DLog%26logNo%3D10779077

[6] http://cafe.naver.com/carroty.cafe?iframe_url=/ArticleRead.nhn%3Farticleid=19110

[7] http://blog.paran.com/henrigo/17093853

[8] http://www.widef.org/

저자약력

• 장종욱

1987~1995 한국전자통신연구원 통신연구단
1995~현재 동의대학교 컴퓨터공학과 교수

• 이숭희

현재 인제대학교 정보통신공학과 교수

모바일 네트워크 프로그래밍 2판

인 쇄 : 2010년 07월 01일
발 행 : 2010년 07월 10일
저 자 : 장종욱 · 이숭희
발 행 처 : 도서출판 한산
서울시 서대문구 남가좌동 379 래미안 2차 105-602
TEL : (02)304-3504 FAX : (02)304-3505
발 행 인 : 김 기 영
등록번호 : 제 10-1745 호
I S B N : 978-89-89215-53-0 93560

정가 : 20,000원